Kauf eines gebrauchten Hauses

Besichtigung, Auswahl, Kaufvertrag –
mit vielen Checklisten

3. Auflage, März 2016, 16.–24.000 Exemplare

© Verbraucherzentrale NRW, Düsseldorf

Das Werk einschließlich aller seiner Teile ist urheberrechtlich geschützt. Jede Verwertung, die nicht ausdrücklich vom Urheberrechtsgesetz zugelassen ist, bedarf der vorherigen Zustimmung der Verbraucherzentrale NRW. Das gilt insbesondere für Vervielfältigungen, Bearbeitungen, Übersetzungen, Mikroverfilmungen und die Einspeicherung und Verarbeitung in elektronischen Systemen. Das Buch darf ohne Genehmigung der Verbraucherzentrale NRW auch nicht mit (Werbe-)Aufklebern o. Ä. versehen werden. Die Verwendung des Buches durch Dritte darf nicht zu absatzfördernden Zwecken geschehen oder den Eindruck einer Zusammenarbeit mit der Verbraucherzentrale NRW erwecken.

ISBN 978-3-86336-065-8

Printed in Germany, gedruckt auf 100 % Recyclingpapier

Einführung

Der Kauf einer gebrauchten Immobilie kann eine interessante Alternative zum Neubau sein. Der Kauf kann sogar einige Vorteile bieten: Sie können die angebotenen Objekte in fertigem Zustand in Augenschein nehmen, Vergleiche ziehen und unter Umständen auch relativ rasch das Gebäude beziehen. Leider gehen aber nach wie vor viele Käufer von Immobilien relativ sorglos an die Besichtigungen und die Einschätzung der Bausubstanz und Haustechnik heran.

Das Kaufen einer Immobilie mag bequemer sein, als ein Haus neu zu bauen, einfacher hingegen muss es nicht sein. Immobilien sorgfältig zu besichtigen, die Ausführungen des Verkäufers oder Immobilienmaklers mit kritischer Distanz zu hinterfragen, eigene Überprüfungen vorzunehmen und eine Diagnose über den Zustand des Hauses zu stellen, sind wichtige Voraussetzungen, um den in die Immobilie investierten Wert auch langfristig sichern zu können.

Dieser Ratgeber gibt Ihnen Informationen und Checklisten an die Hand, damit Sie den Kauf einer gebrauchten Immobilie strukturiert und gut vorbereitet angehen können. Das Buch konzentriert sich dabei ausschließlich auf den Erwerb von gebrauchten Häusern durch private Käufer zur privaten Nutzung.

Zunächst erfahren Sie Grundsätzliches zur Haussuche, danach erhalten Sie einen Überblick über die Baujahre und ihre Charakteristika. Es werden die gesetzlichen Bestimmungen zu zulässiger Emission und zulässigem Energiebedarf gebrauchter Häuser erläutert. Sie erfahren, wie Sie eine gute Hausbesichtigung vorbereiten und durchführen.

Dabei unterstützen wir Sie mit umfangreichen Checklisten für die Besichtigung. Hilfestellung bei der Einschätzung des Sanierungsbedarfs gebrauchter Häuser finden Sie ebenso wie wichtige Informationen zur Beurteilung des Kaufpreises.

Sie erhalten alle notwendigen Informationen zur substanziellen Prüfung von Kaufverträgen, zu den Pflichten und Kosten von Notaren und der Absicherung von Kreditverträgen. Abschließend behandelt dieser Ratgeber den Beurkundungstermin beim Notar und die Übergabe des Hauses.

Zusätzlich zu diesem Ratgeber haben wir einen Hausübergabe-Ordner entwickelt. Dieser Ordner ist für Sie interessant, wenn Sie eine gebrauchte Immobilie gekauft haben und eine sichere Übergabe des Hauses und aller wichtigen Dokumente durchführen wollen. Der Ordner führt Sie und die Voreigentümer zuverlässig durch die Übergabe. Mehr zu diesem wichtigen Werkzeug erfahren Sie auf Seite 239. Soweit Sie das Haus noch umbauen wollen, hilft Ihnen der Ratgeber „Vom gebrauchten Haus zum Traumhaus". Er enthält alle wichtigen Informationen zu größeren Umbauten. Mehr zu diesem Ratgeber erfahren Sie auf Seite 239.

Inhalt

7	**Die Haussuche**
7	Die Anbieter am Markt
11	Hilfen für Ihre persönliche Bedarfsermittlung
19	**Baujahre und ihre charakteristischen Merkmale**
21	Baujahre bis 1920
22	Die 1920er- bis 1940er-Baujahre
23	Die 1950er-Baujahre
25	Die 1960er- bis 1970er-Baujahre
26	Die 1980er-Baujahre bis heute
29	**Gesetzliche Bestimmungen zu Emission und Energiebedarf**
29	Die 1. Bundes-Immissionsschutzverordnung (1. BImSchV)
33	Die Energieeinsparverordnung (EnEV)
38	Der Energieausweis für Bestandsgebäude
47	**Die Besichtigung des Hauses**
47	Emotionen, Kauftypen und notwendige Zeiträume
48	Maklerangebot und Maklercourtage
51	Die Vorbereitung der Hausbesichtigung
53	Die Hausbesichtigung
60	Besichtigungsformular und Reservierungsvereinbarung Makler
61	Checkliste Erstbesichtigung
71	Erläuterungen zur Checkliste
91	Energiegesetze und -verordnungen
92	Auswertung Energiegesetze und -verordnungen
93	Sachverständige
95	Die Checklisten
97	Checkliste Haussetzungen
98	Checkliste Fassadenrisse
99	Checkliste Schadstoffe
102	Checkliste Grundwasser und Kellerabdichtung
103	Checkliste Stauwasser
104	Checkliste Statik
105	Checkliste Fäulnis tragender Holzbauteile
106	Checkliste Bodenkontamination des Grundstücks
107	Checkliste Objektlage
109	Checkliste Grundlasten und Baulasten
111	Checkliste Wohnungseigentumsrecht
112	Checkliste Kaufpreis
114	Checkliste Dachstuhl und Dach
117	Checkliste Schallschutz
120	Checkliste Wärmedämmung
122	Checkliste Trinkwasser und Abwasser

Inhalt

126	Checkliste Heizung
130	Checkliste Elektroinstallation/ Telefon/IT/TV
132	Checkliste Wohnflächen
136	Teil A: Außenbesichtigung
140	Teil B: Innenbesichtigung

159 Einschätzung des Sanierungs- und Modernisierungsbedarfs

- 159 Arbeiten, die nötig werden können
- 162 Die Sanierungsbedürftigkeit einzelner Bauteile
- 164 Was bei der Haustechnik beachtet werden muss
- 167 Zustand der Bausubstanz

171 Hilfen für die Beurteilung des Kaufpreises

- 171 Die Berechnung der Wohnfläche
- 172 Gutachterausschüsse
- 173 Individuelle Wertermittlung
- 174 Beleihungswert
- 175 Die einzelnen Preiskomponenten
- 176 Die aktuelle Marktsituation
- 177 Zusätzliche Kosten

181 Kaufvertrag und Risikoabsicherung

- 182 Grundbuch
- 184 Baulastenverzeichnis
- 185 Der Kaufvertrag – 2 Beispiele mit Erläuterungen
- 185 Kaufvertrag Beispiel 1
- 196 Kaufvertrag Beispiel 2
- 204 Kaufvertragsanlagen
- 209 Vorberatungstermin Notar
- 210 Fragenkatalog zum Kaufvertragsentwurf
- 211 Notar und Beurkundungsgesetz
- 214 Notarkosten
- 219 Rechtsanwalt
- 220 Kauffinanzierungssicherung
- 221 Kaufvertragsbesprechung mit der Bank
- 221 Kreditvertragssicherung
- 223 Risikolebensversicherung
- 224 Berufsunfähigkeitsversicherung

227 Notartermin und Hausübergabe

- 227 Beurkundungstermin
- 228 Hausübergabe
- 230 Der Hausübergabe-Ordner
- 230 Checkliste Hausübergabe
- 232 Sonderkündigungsrecht Gebäudeversicherungen

235 Anhang

- 235 Wichtige Adressen
- 236 Adressen der Verbraucherzentralen
- 237 Stichwortverzeichnis
- 240 Impressum

Die Haussuche

Vor dem Hauskauf steht die Haussuche. Und diese nimmt mit Abstand den größten Zeitbedarf in Anspruch. Das wird häufig völlig unterschätzt. Rechnen Sie nicht in Wochen. Rechnen Sie in Monaten – in vielen Monaten.

Die Anbieter am Markt

Über welches Medium Sie Ihre persönliche Suche nach einem gebrauchten Haus auch aufnehmen, ob über den Immobilienteil der regionalen Zeitungen, über einen Makler, über das Internet oder über eigene Inserate – Sie werden schnell feststellen, dass es fast unmöglich ist, das perfekte Haus zu finden und zu kaufen.

Man muss beim Hauskauf praktisch immer einen Kompromiss eingehen, sei es in Grundriss- und Gestaltungsfragen oder in haustechnischer Hinsicht (z. B. Zustand der Sanitärinstallation). Oftmals werden Sie sich nämlich in einer der folgenden Situationen wiederfinden:

- Sie haben Ihr Traumhaus von besonderer Qualität zu einem bezahlbaren Preis gefunden, allerdings in sehr ungünstiger Lage.
- Sie haben ein Objekt zu einem bezahlbaren Preis in sehr schöner Lage gefunden, allerdings ist das Haus selbst weder schön noch qualitativ hochwertig.
- Sie haben ein sehr schönes und qualitativ hochwertiges Haus in einer traumhaften Lage gefunden, allerdings ist es unbezahlbar.

Erst wenn Sie ein qualitativ gutes Haus in guter Lage zu einem bezahlbaren Preis gefunden haben, werden Sie Grund haben, zufrieden zu sein. Das wird nicht immer Ihr Traumhaus sein, aber doch ein guter Kompromiss.

Bevor Sie also an die konkrete Suche gehen, sollten Sie mehrere Dinge vorab für sich abklären. Hierzu gehören bestimmte Rahmendaten, wie der maximale Kaufpreis einer Immobilie einschließlich sämtlicher Nebenkosten, der Raum- und Platzbedarf, den eine Immobilie für Sie erfüllen muss, die Haustechnik (z. B. welches Heizsystem Sie bevorzugen: Öl, Gas, Fernwärme etc.), die Lage und Erreichbarkeit, die Infrastruktur und nicht zuletzt die Kaufabwicklung und welchen Partner Sie hierfür bevorzugen. Nachfolgend stellen wir Ihnen die häufigsten Partner privater Hauskäufer vor.

Der private Verkäufer

Der private Verkäufer ist meist der Vorbesitzer oder Erbe einer zum Verkauf stehenden Immobilie. Er handelt in der Regel nicht gewerbsmäßig mit Immobilien, sondern möchte aus bestimmten Gründen ein konkretes Objekt, das er möglicherweise sogar selbst bewohnt hat, verkaufen. Wichtig für Sie ist die Frage, warum der Vorbesitzer überhaupt verkaufen will. Sind es harmlose Gründe, wie ein Ortswechsel aus beruflichen Gründen oder einfach, weil er das Haus nun lange genug bewohnt hat oder vor einer Renovierung lieber umzieht, oder sind es gravierende, weil es z. B. Unklarheiten hinsichtlich der Statik der Bausubstanz gibt oder demnächst eine Umgehungsstraße vor den Garten gebaut wird etc. Dies wird Ihnen der private Verkäufer nicht unbedingt erzählen, ebenso wie er Ihnen eventuell erforderliche Reparaturen in größerem Umfang oder Bauschäden als Verkaufsgrund nicht offenlegen wird. Es ist aber für Sie wichtig, den wahren Verkaufsgrund herauszufinden.

Der Immobilienmakler

Der Immobilienmakler betreibt das Geschäft mit Immobilienverkäufen gewerbsmäßig. Er tritt in der Regel nicht als Eigentümer einer Immobilie auf, sondern als Vermittler. Man unterscheidet zwischen Nachweismaklern und Vermittlungsmaklern. Nachweismakler erhalten ihre Provision, wenn sie Kunden die Kenntnis einer Vertragsmöglichkeit verschafft haben. Vermittlungsmakler erhalten ihre Provision, wenn sie den Abschluss eines Vertrags vermitteln konnten.

Nicht automatisch muss bei einer Maklervermittlung eine Provision, die sogenannte Courtage, anfallen. Dies muss z. B. dann nicht der Fall sein, wenn nur der Verkäufer die Vermittlungsgebühr trägt. Meist ist es allerdings so, dass der Käufer die Courtage zahlt, manchmal auch Verkäufer und Käufer gemeinsam. Eines

Die Maklercourtage

Sie setzt sich zusammen aus der eigentlichen Courtage, die keinerlei Vorgaben folgt und ganz frei vereinbar ist, und der Mehrwertsteuer. Typisch sind Courtagesätze von 3 % des Verkaufspreises eines Hauses. Kommen dazu 19 % MwSt., ergibt dies einen Courtagesatz von 3,57 % (19 % von 3,0 = 0,57) . Bei einer Netto-Courtage von 6 % sind es bereits 7,14 % brutto. Eine Courtage von nur 1 % netto und 1,19 % brutto oder 0,5 % netto und 0,595 % brutto wäre genauso vereinbar. Wichtig: Courtagesätze müssen Verbrauchern gesetzlich zwingend immer mit dem Brutto-Preis angegeben werden.

der Probleme der Vermittlungstätigkeit von Maklern ist fast durchgängig die Beratung zweier unterschiedlicher Interessenlagen: die des Immobilienverkäufers und die des Immobilienkäufers. Dies wird allgemein dann als sehr problematisch angesehen, wenn im Erfolgsfall von zwei Seiten Provision fließt.

So etwas ist z. B. Rechtsanwälten aus gutem Grund nicht gestattet. Inwieweit ein Makler also Interessen eines Käufers nachhaltig vertritt, wenn er gleichzeitig die des Verkäufers berücksichtigen muss, darf hinterfragt werden.

Die Provision von Maklern ist frei verhandelbar. Zwar setzen fast alle Makler die Courtage pauschal fest, häufig irgendwo zwischen 3,57 und 7,14 %, je nach Region und je nachdem, wer die Provision zahlt, Käufer oder Verkäufer oder beide. Doch die Höhe der Courtage geht auf keine feste Gebührenordnung oder Ähnliches zurück. Ein Makler könnte genauso gut nur 1 % Courtage nehmen. Das geschieht allerdings praktisch nicht, da man sich wechselseitig natürlich nicht den Markt kaputtmachen will.

Ist gar keine Maklercourtage vereinbart, wird – auch von Gerichten – meist die sogenannte „ortsübliche" Courtage angesetzt. Das heißt, auch dann landet man wieder bei den hohen Vermittlungssätzen. Ein Vergleich des europäischen Auslands zeigt, dass Makler auch zu deutlich niedrigeren Courtagesätzen tätig werden. Mit wenigen Ausnahmen liegen die deutschen Courtagesätze fast überall in Europa deutlich an der Spitze. So werden etwa in den Niederlanden zwischen 1 und 2 % an Courtage genommen, im benachbarten Nordrhein-Westfalen aber zwischen 3,57 und 7,14 %. Die hohe Courtage, die bei einem Immobilienverkauf fällig wird, die Doppelberatung bei Interessengegensätzen und die Tatsache, dass zur Ausübung des Maklerberufes keinerlei Berufsqualifikation notwendig ist, führen immer wieder zu erheblicher Kritik an dem Berufsstand.

Stehen Sie selbst vor einem Hauskauf, können Sie sich natürlich zum Ziel setzen, ein geeignetes Haus auch ohne Makler zu finden. Geht es definitiv nur mit einem Makler, sollten nicht vorschnell mündliche oder schriftliche Vermittlungsaufträge abgeschlossen werden, sondern es sollte zunächst einmal über die Höhe der Courtage verhandelt werden. Diese sollte dann auch unbedingt schriftlich fixiert werden. Viele Makler sind jedoch nicht bereit, bei der Courtage mit sich verhandeln zu lassen. Sie sollten sich dann allerdings fragen, ob Sie auf dieser Basis ein Geschäft eingehen wollen oder lieber einen anderen Weg zum eigenen Haus suchen.

Nimmt ein Makler beispielsweise 7,14 % Courtage für die Vermittlung einer Immobilie im Wert von 300.000 Euro, sind dies sage und schreibe 21.420 Euro. Nimmt er 3,57 %, sind dies noch 10.710 Euro. Und bei 1 % wären dies immer noch 3.000 Euro. 20.000 Euro Courtage für eine einfache Vermittlungstätigkeit sind eindeutig überzogen und nicht akzeptabel.

Wollen Sie den Weg zum eigenen Haus ohne Makler gehen, sollten Sie dann auch nur auf die Anzeigen in Zeitungen oder im Internet eingehen, die nicht von einem Makler stammen. Und umgekehrt können Sie natürlich auch selbst eine Anzeige schalten, in die Sie exakt das hineinschreiben, was Sie suchen, beispielsweise:

„Junge Familie sucht Haus (5 Zimmer, ca. 120 m²) mit Garten im Großraum Köln von Privat an Privat. Bitte keine Maklerangebote. Telefon: ... "

Chiffreanzeigen können für den Anbietenden, der Ihnen unkompliziert antworten will, einen gewissen Aufwand darstellen, sodass er möglicherweise darauf verzichtet, Sie zu kontaktieren. Daher kann die Angabe einer Telefonnummer oder einer E-Mail-Adresse sinnvoll sein.

Seit dem Aufkommen von Immobilienbörsen im Internet werden die Immobilienseiten der regionalen Zeitungen stark unterschätzt. Dabei haben die meisten Zeitungen längst reagiert und bieten ihren Immobilienteil zur freien Recherche auch im Netz an. Ungeachtet zahlreicher Internet-Immobilienbörsen ist das regionale Angebot in den regionalen Zeitungen nach wie vor häufig noch das umfangreichste. Ferner will bei Weitem nicht jeder Bilder seiner Immobilie und seine Daten im Internet sehen, sondern entscheidet sich eher für eine Chiffreanzeige in einem regionalen Blatt. Als Käufer sollten Sie daher in jedem Fall auch die regionalen Immobilienseiten im Blick haben.

Bei Immobilienportalen im Internet müssen Sie aufpassen, ob Sie es mit Privatangeboten oder mit Maklerangeboten zu tun haben. Bei keinem der bekannten Portale kann man einfach per Mausklick zwischen Privat- und Maklerangeboten trennen. Das ist leider extrem kundenunfreundlich und hat mit der Geschäftspolitik der Portale zu tun. Immobilienmakler erhalten dort – im Gegensatz zu Verbrauchern – zumeist Paket- und Sonderkonditionen. Daher sind diese Netze voll mit Maklerangeboten. Im Grunde handelt es sich um Online-Maklerblättchen. Zusatzinformationen auf den Portalseiten sind zudem mit großer Vorsicht zu genießen. Teilweise sind sie schlicht falsch und nicht von Fachleuten erstellt und teilweise werden hier sogar Inhalte mit bezahltem Produktbezug erstellt.

Angebote aus dem Internet sollten Sie sich grundsätzlich mindestens ausdrucken oder sie anderweitig sichern. Anders als Zeitungsinserate ist das Internet flüchtig. Stand aber in einer Anzeige z. B. „Keine Maklercourtage", ist dies eine sehr wichtige Information, die Sie gut archivieren sollten für den Fall, dass es darüber später Streit gibt und die Anzeige dann schon aus dem Netz verschwunden ist.

Neben Privatleuten und Maklern treten auch andere Anbieter am Markt auf. So z. B. Banken, Sparkassen und Volksbanken, aber auch Hauseigentümergemeinschaften wie z. B. Haus & Grund. Soweit diese Gesellschaften Maklerdienste anbieten, arbeiten sie üblicherweise mit den identischen Provisionssätzen wie die anderen Anbieter am Markt auch. Und auch bei diesen Anbietern kann es zu den benannten Interessengegensätzen kommen. Wenn Sie sich deren Angebote ansehen, achten Sie grundsätzlich darauf, ob eine Käuferprovision verlangt wird oder nicht. Das Angebot von Sparkassen und Volksbanken ist über die üblichen Immobilienportale meist nicht zu finden, sondern nur über deren eigene, mitunter auch regionale Internetseiten.

Die Kommune

Kommunen haben mitunter einen großen Bestand an gebrauchten Immobilien. Diese werden allerdings nicht immer aktiv und progressiv verwaltet, sondern führen manchmal einen Dornröschenschlaf, der erst endet, wenn sich plötzlich ein ernsthafter Interessent für ein Objekt meldet, über dessen Verkauf bislang nicht nachgedacht wurde. Es ist als privater Interessent aber nicht einfach, an entsprechende Listen heranzukommen. Es kann allerdings sein, dass Ihnen vielleicht eine ältere Immobilie auffällt, über die Sie gerne Genaueres erfahren würden. Wenn Sie in Erfahrung bringen, dass diese Immobilie im Besitz der Kommune ist, sollten Sie Hartnäckigkeit und Geduld mitbringen, um hier weiterzukommen. Nutzen Sie diesbezüglich ruhig auch die Bürgersprechstunden der Bürgermeister.

Partner beim Kauf von denkmalgeschützten Häusern

Wenn Sie sich für den Kauf eines denkmalgeschützten Hauses interessieren, können für Sie als Ansprechpartner sowohl die Denkmalbehörden der Kommunen als auch die zuständigen Stellen bei den Regierungsbezirken, den Ländern und dem Bund in Frage kommen. Dort gibt es teilweise bereits Denkmallisten, auf denen alle zu veräußernden Objekte aufgelistet sind. Häufig werden Baudenkmäler veräußert, um sie dadurch vor dem Verfall zu schützen. Soweit die geplante Nutzung den

Erhalt des Baudenkmals möglich macht, ohne es wesentlich zu verändern, sind die Denkmalbehörden für Gespräche offen.

Hilfen für Ihre persönliche Bedarfsermittlung

Sie werden beim Suchen nach einer Immobilie schnell feststellen, dass nicht nur Sie auf der Suche nach einer Immobilie sind, sondern dass es ein Heer von Menschen um Sie herum gibt, die ebenfalls suchen. Im Fall des Falles wird es darauf ankommen, dass Sie sich sicher und schnell entscheiden können, ob die angebotene Immobilie für Sie in Frage kommt oder nicht.

Grundsätzlich gibt es bei Ihrer Entscheidungsfindung drei wichtige Aspekte:

- die Rahmenbedingungen Ihrer Immobilienfinanzierung,
- die Lage der Immobilie und die Gebäudesubstanz sowie
- die rechtlichen Rahmenbedingungen und den Kaufvertrag für die Immobilie.

Rahmenbedingungen Ihrer Immobilienfinanzierung

Ein gesicherter finanzieller Rahmen und ausreichend Eigenkapital sind für den Erwerb von Wohneigentum Voraussetzung. Wichtig ist hier, dass Sie sich nicht finanziell übernehmen und bereits beim Auftreten erster Nebenkosten oder dringend notwendiger Sanierungsmaßnahmen eine Finanzierungslücke auftritt. Wenn Sie Ihre persönlichen finanziellen Rahmenbedingungen abstecken, sollten Sie nicht nur an den Kaufpreis der Immobilie denken, sondern auch an alle Nebenkosten. Mit Maklergebühren, amtlichen Gebühren und eventuell schon gleich erforderlichen Sanierungsmaßnahmen kann diese zusätzliche Summe ganz schnell auf einen höheren fünfstelligen Betrag anwachsen.

Tipp
Lassen Sie sich für Ihre Hausfinanzierung in jedem Fall von mehreren Geldinstituten beraten und vergleichen Sie die Konditionen.

Halten Sie ausreichend Reserven zurück, in jedem Fall etwa 5 % der Kaufsumme des Objekts. Der Ratgeber „Die Baufinanzierung" der Verbraucherzentralen ist für den Einstieg in das Thema und eine erste Berechnung der eigenen Finanzierungsmöglichkeiten gut geeignet. Es ist sehr sinnvoll, vor den ersten Finanzierungsgesprächen mit einer Bank einen solchen Ratgeber gut durchzulesen. Mittlerweile gibt es auch im Internet zahlreiche Anbieter für Baufinanzierungen. Sie können sich hier einfach und schnell einen Überblick über die aktuellen Zinskonditionen verschaffen und diese in die Verhandlungen mit Ihrer Bank einbringen oder gegebenenfalls mit einem Internetanbieter finanzieren. Achten Sie in jedem Fall aber darauf, dass es sich um einen seriösen Anbieter handelt. Zu zinsgünstigen Krediten sollten Sie sich auch bei Ihrer Landeskreditbank und der KfW-Förderbank (www.kfw.de) informieren. Die Verbraucherzentralen bieten regelmäßig Seminare und Einzelberatung zur

Baufinanzierung an. Dort gibt es auch den Ratgeber zum Thema „Baufinanzierung" (Adressen im Anhang, Seite 236).

Bei Immobilienfinanzierungen wird Ihnen alles Mögliche erzählt. Vieles wird schöngerechnet, häufig Ihre Lebenssituation überhaupt nicht gründlich genug analysiert und mit einbezogen. Das ist durch Tests der Stiftung Warentest vielfach belegt.

Um zu ermitteln, welchen Kreditrahmen Sie maximal aufnehmen können, ist es möglich, die nachfolgende Formel zu nutzen:

$$\frac{\text{Belastungsgrenze in EUR} \times 12 \text{ Monate} \times 100\,\%}{\text{Nominalzinssatz in \%} + \text{Tilgungssatz in \%}} =$$

= maximale Darlehenssumme

Bei der Nutzung der Formel sollten Sie allerdings beachten, dass Sie Ihre monatliche Belastungsgrenze nicht zu hoch ansetzen. Die Belastungsgrenze ist nicht etwa das Geld, das nach Abzug von großen monatlich laufenden Ausgabenpositionen übrig bleibt, wie Miete, Autobetrieb, Versicherungen, Lebensmittel etc., sondern nur das, was auch bei Berücksichtigung von Rücklagen darüber hinaus wirklich übrig bleibt. Wenn Ihnen die Waschmaschine kaputtgeht, sind die Neuanschaffungskosten einer Waschmaschine zwar keine laufenden monatlichen Kosten, aber eben hohe Einmalkosten. Das Gleiche gilt für einen Autokauf, ob neu oder gebraucht, Fahrräder, ggf. höhere Zuzahlungen im Gesundheitswesen aber selbst für den Urlaub. Sie haben ja nicht nur monatlich laufende Kosten, sondern auch eine ganze Reihe von Einmalkosten über das Jahr verteilt. Eine vierköpfige Familie sollte monatlich

einige Hundert Euro als flexible Rücklage zur Verfügung haben. Wenn Sie auch eine solche flexible Rücklage mit in Ihre Baufinanzierungsberechnung einbeziehen, kann es schnell sehr eng werden, wenn Ihnen z. B. gleichzeitig Waschmaschine und Auto kaputt gehen. Was Sie hingegen herausrechnen können aus Ihren monatlichen Belastungen, ist Ihre aktuelle Miete, denn diese werden Sie nach Erwerb von Immobilieneigentum nicht mehr zahlen. Aber auch dort müssen Sie vorsichtig sein, denn Sie können natürlich nur die Kaltmiete ansetzen, weil Sie Nebenkosten natürlich auch in der eigenen Immobilie haben werden.

Ein weiterer, wichtiger Punkt bei der Formelanwendung ist, dass Sie den Tilgungssatz nicht zu niedrig ansetzen. Sehr viele Banken haben Modellrechnungen in der Schublade mit 1 % Tilgung. Das ist schlichtweg zu gering, denn je niedriger die Tilgung ist, desto länger wird Ihr Kredit laufen und desto teurer wird er. Sie sollten ganz klar eine Tilgung von zumindest 3 % anstreben und darüber hinaus auch das Recht auf Sondertilgungen haben.

Beispiel:
Nehmen wir an, Sie haben monatlich 750 Euro zur Kreditabzahlung zur Verfügung, die Bank bietet Ihnen einen Kredit zu 3,5 % an und Sie wollen eine Tilgung von 3 % haben, dann ergibt sich folgende Rechnung:

$$\frac{\text{Belastungsgrenze 750 EUR} \times 12 \text{ Monate} \times 100\,\%}{\text{Nominalzinssatz 3,5 \%} + \text{Tilgungssatz 3 \%}} =$$

= max. Darlehen 138.461,53 Euro

Das heißt, Sie können in dieser Konstellation maximal eine Darlehenssumme von knapp

140.000 Euro aufnehmen. Hinzu kommt Ihr Eigenkapital. Nehmen wir an, Sie haben fleißig gespart und können 40.000 Euro einbringen. Dann ist ein Immobilienpreis von ca. 180.000 Euro für Sie realistisch.

Möglicherweise wird Ihnen Ihr Kreditverkäufer bei der Bank in diesem Falle einfach dazu raten, doch eine Tilgung von 1 % anzustreben, weil Sie dann beim Kreditrahmen viel weiter kämen. Das sind dann nämlich exakt 200.000 Euro:

$$\frac{\text{Belastungsgrenze 750 EUR x 12 Monate x 100 \%}}{\text{Nominalzinssatz 3,5 \% + Tilgungssatz 1 \%}} =$$

= max. Darlehen 200.000 Euro

Das hört sich zunächst einmal sehr gut an. Was Ihnen Ihr Kreditverkäufer meist aber nicht sagt, ist, dass das dann eine deutlich teurere Finanzierung wird, weil sich die Laufzeit erheblich verlängert. Vergessen Sie nie: Sie haben keinen Bankberater vor sich, sondern schlicht einen Kreditverkäufer, der nicht das beste Ergebnis für Sie, sondern das beste Ergebnis für seine Bank bzw. seine Provision herausholen will. Nicht mehr und nicht weniger.

Außerdem müssen Sie beachten, dass auch der Zinssatz variieren kann, je nach Länge der Laufzeit. Vereinbaren Sie nur eine kürzere Laufzeit von z. B. 10 Jahren, erhalten Sie meist auch einen günstigen Zinssatz. Wollen Sie eine längerfristige Laufzeit von z. B. 20 oder 30 Jahren mit festem Zinssatz haben, liegt der Zinssatz üblicherweise höher.

Werden nur 10 Jahre vereinbart und muss dann nach 10 Jahren eine Anschlussfinanzierung gefunden werden, kann es Ihnen natürlich passieren, dass der Zinssatz dann deutlich gestiegen ist. Das heißt, die Kosten Ihrer Finanzierung werden teurer. Ein Zinssprung um 1,5 bis 2 % kann Ihre gesamte Finanzierung ins Rutschen bringen. Haben Sie dann auch erst wenig getilgt, weil Sie mit nur 1 % Tilgung begonnen haben, kann es sehr eng werden – im schlimmsten Fall auch gar nicht mehr reichen.

Man muss bei der Bau- bzw. Kauffinanzierung schon genauer hinsehen, denn schon kleine Zahlenverschiebungen können Tausende Euro Mehrkosten bedeuten. Aus solchen Gründen ist eine Überprüfung der Ihnen angebotenen Baufinanzierungen bei den Beratungsstellen der Verbraucherzentralen sehr sinnvoll. Wenn Sie zuvor noch möglichst sorgfältig den Ratgeber „Die Baufinanzierung" der Verbraucherzentrale gelesen haben, sind Sie optimal vorbereitet. Er gibt Ihnen einen guten Einstieg und vollständigen Überblick über das Thema und Sie werden danach auch Bankgespräche ganz anders führen können.

Lage der Immobilie und Gebäudesubstanz

Bei den Überlegungen zum Standort Ihrer künftigen Immobilie sollten Sie die folgenden Punkte bedenken:

- Bei einer sehr entlegenen Immobilie werden zusätzlich zu dem Kaufpreis der Immobilie auch zukünftige Pendelkosten auf Sie zukommen.
- Bei einer Immobilie ohne Anschluss an den öffentlichen Nahverkehr müssen Sie bei jeder Gelegenheit und bei jedem noch so kleinen Anlass das Auto benutzen.
- Der Beliebtheitsgrad sowie die Wohn- und Lebensqualität eines Gemeinde- oder Stadt-

Stimmen die Dimensionen der Umfeldbebauung?

Flächenumwandlung – vom Flughafen zur Wohnbebauung

Veränderung der Umgebung durch Straßenneubau

Wohnen unter Strom?

teils können den Wiederverkaufswert einer Immobilie erheblich beeinflussen.
- Die Bebauung des Umfeldes der Immobilie beeinflusst den Wohnwert.

Steht die besichtigte Immobilie in einer homogenen, kleingliedrigen Umgebungsbebauung oder in einer sehr inhomogenen Umgebungsbebauung, wo Sie vielleicht riesige Wohnblocks direkt hinter dem Haus haben? Besteht eine Anbindung an Grünzüge und Natur? Gibt es Baustellen in der Nähe, Lärmbelästigung durch Straßenverkehr, Straßenbahnen etc. oder gar Fluglärm, weil sich eine Einflugschneise direkt über dem Wohngebiet befindet?

Sind große Straßen, Gewerbe oder Fabriken in der Nähe oder zukünftig geplant (Lärm, Abgase)? Gibt es sonstige Belastungen (z. B. Elektrosmog durch Hochspannungsleitungen u. Ä.)?

Sind Infrastruktureinrichtungen (Kindergärten, Schulen, Krankenhäuser, Ärzte, Apotheken, Lebensmittelläden, Bäcker, Post etc.) in der Nähe? Gibt es Bodenbelastungen in der näheren

Gibt es störende Gewerbeansiedlungen in der Nähe?

Umgebung, z. B. durch ehemalige Kasernengelände, Flugplätze, Fabriken, Tankstellen etc.?

Besteht die Gefahr von Bodensetzungen, z. B. durch ehemalige unterirdische Bunkeranlagen, Grubenaktivitäten, Bergbau etc.?

Steht die Immobilie an einer riskanten Hanglage, die Sie im Winter unter Umständen nicht mehr erreichen können oder die die Gefahr von Erdrutschen birgt? Viele Kaufwillige übersehen, dass für die Wahl der Immobilie nicht nur Zimmeranzahl, Aufteilung und Lage wichtig sind, sondern wesentlich auch die Bausubstanz, Konstruktionsart und technische Ausstattung. Sie würden nie ein Auto kaufen, ohne den Motor gesehen bzw. eine Probefahrt unternommen zu haben, Häuser aber werden vielfach gekauft, ohne dass beispielsweise der Heizungskeller besichtigt, geschweige Heizung und Haustechnik überhaupt getestet wurden. Dies kann jedoch erhebliche Mehrkosten durch notwendige Sanierungen verursachen.

Klären Sie daher von vornherein nicht nur Ihre Raumbedürfnisse, sondern auch Ihre bau-, konstruktions- und haustechnischen Wünsche.

- Wünschen Sie z. B. ein Haus aus Holz oder Stein?
- Ziehen Sie ein Flachdach oder ein Steildach vor?
- Möchten Sie mit Öl, Gas, Holzpellets, Strom oder Fernwärme heizen?

Da Sie nicht neu planen, müssen Sie sozusagen nehmen, was auf dem Markt erhältlich ist. Dies bedeutet für Sie, dass Sie sich auch mit den charakteristischen Bauwerksschwächen der einzelnen Baujahre auseinandersetzen müssen, denn das Baujahr eines Hauses sagt viel über seine baukonstruktive Ausbildung und technische Ausstattung aus. Dies betrifft vor allem so fundamentale Dinge wie eine ausreichende Wärmedämmung oder einen guten Schallschutz. Im Kapitel „Baujahre und ihre charakteristischen Merkmale" dieses Buches sind daher die verschiedenen Baujahre, beginnend mit der Jahrhundertwende 1899/1900, und ihre typischen Schwächen aufgelistet. Neben den rein technischen Dingen ist natürlich auch die Grundrissaufteilung/Funktionalität des von Ihnen gesuchten Hauses von entscheidender Bedeutung. Wichtig ist auch hier, dass Sie klare Vorstellungen davon haben, wie viel Quadratmeter ihr neues Domizil haben soll und welche Räume für Sie unabdingbar sind. Wichtig ist auch, dass Sie nicht vergessen, zu überlegen, welche Möbel Sie haben und wo Sie diese in Ihrem Haus unterbringen. Es ist also auch wichtig, Ihre gegenwärtige Wohnsituation genau zu analysieren. Dabei helfen Ihnen die folgenden Fragen:

- Wie viel Quadratmeter Wohnfläche haben Sie zurzeit?
- Wie sind diese aufgeteilt?
- Erscheinen Ihnen die Zimmer zu groß oder zu klein?

Die Haussuche

Checkliste für die Bedarfsermittlung

	Größe	Lage	Orientierung
Vorratsraum	z. B. 12 m^2	z. B. Keller	z. B. Nord
Hobbyraum			
Werkkeller			
Fahrradkeller			
Heizungszentrale			
Archiv			
Sauna/Fitness			
Windfang			
Diele/Garderobe/Abstellraum			
Gäste-WC			
Küche			
Hauswirtschaft			
Esszimmer			
Wohnzimmer			
Arbeitszimmer			
Gästezimmer			
Elternbad			
Kinderbad			
WC			
Duschbad			
Schlafzimmer			
Ankleide			
Kinderzimmer 1			
Kinderzimmer 2			
Kinderzimmer 3			
Kinderzimmer 4			
Spielzimmer			
Studio/Lesen			
Gesamtfläche			

- Wäre ein zweites WC oder Duschbad notwendig?
- Haben Sie genug Abstellfläche?
- Wohnen Sie über ein oder über zwei Geschosse?
- Empfinden Sie dies als vor- oder nachteilig?

Erstellen Sie also eine genaue Bedarfsanalyse. Damit können Sie während des Suchprozesses aus einem riesigen Angebot viel schneller und zielorientierter auswählen. Die obenstehende Tabelle kann Ihnen hierbei behilflich sein.

Sie sollten auch einen Blick dafür behalten, dass Sie selbst und Ihre Familie in unterschiedlichen Lebensphasen unterschiedliche Anforderungen an das Haus stellen. So kann eine Einliegerwohnung einmal die Aufnahme der Großeltern ermöglichen oder die willkommene Unabhängigkeit für die Kinder bieten. Ein von den Wohnbereichen gänzlich abgetrenntes Treppenhaus wiederum kann den Vorteil haben, dass Sie dadurch von vornherein Teile des Hauses vermieten oder als Büro nutzen können etc.

Sie werden möglicherweise feststellen, dass es Ihr Traumhaus leider nicht gibt. Praktisch alles gibt es, nur genau das Haus, das Sie suchen, gibt es nicht. Dies ist durchaus logisch, denn jedes Haus ist anderen baulichen Zwängen und architektonischen Geschmäckern unterworfen, und es hat daher auch keinen Sinn, nach der perfekten Immobilie zu suchen. Es ist sinnvoller, nach der realistischen Immobilie zu suchen, also einem Haus, das Ihren wesentlichen und wichtigsten Ansprüchen gerecht wird, aber sicher nicht allen Ansprüchen gerecht werden kann.

Interessant ist es, wenn ein Gebäude durch einen Umbau den wechselnden Bedürfnissen angepasst werden kann. Solange keine größeren Eingriffe an tragenden Wänden oder Decken notwendig sind, ist dies häufig problemlos möglich. Gerade bei alten Gebäuden ist es jedoch nicht einfach, zwischen tragenden und nichttragenden Wänden zu unterscheiden, da auch tragende Wände nur ca. 14 cm dick sein können. Welche Fachleute für eine Beurteilung von Umbaumöglichkeiten in Frage kommen können, erfahren Sie ab Seite 93.

Wichtig ist nicht zuletzt auch, welche Orientierung die Immobilie in Bezug auf die Himmelsrichtung hat. Im Osten haben Sie Morgensonne, im Süden haben Sie Nachmittagssonne und im Westen Abendsonne. Wohnräume sollten daher nach Möglichkeit nach Süden oder Westen orientiert sein.

Rechtliche Rahmenbedingungen und Kaufvertrag für die Immobilie

Während Ihrer Immobiliensuche konzentrieren Sie sich auf die finanziellen und gebäudetechnischen Rahmenbedingungen. Die rechtlichen Rahmenbedingungen und der Kaufvertrag werden erst dann interessant für Sie, wenn Sie wirklich zum Kauf entschlossen sind. Erst dann werden Sie in konkrete Verkaufsgespräche inklusive Vertragsgestaltung eintreten. Hilfen zur Vertragsgestaltung finden Sie aus diesem Grund im letzten Kapitel dieses Buches.

Baujahre und ihre charakteristischen Merkmale

Das Baujahr eines Hauses sagt viel über seine möglichen baulichen Probleme (wie z. B. nicht vorhandenen Trittschallschutz) aus. Es ist gut, wenn Sie im Vorfeld zu einem Kaufvorhaben eine gewisse Sensibilität für diese Tatsache entwickeln.

Sie werden die Ihnen angebotenen Häuser dann hinsichtlich ihrer Bauqualität schneller einschätzen können. Nicht vergessen werden darf dabei auch, dass es sich bei vielen angebotenen Häusern um „Oldtimer" im Sinne des Wortes handelt.

Wenn wir heute Straßenbilder z. B. aus den 1960er Jahren sehen, erkennen wir diese weniger an den Bebauungsformen wieder, als an den darauf abgelichteten Fahrzeugen oder der zeittypischen Kleidung der Menschen. Über Autos und Kleidung schmunzeln wir dann mitunter, aber in dem Haus im Hintergrund leben die Freunde oder Verwandten noch immer. Wir begreifen diese Häuser oft gar nicht als das, was sie eigentlich sind, nämlich als – wie erwähnt – Oldtimer. Dies ist aber eine Sichtweise, die beim Hauskauf Gefahren birgt.

Die einzelnen Baujahre der Häuser geben Hinweise darauf, in welcher Weise und mit welchen Baustoffen das Haus errichtet wurde. In diesem Zusammenhang ist es wichtig zu wissen, dass viele wissenschaftliche Erkenntnisse auch im Baubereich nicht unmittelbar nach ihrer Entdeckung sofort in die Baupraxis einflossen. Das Problem des Wärmeverlustes nicht gedämmter Körper war z. B. Jahrzehnte bekannt, bevor es in der Baupraxis durchgängig beachtet wurde. Erst etwa ab den 1960er Jahren wurden der Brand-, Schall- und Wärmeschutz sowie der Feuchteschutz im Keller beim Bauen berücksichtigt. Und noch etwa bis zu Beginn der 1980er Jahre wurden vermeidbare Baufehler gemacht, wie beispielsweise die undichten Flachdächer der 1960er und 1970er Jahre. Außerdem wurden noch bis in die 1980er Jahre hinein viele heute als problematisch eingestufte Baustoffe verwendet (z. B. Pressspanplatten als Wandverkleidung mit Inhaltsstoffen wie Formaldehyd, Asbestzementplatten im Trockenbau, Verwendung gefährlicher Lösungsmittel zur Holzimprägnierung).

Erst ab den 1960er Jahren erhielt die Bauphysik (Schallschutz, Wärmedämmung, Feuchteschutz) den ihr gebührenden Platz im Hausbau und erst ca. ab den 1980er Jahren fand dann auch die kritische Betrachtung der Bauchemie (Schadstoffe wie Asbest, Holzschutzmittel, PCB etc.) im Sinne des Verbraucherschutzes nachhaltige Berücksichtigung im Hausbau. Es wäre aber falsch, zu behaupten, dass alle Bauten, die vorher erstellt wurden, nun chemisch verseucht sind. Dies ist schon deswegen nicht

Baujahre und ihre charakteristischen Merkmale

Haus ungedämmt

Haus mit veralteter, nachträglicher Dämmung

der Fall, weil die industrielle Chemie bis zum Beginn der 1950er Jahre noch in den Kinderschuhen steckte. Erst mit deren Boom auch auf dem Baustoffmarkt begann der relativ unkontrollierte Einsatz mitunter zweifelhafter Materialien und Baustoffe im Hausbau. So treten die schwerwiegendsten chemischen Probleme bei Häusern aus den 1950er, 1960er und 1970er Jahren auf, während die schwerwiegendsten bauphysikalischen Probleme bei Häusern aus den 1920er, 1930er, 1940er und 1950er Jahren auftreten.

Viele Häuser dieser Baujahre wurden jedoch zwischenzeitlich saniert und modernisiert. Die Gebäude können längst einen Vollwärmeschutz erhalten haben, neue Fenster und Türen, einen neuen Bodenaufbau mit Trittschallschutz, eine Zentralheizung, ein neues Dach und anderes mehr. Derartige Sanierungen können aber eine Beurteilung der Bausubstanz schwieriger machen, denn je nachdem, wann die Arbeiten durchgeführt wurden, müssen zusätzlich mögliche Baustoff- und Konstruktionsprobleme aus diesen Baujahren berücksichtigt werden. So können sich in einem Gebäude aus dem Jahr 1962, das im Jahr 1975 saniert und modernisiert wurde, gesundheitsgefährdende Substanzen befinden. Außerdem wird die Modernisierung selbst nicht mehr zeitgemäß sein, sodass bei einer Modernisierung heute ggf. sogar zusätzliche Kosten entstehen, weil z. B. altes Dämmmaterial und Fassadenverkleidungen zunächst entfernt und entsorgt werden müssen.

Bei der Besichtigung solcher Häuser sollten Sie also unbedingt klären, ob die im Folgenden aufgeführten häufigsten Bauschwächen der entsprechenden Baujahre zwischenzeitlich saniert wurden.

Tipp

Lassen Sie sich vor einer Kaufentscheidung ggf. alle Sanierungsmaßnahmen über Handwerkerrechnungen belegen. Dann können Sie im Zweifel bei den betreffenden Handwerksbetrieben nachfragen, was auf welche Weise saniert wurde.

Baujahre bis 1920

Die Baujahre bis 1920 waren geprägt von der Idee des Bauens als Kunsthandwerk für die vermögenden Stände oder aber als schlichtes Obdach für die ärmeren Schichten.

Dementsprechend gibt es bis heute aus dieser Zeit zahlreiche Villen und Stadtpalais und daneben Bauern- und Handwerkerhäuser in sehr viel sparsamerem Zuschnitt. Erst mit der durchgreifenden Industrialisierung nach dem Ersten Weltkrieg und den Ideen des Bauhauses begann sich ein sozialer Wohnungsbau zu entwickeln, mit neuen Gebäudezuschnitten und Fassaden.

Das Thema Bauphysik spielte zu dieser Zeit praktisch keine Rolle. Im Vordergrund standen eher Ästhetik- und Repräsentationsfragen. Das heißt für Sie konkret, dass der Bereich Haustechnik (Heizung, Wasser, Abwasser, Elektroinstallation etc.) sowie die Bereiche Wärmeschutz, Schallschutz, Kellerdichtung etc. bei Gebäuden aus dieser Zeit praktisch keine bauliche Berücksichtigung gefunden haben. Häuser aus dieser Zeit gewinnen ihren Wert eher durch die großzügige Raumaufteilung oder die kunsthandwerklichen Fassaden und weniger durch vorbildliche Bauphysik.

Die häufigsten Konstruktionsweisen der Häuser bis 1920 sind Bruchsteinmauerwerkskeller, mitunter gänzlich ohne Kellerboden, darüber

Die häufigsten Baustoff- und Konstruktionsprobleme

- Kellerfundamente und Wände ohne ausreichende Abdichtung
- vor allem (Keller-)Wände aus Bruchstein
- verrostete Stahlträger in Decken oder Gewölbekellern
- veraltete und vielfach längst korrodierte Sanitärinstallationen
- undichte Gasleitungen
- veraltete, sehr oft dezentral (raumweise) ausgelegte Heizungssysteme mit veraltetem und für moderne Feuerungsanlagen falsch dimensioniertem Rauchabzugssystem
- veraltete Elektroinstallation
- veraltete Geschossdeckenausbildung in Holz (im Bereich der Außenwände oder Nassräume mitunter von Feuchte und Fäulnis befallen)
- veraltete Geschossdeckenausbildung in Ziegelbetonstein
- ungedämmte Dachstühle
- fehlender Schallschutz (an Türen, Treppen, Zwischendecken etc.)
- fehlender Wärmeschutz
- fehlender Brandschutz (z. B. durch nicht vorhandene Brandschutztüren oder fehlende Anfahrmöglichkeiten für die Feuerwehren)
- undichte Holzfenster mit Einscheibenverglasung

Typisches Gebäude der Jahre 1900 bis 1920

eine Gewölbekellerdecke, und die weiteren Geschosszwischendecken sind dann entweder aus Holz oder aus Ziegelbetonsteinen.

Das Dach ist meistens ein üppiger Holzdachstuhl ohne jede Dämmung, oft auch ohne unterlegte Dachbahnen etc. Die Treppenhäuser sind nicht selten ebenfalls aus Holz. Die Geschossanzahl übersteigt selten fünf bis sechs Geschosse.

Die Haustechnik ist meist äußerst dürftig, d. h., Rohre, Leitungen und Kabel liegen in der Regel immer „auf Putz", sanitäre Badezimmeranschlüsse sind meist nachgerüstet, da bei Erbauung nicht selten das WC im Treppenhaus war und die Küche in der Wohnung die einzigen Wasseranschlüsse hatte. Die Heizung ist sehr oft eine Wohnungsheizung gewesen, z. B. über eine zentrale Kohlefeuerung im Flur, die alle übrigen Räume mitversorgt hat, teilweise auch über Schachtsysteme. Die Zimmer sind meistens nur mit der allernotwendigsten elektrischen Versorgung ausgestattet, d.h. maximal ein Stecker und ein Schalter pro Zimmer. Manchmal sind diese Häuser jedoch grundsaniert bzw. wurden bei Kriegszerstörung mit einem anderen Komfort wieder aufgebaut.

Die 1920er- bis 1940er-Baujahre

Dies ist die Zeit, in der in Deutschland u. a. das Bauhaus zunächst in Weimar und dann in Dessau für teilweise völlig neue Architekturformen sorgte. Aber auch die industrielle

Typisches Gebäude der 1920er bis 1940er Jahre

Baustoffherstellung sorgte für neue Möglichkeiten. In den USA kam es zum Bau der ersten Wolkenkratzer. Neben der in dieser Zeit zunehmend entdeckten technischen Möglichkeit des Bauens mit Stahl und Glas, von der aber der Einfamilienhausbau weitestgehend ausgenommen blieb, gab es neue Ansätze des Bauens praktisch nur im ästhetisch-architektonischen Bereich, aber kaum irgendwo im Bereich der Bauphysik. Im Gegenteil wurden aufgrund des Experimentierens mit teils neuen Materialien viele Baufehler gemacht. Auch bei Gebäuden aus dieser Zeit können Sie kaum mit Bauweisen oder Details rechnen, die bauphysikalisch den heutigen Erkenntnissen entsprechen.

Ab ca. 1920 gab es erstmals sozialen Wohnungsbau, bei dem die Räume insgesamt kleiner und niedriger wurden. Sie wurden häufig nur nach der unbedingt notwendigen Funktion ausgelegt. So entstanden in der Römersiedlung in Frankfurt am Main erstmals Einbauküchen, die später weltbekannte „Frankfurter Küche", die aber sehr klein ist und nur für den funktionalen Kochvorgang ausgelegt war, nicht für gemütliches Zusammensitzen, wie man es aus größeren Wohnküchen der Gründerzeit kennt. In diesen Baujahren finden sich auch erste Keller mit Betonbodenplatten und auch Betonzwischendecken. Das Außenmauerwerk war zumeist noch dick, aber einschalig aufgemauert. Die Dächer waren weniger voluminös, mitunter wurden sie sogar gänzlich durch Flachdächer ersetzt. Die Treppenläufe waren mehr und mehr durchgängig aus Stein. Auch hier überstieg die Geschossanzahl selten die Marke von 5 bis 6. Das Badezimmer hielt Einzug in die Wohnungen. Auch das WC fand sich nun zunehmend in der Wohnung selbst und nicht mehr im Treppenhaus und wurde nicht selten kurzerhand mit dem Bad in einem Raum zusammengelegt. Rohrleitungen waren zumeist noch „auf Putz" verlegt. Die Wohnungen wurden teilweise erstmals zimmerweise beheizt, über kleine Kohle- bzw. Ölöfen. Die Elektroausstattung erreichte ebenfalls alle Räume. Der Balkon bzw. die Loggia als Bauform tauchte erstmals nutzergerecht auf, d. h., sie war auch wirklich nutzbar, weil sie groß genug war, um z. B. einen Liegestuhl oder einen Tisch mit Stühlen aufzustellen.

Die häufigsten Baustoff- und Konstruktionsprobleme

- Kellerfundamente und Wände ohne ausreichende Abdichtung
- vor allem (Keller-)Wände aus Bruchstein
- veraltete und vielfach längst korrodierte Sanitärinstallationen
- undichte Gasleitungen
- veraltete, sehr oft dezentral (raumweise) ausgelegte Heizungssysteme mit veraltetem und für moderne Feuerungsanlagen falsch dimensioniertem Rauchabzugssystem
- veraltete Elektroinstallation
- veraltete Geschossdeckenausbildung in Holz (im Bereich der Außenwände und Nassräume mitunter von Feuchte und Fäulnis befallen)
- veraltete Geschossdeckenausbildung in Ziegelbetonstein
- Flachdächer mit vielfach fehlerhafter Ausführung
- ungedämmte Dachstühle
- fehlender Schallschutz (an Türen, Treppen, Zwischendecken etc.)
- fehlender Wärmeschutz
- fehlender Brandschutz (z. B. durch nicht vorhandene Brandschutztüren oder fehlende Anfahrmöglichkeiten für die Feuerwehren)
- undichte Holzfenster mit Einscheibenverglasung

Die 1950er-Baujahre

Die Zeit unmittelbar nach dem Zweiten Weltkrieg war geprägt von Gebäuden, die schnell und ohne große Materialverfügbarkeiten wiederaufgebaut werden mussten. Auch bei diesen Gebäuden findet sich außer der Statik kaum irgendwo eine an bauphysikalischen Erkenntnissen ausgerichtete Planung und Ausführung. Oft war hier die Not der Stunde der eigentliche Architekt.

Aus diesem Grund wurde als Baustoff auch verwandt, was zu finden war, häufig natürlich Schutt. Keller erhielten einfache Betonfundamente, Wände wurden nicht selten aus Ziegelsplitterbeton gefertigt, Zwischendecken

24 Baujahre und ihre charakteristischen Merkmale

Typisches Gebäude der 1950er Jahre

waren entweder aus Ziegelbetonstein oder aus Kiesbeton. Die Dachstühle waren oft sehr einfache Holzdachstühle mit direkter Ziegelauflage. Die Treppenhäuser wurden betoniert und zumeist mit einfachem Naturstein belegt. Die Geschossanzahl überstieg noch immer selten fünf bis sechs Geschosse. Die Sanitärversorgung mit Rohren und Anschlüssen lag meist noch „auf Putz". Einzelne Gasöfen in den Zimmern wurden über ein zentrales Leitungssystem mit Gas versorgt. Die Elektroversorgung wurde manchmal kreuz und quer über die Wände verlegt und nach wie vor sparsam ausgelegt. Die Gasheizung fand Einzug in den Wohnungsbau.

In den späten 1950er Jahren, mit dem wirtschaftlichen Aufschwung in Westdeutschland, kam es dann zu ersten auch bauphysikalisch neuen Schritten im Hausbau: Beton wurde stärker eingesetzt, erste Zentralheizungen entstanden und auch erste Schalldämmmaßnahmen wurden ausgeführt. Badezimmer waren ab dieser Zeit in allen Wohnungen vorhanden.

Die häufigsten Baustoff- und Konstruktionsprobleme

- Kellerfundamente und Wände ohne ausreichende Abdichtung
- vor allem (Keller-)Wände aus Bruchstein
- veraltete und vielfach längst korrodierte Sanitärinstallationen
- veraltete, sehr oft dezentral (raumweise) ausgelegte Heizungssysteme mit veraltetem und für moderne Feuerungsanlagen falsch dimensioniertem Rauchabzugssystem
- veraltete Elektroinstallation
- veraltete Geschossdeckenausbildung in Holz (im Bereich der Außenwände oder Nassräume mitunter von Feuchte und Fäulnis befallen)
- Geschossdeckenausbildung in Ziegelbetonstein
- ungedämmte Dachstühle
- Flachdächer mit vielfach fehlerhafter Ausführung
- Einsatz von ölhaltigen Anstrichen, vornehmlich in Bädern und Küchen
- Einsatz teerhaltiger Baustoffe (z. B. als Parkettkleber)
- Einsatz von Asbest (z. B. bei Asbestzementplatten im Trockenbau)
- Einsatz von Mineralwolle (z. B. bei Dachdämmungen), deren Faserlängen und -dicken zu klein und damit lungengängig sind
- Einsatz von formaldehydhaltigen Holzbauteilen
- Einsatz von gesundheitsgefährdenden Holzschutzmitteln (z. B. zur Behandlung von Holzverkleidungen an Decken und Wänden)
- fehlender Schallschutz (an Türen, Treppen, Zwischendecken etc.)
- fehlender Wärmeschutz
- fehlender Brandschutz (z. B. durch nicht vorhandene Brandschutztüren oder fehlende Anfahrmöglichkeiten für die Feuerwehren)
- undichte Holzfenster mit Einscheibenverglasung

Die 1960er- bis 1970er-Baujahre

Die 1960er Jahre bedeuteten einen entscheidenden Wendepunkt in der Baukultur Westdeutschlands. Der Siegeszug des Betons begann. Das Flachdach wurde zu einer bestimmenden Bauform, die Gebäudekomplexe wurden erheblich umfangreicher und größer. Große Einkaufszentren und Parkhäuser entstanden.

Im Einfamilienhausbereich wurde der Bungalow zu einer beliebten Bauform. Beton hielt auch hier Einzug und wurde insbesondere im Kellerbereich eingesetzt. Auch erste Kellerdrainagen wurden gelegt. Aber auch Haustechnik und Bauphysik erfuhren hinsichtlich Schallschutz, Wärmedämmung und Klima- bzw. Heizungsinstallation erstmals Beachtung und wurden bundesweit angewandt.

Die 1970er Jahre setzten den Bauboom der 1960er Jahre fort. Schallschutz und technische Ausrüstung der Gebäude wurden weiter verbessert. Hauptenergieträger war jetzt nicht mehr, wie in den 1950er Jahren, die Kohleheizung, sondern die Ölheizung. Während der

Die häufigsten Baustoff- und Konstruktionsprobleme

- eher selten Kellerfundamente und Wände ohne ausreichende Abdichtung
- mitunter bereits gealterte und korrodierte Sanitärinstallationen
- mitunter gealterte Heizungssysteme
- mitunter gealterte Elektroinstallation
- Flachdächer mit vielfach fehlerhafter Ausführung
- ungedämmte Dachstühle
- Einsatz teerhaltiger Baustoffe (z. B. als Parkettkleber)
- Einsatz von Asbest (z. B. bei Asbestzementplatten im Trockenbau)
- Einsatz von Mineralwolle (z. B. bei Dachdämmungen), deren Faserlängen und -dicken zu klein und damit lungengängig sind
- Einsatz von formaldehydhaltigen Holzbauteilen, z. B. bei Fertighäusern
- Einsatz von gesundheitsgefährdenden Holzschutzmitteln (z. B. zur Behandlung von Holzverkleidungen an Decken und Wänden)
- mitunter noch nicht vollständiger Schallschutz (an Türen, Treppen, Zwischendecken, Innenwänden etc.)
- oft noch fehlender Wärmeschutz
- eher selten fehlender Brandschutz (z. B. durch nicht vorhandene Brandschutztüren oder Anfahrmöglichkeiten für die Feuerwehren)
- undichte Holzfenster mit Einscheibenverglasung

Typisches Gebäude der 1960er bis 1970er Jahre

großen Ölkrise 1974 begann ein langsames Umdenken. Die Gasversorgung wurde vorangetrieben, aber auch erste Überlegungen zur Fernwärmeversorgung wurden angestellt.

Fertighäuser kamen Zug um Zug auf den Markt und boten erstmals eine völlig neue Möglichkeit des Einfamilienhausbaus.

In Ostdeutschland wurde in dieser Zeit der Plattenbau vorangetrieben, der von einer schlechten Bauqualität hinsichtlich Haustechnik und Bauphysik war. Im Vordergrund stand der Gedanke der Wohnraumfabrikation, nicht der Gedanke der Wohnqualität.

Im Einfamilienhausbereich blieben viele Häuser in staatlichem Besitz. Aufgrund der schwierigen ökonomischen Verhältnisse wurden viele Altbauten zwar nicht durch Neubauten ersetzt, allerdings wurden kaum Modernisierungs- oder gar Sanierungsmaßnahmen durchgeführt. Dies führte zu einem flächendeckenden Verfall der Gebäudesubstanz in ganz Ostdeutschland.

Typisches Gebäude der 1980er Jahre bis heute

Die 1980er-Baujahre bis heute

Die 1980er Jahre markieren im Baubereich nochmals einen entscheidenden Einschnitt. Man wandte sich von den oft sehr klobigen Betonbauten der 1960er und 1970er Jahre teilweise ab und betrieb eher wieder eine „menschliche" Architektur, die aber auch Haustechnik und Bauphysik zu einem ganz wesentlichen Bestandteil der Planung machte. Man orientierte sich hier erstmals auch an ökologischen Sichtweisen bezüglich Materialwahl und Konstruktion. Niedrigenergiehausbauweisen setzten sich gegen Ende der 1980er Jahre ebenso durch, wie in den 1990ern die Verbreitung von Passivhäusern begann. In der Haustechnik kamen erstmals Solarmodule zum Einsatz. Im Bürobau wurden „intelligente Fassaden" entwickelt, die selbstständig auf Außenklima und -temperatur reagieren.

Für das 21. Jahrhundert werden vollkommen neue Haustechniken prognostiziert, so u. a. der Einsatz von Brennstoffzellen zur Raumheizung und neue Kommunikationstechnologien, mit denen es möglich sein soll, auch von einem fernen Urlaubsort aus das eigene Haus rund um die Uhr zu steuern und zu überwachen.

Die oben genannten Charakteristika zu den einzelnen Baujahren sollen Ihnen helfen, das Objekt, das Sie besichtigen, richtig einzuordnen. Sie sollten bei Hausbesichtigungen immer nach dem Baujahr fragen und sich dies auch durch Vorlage z. B. der Baueingabepläne bestätigen lassen, ebenso nach dem Durchführungsjahr von Sanierungen.

Da Ihnen der Makler oder Verkäufer nur ungern die Mängel des Hauses von sich aus verraten wird, ist das Erfragen von neu eingesetzten Bauteilen oder Reparaturen ein positiver Weg, um darüber auf vorhandene Mängel zu schließen.

Die häufigsten Baustoff- und Konstruktionsprobleme

- teilweise bereits gealterte und korrodierte Sanitärinstallationen
- teilweise Einsatz von Asbest (z. B. bei Asbestzementplatten im Trockenbau)
- teilweise Einsatz von Mineralwolle (z. B. bei Dachdämmungen), deren Faserlängen und -dicken zu klein und damit lungengängig sind
- teilweise Einsatz von formaldehydhaltigen Holzbauteilen
- teilweise Einsatz von gefährlichen Holzschutzmitteln (z. B. zur Behandlung von Holzverkleidungen an Decken und Wänden)

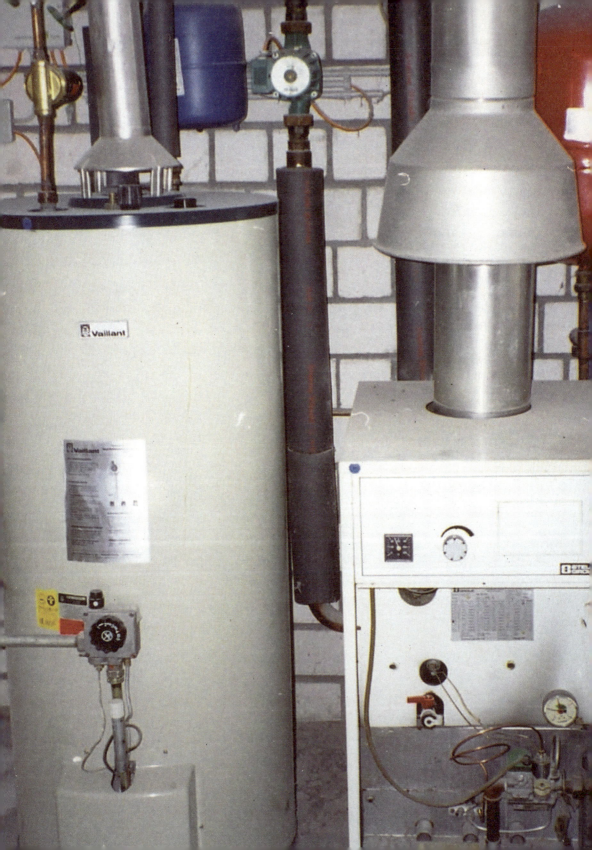

Gesetzliche Bestimmungen zu Emission und Energiebedarf

Wenn Sie ein gebrauchtes Haus erwerben, müssen Sie wichtige Bestimmungen zu Energieverbrauch und zulässigen Emissionen eines Hauses beachten. Sie sind als Erwerber einer Immobilie von Gesetzes wegen verpflichtet, diese Bestimmungen einzuhalten. Tun Sie es nicht, begehen Sie eine Ordnungswidrigkeit, die mit Bußgeld geahndet werden kann.

In den zurückliegenden Jahren sind vor allem zwei gesetzliche Bestimmungen zu Emission und Energieverbrauch von Häusern in Kraft getreten, die teilweise gerade dann greifen, wenn es zu einem Besitzerwechsel der Immobilie kommt. Es handelt sich hierbei um die 1. Bundes-Immissionsschutzverordnung (1. BImSchV), auch „Kleinfeuerungsverordnung" genannt, und die Energieeinsparverordnung (EnEV).

Die 1. Bundes-Immissionsschutz-verordnung (1. BImSchV)

Die 1. Bundes-Immissionsschutzverordnung basiert auf dem Bundes-Immissionsschutzgesetz, wörtlich dem „Gesetz zum Schutz vor schädlichen Umwelteinwirkungen durch Luftverunreinigungen, Geräusche, Erschütterungen und ähnliche Vorgänge", das bereits 1974 in Kraft trat. Aufbauend auf diesem Gesetz wurden verschiedene Durchführungsverordnungen erlassen. Die „Erste Verordnung zur Durchführung des Bundes-Immissionsschutzgesetzes" (1. BImSchV) wurde bereits 1975 erlassen, zwischenzeitlich mehrfach novelliert und enthält aktuell 28 Paragrafen.

Gesetzliche Bestimmungen zu Emission und Energiebedarf

Wenn Sie ein gebrauchtes Haus kaufen, ist es wichtig, dass Sie sich beim Vorbesitzer darüber informieren, ob für das betreffende Haus und dessen Heizungsanlage alle Vorschriften aus der letzten Novellierung der 1. BImSchV vollumfänglich eingehalten werden. Der Vorbesitzer des Hauses ist gemäß 1. BImSchV § 15 zu entsprechenden Kontrollmessungen verpflichtet, ansonsten begeht er eine Ordnungswidrigkeit. Vorgenommen werden diese Kontrollmessungen jährlich durch den örtlichen Schornsteinfeger. Dieser ist gemäß 1. BImSchV verpflichtet, hierüber ein Protokoll anzufertigen. Sie können sich diese Protokolle zeigen oder sich auch Kopien aushändigen lassen. Sollten die Protokolle nicht mehr vorhanden sein, kann auch ein Telefonat mit dem zuständigen Schornsteinfegermeister weiterhelfen. Dessen Adresse hat der Hausbesitzer sicher.

Wichtig für Sie als Käufer eines gebrauchten Hauses sind vor allem der § 10 sowie die §§ 25 und 26 der 1. BImSchV:

Der § 10 regelt u.a., welche Rußzahl im Abgas von Kleinfeuerungsanlagen vorhanden sein darf, dass das Nichtvorhandensein von Ölderivaten im Abgas sichergestellt sein muss und welche Abgasverlustgrenzwerte eingehalten werden müssen. Diese Grenzwerte für die Abgasverluste der verschiedenen Anlagen sind nach Nennwärmeleistung (in Kilowatt) geordnet (•••> unten und Glossar, siehe rechts).

§§ 25 und 26 regeln Grenzwerte für Feuerungsanlagen mit festen Brennstoffen.

§ 10 der 1. BImSchV bestimmt folgende Abgasverlustgrenzwerte für Öl- und Gasfeuerungsanlagen:

Nennwärmeleistung der Anlage in kW	Abgasverlustgrenzwert bei Einstufungsmessung
über 4 bis 25	max. 11 %
über 25 bis 50	max. 10 %
über 50	max. 9 %

Glossar

Nennwärmeleistung

Die Nennwärmeleistung ist gemäß § 2 der 1. BImSchV „die höchste von der Feuerungsanlage im Dauerbetrieb nutzbar abgegebene Wärmemenge je Zeiteinheit". Diese steht häufig auf dem Kesselschild. Wenn dort noch Wärmeeinheiten angegeben sind (WE), dann gilt: 1.000 WE = 1.000 kcal/h = 1,16 kW.

Abgasverlust

Der Abgasverlust ist gemäß § 2 der 1. BImSchV „die Differenz zwischen dem Wärmeinhalt des Abgases und dem Wärmeinhalt der Verbrennungsluft bezogen auf den Heizwert des Brennstoffs".

Ein zentrales Anliegen der novellierten 1. BImSchV von 2010 ist, dass auch Feuerungsanlagen, die mit festen Brennstoffen betrieben werden, besser erfasst werden. Das sind vor allem zentrale oder dezentrale Scheitholzöfen und Holzpelletsöfen. Diese sind immer häufiger in Bestandsgebäuden zu finden und verursachen sehr große Mengen an Feinstaub. Daher sind die Regelungen aus der 1. BImSchV zu diesen Anlagen auch für Hauskäufer wichtig, die eine solche Anlage übernehmen.

Die 1. BImSchV unterscheidet hier zwischen Feuerungsanlagen (zentral installierte Anlagen nach

§ 25) und Einzelraumfeuerungsanlagen (raumweise installierte Anlagen nach § 26). Zentrale Feuerungsanlagen für Festbrennstoffe können z.B. Scheitholz- oder Holzpelletsbrenner sein. Diese dürfen nur weiterbetrieben werden, wenn sie zu einem bestimmten Zeitpunkt bestimmte Emissionsgrenzwerte für Festbrennstoffe einhalten. Folgende Grenzwerte für die nachfolgenden Festbrennstoffe mit einer Nennwärmeleistung von 4 bis 400 Kilowatt wurden festgelegt:

Festbrennstoff	Staub in Gramm pro Kubikmeter (g/m³)	Kohlenstoffmonoxid (CO) in Gramm pro Kubikmeter (g/m³)
Steinkohle und Braunkohle	0,09	1,0
Holzscheite	0,10	1,0
Holzpresslinge/Holzpellets	0,06	0,8

Diese Grenzwerte müssen zu den nachfolgenden Zeitpunkten erreicht werden, in Abhängigkeit zum Zeitpunkt der Anlageninstallation:

Zeitpunkt der Anlageninstallation	Spätester Zeitpunkt der Einhaltung der Grenzwerte
Bis einschließlich 31.12.1994	01.01.2015
Vom 01.01.1995 bis einschließlich 31.12.2004	01.01.2019
Vom 01.01.2005 bis einschließlich Inkrafttreten der novellierten 1. BImSchV (26.01.2010)	01.01.2025

§ 26 der novellierten 1. BImSchV regelt die Einzelraumfeuerungsanlagen für Festbrennstoffe. Hier gibt es allerdings viele Ausnahmen. Grundsätzlich nicht darunter fallen z.B. alle Einzelöfen, die vor dem Jahr 1950 installiert wurden. Auch nicht darunter fallen solche Öfen, die die Wärmeversorgung eines Raumes ausschließlich und alleine übernehmen. Ferner fallen darunter nicht offene Kamine oder fest eingemauerte Kachelöfen. Man fragt sich, was bleibt da noch übrig? Übrig bleiben vor allem die immer beliebter werdenden und im Volksmund gerne so genannten „Schwedenöfen". Diese sind meist aus Metall gefertigt, mit Holzscheit- oder auch Holzpelletsverbrennung, in der Regel hinter einer Glasscheibe. Sie sind in sehr vielen Häusern nachträglich eingebaut worden und dienen nicht ausschließlich der Wärmeproduktion, sondern auch dem Wohnkomfort und der Behaglichkeit. Solche Einzelöfen, die vor Inkrafttreten der novellierten 1. BImSchV Anfang 2010 installiert wurden, dürfen nur weiterbetrieben werden, wenn sie die folgenden Grenzwerte in ihren Abgasen nicht überschreiten:

Staub:
0,15 Gramm pro Kubikmeter (g/m³)

Kohlenmonoxid (CO):
4 Gramm pro Kubikmeter (g/m³)

Der Nachweis zur Einhaltung der Grenzwerte kann entweder erbracht werden durch die Vorlage einer Prüfstandsbescheinigung des Einzelofenherstellers. Eine solche finden Sie möglicherweise in den Unterlagen zum Ofenkauf des Hausbesitzers. Oder aber die Einhaltung der Grenzwerte ist mittels einer Messung durch einen Schornsteinfeger nachzuweisen. Falls ein solcher Nachweis nicht bis zum 31. Dezember 2013 erbracht werden konnte, galt das Datum auf dem Typenschild des Ofens als Richtschnur für die Außerbetriebnahme der Anlage oder für die Nachrüstung mit einer Filteranlage:

Datum auf dem Typenschild	Spätester Zeitpunkt der Außerbetriebnahme oder der Nachrüstung
Bis einschließlich 31.12.1974 oder bei einem nicht mehr feststellbaren Datum	31.12.2014
01.01.1975 bis 31.12.1984	31.12.2017
01.01.1985 bis 31.12.1994	31.12.2020
01.01.1995 bis zum Inkrafttreten der novellierten 1. BImSchV (26.01.2010)	31.12.2024

Für danach installierte Anlagen gelten dann ohnehin strengere Bestimmungen für Neuinstallationen. Kaufen Sie also ein Haus, in dem ein „Schwedenofen" installiert ist, lohnt zumindest ein Blick auf das Datum des Typenschilds des Ofens.

Kaufen Sie ein Haus mit Einzelraumöfen, z. B. Gasöfen, die einzeln in den Räumen zur Beheizung derselben installiert sind, müssen Sie sich wegen der Konsequenzen aus der 1. BImSchV keine weiteren Gedanken machen. Diese Öfen können Sie weiter betreiben. Genauso einen offenen Kamin oder einen fest eingebauten Kachelofen.

Kaufen Sie ein Haus mit einer Öl- oder Gaszentralheizung, müssen die allgemeinen Abgasverlustgrenzwerte aus der 1. BImSchV eingehalten werden. Hierzu kann das letzte Schornsteinfegerprotokoll Auskunft geben.

Sie können überlegen, im Kaufvertrag eine Formulierung aufzunehmen, dass das von Ihnen zu erwerbende Haus zum Zeitpunkt des Verkaufs alle von der bei Kaufvertragsabschluss aktuellsten Fassung der 1. BImSchV geforderten Abgasverlustgrenzwerte einhält.

Sie können sich dann im Kaufvertrag auch eine Reduktion des Kaufpreises vorbehalten, falls sich herausstellt, dass die entsprechende 1. BImSchV nicht eingehalten wird. Im Prinzip lässt sich für diesen Fall auch eine Wandlung (Rückabwicklung) vereinbaren; da es jedoch höchstens um den Austausch der bestehenden Heizungsanlage geht, ist eine Preisreduktion in Höhe der für einen Ersatz anfallenden Kosten für den Fall, dass falsche Angaben gemacht wurden, in der Regel verhältnismäßiger und erspart Ihnen eine neuerliche Haussuche. Mit dem möglichen Reduktionsbetrag aus dem Kaufvertrag können Sie in einem solchen Fall dann auch die notwendigen Nachrüstungen durchführen lassen. Am einfachsten ist aber immer noch: Die Durchsicht des letzten Schornsteinfegerprotokolls oder ein kurzer Anruf beim zuständigen Schornsteinfeger mit der Bitte um Auskunft, ob mit den Abgasverlustgrenzwerten alles in Ordnung ist.

Die Energieeinsparverordnung (EnEV)

Seit dem 1. Februar 2002 gilt die „Verordnung über energiesparenden Wärmeschutz und energiesparende Anlagentechnik bei Gebäuden – Energieeinsparverordnung – EnEV", die seither mehrfach novelliert wurde.

Für Sie als Immobilienkäufer ist es wichtig zu wissen, dass die EnEV nicht nur für Neubauten Auswirkungen hat, sondern auch für Bestandsbauten.

Die Verordnung regelt u. a., dass alle Bestandsgebäude, bei denen nach dem 1. Februar 2002 ein Besitzerwechsel erfolgt, bestimmte Nachrüstpflichten der EnEV für Bestandsgebäude erfüllen müssen.

Die EnEV setzt sich aus 7 Abschnitten und 31 Paragrafen zusammen, von denen insbesondere der Abschnitt 3 mit seinen §§ 9, 10 und 11 für Bestandsgebäude maßgebend ist. Wichtig ist außerdem § 14, der die Nachrüstung von selbsttätig wirkenden, raumweisen Heizkörperreglern fordert.

Die Regelungen der EnEV sind zwar relativ komplex, es lässt sich aber zusammenfassend sagen, dass die EnEV dann Nachbesserungen an einem Bestandsgebäude fordert, wenn ...

... generell:

- es sich um ein Gebäude handelt, das vom Eigentümer nicht selbst bewohnt, sondern vermietet wird, oder aber es sich um ein Gebäude handelt, das mehr als zwei Wohneinheiten hat, von denen eine vom Eigentümer bewohnt wird;
- das Gebäude nach dem 1. Februar 2002 einen Eigentümerwechsel erfahren hat;

... erst dann im Detail folgend:

- das Gebäude eine Zentralheizung hat;
- der Heizkessel der Zentralheizung älter als 30 Jahre ist und es sich nicht um einen Brennwert- oder Niedertemperaturheizkessel handelt;
- die vorhandenen Heizkörper ohne selbsttätig wirkende Regler zur raumweisen Regulierung der Raumtemperatur ausgestattet sind;
- ungedämmte, zugängliche Heiz- und Warmwasserleitungen in unbeheizten Räumen vorhanden sind;
- oberste, zugängliche Geschossdecken ungedämmt bzw. nicht ausreichend gedämmt sind;

Nachrüstpflichten bestehen auch im Umbau- oder Rückbaufall, nämlich dann, wenn:

- eine Modernisierung von Außenbauteilen geplant ist, bei der mehr als 10 % der Gesamtfläche der jeweiligen Bauteilart geändert werden sollen;
- eine Gebäudeerweiterung erfolgt, die das bestehende Haus erweitern würde;
- durch Demontage von dämmenden Elementen, wie z. B. zusätzlichen Fassadenverkleidungen, die energetische Qualität des Gebäudes verschlechtert werden würde.

Gesetzliche Bestimmungen zu Emission und Energiebedarf

> **Fazit**
>
> Es kann sehr gut sein, dass der Vorbesitzer des Hauses, das Sie erwerben möchten, keine Nachrüstpflichten aus der EnEV erfüllen musste. Dadurch, dass Sie das Haus aber nun erwerben, also nach dem 1.2.2002 ein Eigentümerwechsel erfolgt, müssen Sie die Nachrüstpflichten aus der EnEV möglicherweise umsetzen.

Die EnEV schreibt zusammenfassend fünf Dinge in jedem Fall zwingend vor:

Wenn bei dem Haus, das Sie kaufen

- keine Denkmalschutzauflagen bestehen und keine schriftlichen Befreiungsregelungen der zuständigen Behörden vorliegen,
- zugängliche Heizungs- und Warmwasserleitungen in nicht beheizten Räumen und die oberste Geschossdecke nicht oder nicht ausreichend gedämmt sind,
- eine mit Öl oder Gas betriebene Zentralheizung vorhanden ist und
- der Heizkessel älter als 30 Jahre und kein Brennwert- oder Niedertemperaturkessel ist,

sind Sie dazu verpflichtet,

1. den Heizkessel spätestens zwei Jahre nach Eigentumsumschreibung auszutauschen,
2. die Heizungs- und Warmwasserrohre zu dämmen,
3. die oberste Geschossdecke zu dämmen,
4. zentrale, selbsttätig wirkende Einrichtungen zur Steuerung und Ein- und Ausschaltung der Wärmezufuhr in Abhängigkeit von der Außentemperatur oder einer anderen Führungsgröße und der Zeit zu installieren,
5. selbsttätig wirkende Einrichtungen zur raumweisen Regulierung der Raumtemperatur zu installieren.

> **Fristen für die Umsetzung**
>
> Der Gesetzgeber lässt Ihnen für die Umsetzung dieser fünf Maßnahmen unterschiedlich viel Zeit:
>
> - Für die Maßnahmen 1 bis 3 gilt: Der neue Eigentümer eines ganz oder teilweise selbst genutzten Hauses mit maximal zwei Wohneinheiten hat **zwei Jahre nach Eigentumsübergang** (Datum der Eigentumsumschreibung im Grundbuch) Zeit, die Maßnahmen umzusetzen, wenn der Vorbesitzer das Haus bereits vor dem 1.02.2002 besaß.
> - Die Maßnahmen 4 bis 5 hingegen müssen Sie umgehend nach Eigentumsübergang der Immobilie auf Sie umsetzen, soweit diese nicht schon vom Vorbesitzer umgesetzt wurden. Der Gesetzgeber gesteht Ihnen hierfür keinerlei Zeitfenster zu, denn auch der Vorbesitzer des Hauses hätte diese Maßnahmen längst umsetzen müssen.

Da die EnEV ein recht komplexes Regelwerk ist, ergeben sich aus ihren Grundregelungen teilweise komplizierte Detailregelungen, deren Kenntnis vor einem Hauskauf wichtig ist:

1. Gemäß § 10 EnEV sind nur solche Eigentümer von den Nachrüstungspflichten der EnEV aus § 9 und § 10 (Heizkesseltausch, Wärmedämmung der Heizungs- und Warmwasserrohre, oberste Geschossdeckendämmung) befreit, deren Gebäude nicht mehr als zwei Wohneinheiten hat, von denen der Eigentümer selber mindestens eine bewohnt. Kaufen Sie nun ein solches Haus mit zwei Wohneinheiten, das der Verkäufer bereits vor dem 1.2.2002 besaß und von

denen der Vorbesitzer auch mindestens eine Wohneinheit vor dem 1.2.2002 selbst bewohnt hat, dann war der Vorbesitzer nicht zur Nachrüstung gemäß § 10 der EnEV verpflichtet (Heizkesseltausch, Wärmedämmung der Heizungs- und Warmwasserrohre, oberste Geschossdeckendämmung). Durch den Kauf des Hauses sind Sie nun aber grundsätzlich zu Maßnahmen gemäß § 10 EnEV verpflichtet. Der Gesetzgeber lässt Ihnen hierfür jedoch zwei Jahre Zeit, ab dem Zeitpunkt des Eigentumsübergangs, wenn diese Dinge zum Zeitpunkt des Hauskaufs noch nicht umgesetzt sind und der Verkäufer das Haus bereits vor dem 1.02.2002 besaß. Hat Ihr Verkäufer das Haus erst nach dem 1.02.2002 erworben und nichts nachgerüstet, gesteht Ihnen der Gesetzgeber diese zwei Jahre nicht zu. Sie können in einem solchen Fall allerdings zunächst auch die nächste Feuerstättenschau durch den Bezirksschornsteinfeger abwarten. Denn er hat gemäß EnEV einen zeitlichen Ermessensspielraum, um Ihnen die Nachrüstung zu ermöglichen.
2. Wenn Sie ein Haus mit drei oder mehr Wohneinheiten kaufen, gestand der Gesetzgeber dem Vorbesitzer generell nur eine Nachrüstfrist bis zum 31. Dezember 2008 zu. Kaufen Sie nun ein nicht nachgerüstetes Haus, weil der Vorbesitzer keine Nachrüstungen vornahm, müssen Sie diese umgehend nachholen.
3. Wenn Sie ein Haus kaufen, das relativ groß ist und das eine heizungstechnische Anlage mit einer Nennwärmeleistung von über 400 Kilowatt hat, ist nicht nur der Vorbesitzer des Hauses von den Bestimmungen des § 10 Abs. 1 der EnEV (Stilllegungspflicht des Heizkessels) befreit, sondern auch Sie als Käufer.
4. Häuser mit einer heizungstechnischen Anlage mit einer Nennwärmeleistung von unter 4 Kilowatt sind ebenfalls von § 10 Abs. 1 der EnEV (Stilllegungspflicht des Heizkessels) befreit.
5. Bislang war unklar, was der Gesetzgeber in § 10 Absatz 1 der EnEV mit den Begriffen „eingebaut oder aufgestellt" bezüglich Heizungsanlagen meint. Dies ist durch die Fachkommission Bautechnik der Bauministerkonferenz zwischenzeitlich klargestellt worden: *„Nach § 10 Absatz 1 EnEV (2009) dürfen Eigentümer von Gebäuden Heizkessel, die mit flüssigen oder gasförmigen Brennstoffen beschickt werden und vor dem 01. Oktober 1978 eingebaut oder aufgestellt worden sind, nicht mehr betreiben. Dabei ist die Formulierung „eingebaut oder aufgestellt" als „Inbetriebnahme" bzw. betriebsfertige Installation des Heizkessels zu verstehen. Der Wortlaut der EnEV ist hier der EG-Richtlinie 92/42/EWG des Rates vom 21. Mai 1992 über die Wirkungsgrade von mit flüssigen oder gasförmigen Brennstoffen beschickten neuen Warmwasserheizkesseln angepasst. Diese Richtlinie enthält Vorgaben an die Mitgliedstaaten über das „Inverkehrbringen" (Marktzugang) und die „Inbetriebnahme" (Einbau und Aufstellung) der hier in Rede stehenden Kessel. Ein Heizkessel gilt dann als in Betrieb genommen, wenn er vom Bezirksschornsteinfegermeister abgenommen wurde. Die Abnahmebescheinigung beschreibt die betriebsfertige Installation taggenau. Der Zeitpunkt der Kesselherstellung im Werk (Baujahr), die Abnahme des Gebäudes oder die erstmalige Nutzung des Gebäudes bzw. der Heizungsanlage spielen dabei keine Rolle."*

6. § 10 Absatz 3 der EnEV 2016 schreibt vor: *„Eigentümer von Wohngebäuden sowie von Nichtwohngebäuden, die nach ihrer Zweckbestimmung jährlich mindestens vier Monate und auf Innentemperaturen von mindestens 19 Grad Celsius beheizt werden, müssen dafür sorgen, dass zugängliche Decken beheizter Räume zum unbeheizten Dachraum (oberste Geschossdecken), die nicht die Anforderungen an den Mindestwärmeschutz nach DIN 4108-2: 2013-02 erfüllen, nach dem 31. Dezember 2015 so gedämmt sind, dass der Wärmedurchgangskoeffizient der obersten Geschossdecke 0,24 Watt/(m²·K) nicht überschreitet."*

Zu den Vorschriften der Dämmung der obersten Geschossdecke aus der EnEV 2009 hat sich die Fachkommission Bautechnik der Bauministerkonferenz allerdings sehr einschränkend geäußert: *„Die oberste Geschossdecke gilt auch als gedämmt, wenn sie dem Mindestwärmeschutz nach DIN 4108 2:2003-07 entspricht; davon kann nach den vom Bundesministerium für Verkehr, Bau und Stadtentwicklung am 30.07.2009 bekanntgemachten Regeln zur Datenaufnahme und Datenverwendung im Wohn- und Nichtwohngebäudebestand bei massiven Deckenkonstruktionen, die seit 1969 errichtet wurden, und bei Holzbalkendecken aller Baualtersklassen ausgegangen werden."*

Heißt also: Eine Betonabschlussdecke ohne weitere Dämmung ab dem Baujahr 1969 gilt als gedämmt. Ebenso jede Holzbalkendecke, unabhängig vom Baujahr. Die EnEV 2009 nimmt Bezug auf den Mindestwärmeschutz aus der DIN 4108 aus dem Jahr 2003. Die EnEV 2016 nimmt Bezug auf den Mindestwärmeschutz aus der DIN 4108 aus dem Jahr 2013. Da es bei den infrage kommenden betroffenen Bauteilen bei der Überarbeitung der DIN 4108 zu keiner relevanten Änderung kam, gilt die rechtliche Klarstellung der Fachkommission dieser Logik folgend faktisch auch für den aktuellen Sachverhalt. Das heißt, Massivdecken ab dem Baujahr 1969 und Holzbalkendecken aller Baujahre unterlägen keiner zwingenden Dämmpflicht.

Relativierend käme bei strenger Auslegung außerdem hinzu, dass Sie tatsächlich jährlich 4 Monate lang Tag für Tag und Nacht für Nacht das Gebäude auf 19 °C geheizt haben müssten. Also mindestens Januar und Februar und November und Dezember. Würden Sie es zum Beispiel nur drei Monate auf 22 °C heizen, fielen Sie theoretisch ebenso aus dieser Regelung wie wenn Sie es fünf Monate lang nur auf 18 °C heizen würden. Und schließlich kommt hinzu: Die Decke muss zugänglich sein. Was heißt zugänglich? Das heißt von oben zugänglich, weil Wohnraumdecken fast immer nur von oben gedämmt werden können, da eine unterseitige Deckendämmung eine Unterschreitung der aus den Landesbauordnungen vorgeschriebenen Mindestraumhöhen für Wohnräume bewirken könnte und dies vor allem auch eine erhebliche und nicht hinzunehmende Wohneinschränkung wäre, die auch das Gebot der Wirtschaftlichkeit der EnEV sprengen würde. Das heißt also, wenn die Decke keine Revisionsklappe, Bodentreppe oder ähnliches hat, fallen sie auch nicht unter diese EnEV-Regelung. Fazit: Die Pflicht zur Dämmung der obersten Geschossdecke trifft in vielen Fällen in der Praxis nicht zu.

Wie Sie sehen, ist die EnEV gerade auch für den Fall des Gebrauchthauskaufes letztlich leider viel zu kompliziert geraten und für Laien nicht ohne Weiteres verständlich und nachvollziehbar. Es bleibt zu hoffen, dass sich das durch zukünftige Regelungen ändern wird. Wir empfehlen Ihnen daher, einen Energieberater einzuschalten, wenn ein älteres, nicht modernisiertes Haus für Sie in die engste Wahl kommt, und gemeinsam mit ihm das Haus von Grund auf durchzugehen. Auch einige Verbraucherzentralen bieten eine Energieberatung vor Ort an. Lassen Sie sich vom Energieberater schriftlich die Konsequenzen hinsichtlich der EnEV und auch der 1. Bundes-Immissionsschutzverordnung für das betreffende Gebäude aufzeigen, damit Sie wissen, was im Fall eines Hauskaufs an möglichen Maßnahmen auch in diesem Bereich auf Sie zukommt.

Lassen Sie durch den Energieberater (⋯ Spalte rechts) auch einen Ihnen bei der Hausbesichtigung vorgelegten Energieausweis auf Vollständigkeit sowie inhaltliche und strukturelle Korrektheit überprüfen.

Energieberater ist in Deutschland keine geschützte Berufsbezeichnung. Vom Heizungsmonteur bis zum Schornsteinfeger nennen sich viele Berufsgruppen Energieberater. Als Verbraucher benötigen Sie allerdings einen Energieberater mit umfassendem Wissen über alle Bereiche der Haustechnik und Gebäudesubstanz hinweg mit versiertem, auch theoretisch-physikalischem Wissen über die komplexen Zusammenhänge. Dies ist auch deswegen notwendig, damit Sie später im Zweifelsfall berechtigte Schadensersatzforderungen stellen können, da man bei einem versierten Energieberater auch vor Gericht von umfassendem Wissen ausgehen wird.

Die Ausbildung mit dem höchsten Qualitätsmerkmal in Deutschland haben die vom Bundesamt für Wirtschaft und Ausfuhrkontrolle (BAFA) in Eschborn zugelassenen Energieberater, die auch berechtigt sind, über die BAFA Bundeszuschüsse für die Kosten einer Energieberatung für Sie zu beantragen. Eine Übersicht mit Energieberatern finden Sie im Internet unter www.energie-effizienz-experten.de. Nicht jeder der dort aufgeführten Experten ist allerdings von der BAFA zur Energieberatung zugelassen und bietet eine BAFA-Vor-Ort-Beratung an. Dies ist auf der Internetseite aber gekennzeichnet und Sie können dort sehen, wer das anbietet und wer nicht.

Da es bei der energetischen Bewertung von Gebäuden durch Energieberater Preisunterschiede gibt, sollten Sie vor einem Beratungstermin Preisvergleiche einholen und die angebotene Leistung vergleichen, die man im Zuge einer energetischen Beratung erhält. In jedem Fall sollte eine schriftliche Regelung hinsichtlich Kosten und Leistung vor Durchführung erfolgen.

Auch dann, wenn Sie von der EnEV nicht unmittelbar betroffen sind, können Sie je nach Zustand der Immobilie über eine umfassende energetische Modernisierung nachdenken und diese im Zuge eventuell erforderlicher Modernisierungsmaßnahmen gleich mit umsetzen.

Der Energieausweis für Bestandsgebäude

Bereits durch die novellierte EnEV von 2007 wurden Energieausweise nicht nur für Neubauten, sondern auch für Bestandsgebäude zur Pflicht, wenn diese verkauft oder vermietet werden sollen. Man unterscheidet hierbei zwischen dem sogenannten verbrauchsorientierten Ausweis und dem bedarfsorientierten Ausweis. Was heißt das? Beim verbrauchsorientierten Ausweis wird der zurückliegende, tatsächlich angefallene Energieverbrauch eines Wohngebäudes gemessen. Beim bedarfsorientierten Ausweis wird eine rechnerische Prognose des voraussichtlichen Energiebedarfs erstellt. Ein Ausweis wird immer nur für ein komplettes Gebäude, nie für eine einzelne Wohnung erstellt. Welche Ausweisart für welchen Fall zu wählen ist, wurde folgendermaßen festgelegt:

- Bei Wohngebäuden mit bis zu vier Wohnungen, die zudem vor der 1977 erlassenen Wärmeschutzverordnung erstellt wurden (Einreichung des Bauantrags vor dem 1. November 1977), muss im Fall des Verkaufs oder der Vermietung zwingend ein bedarfsorientierter Energieausweis erstellt werden, und zwar seit dem 1. Juli 2008. Ausnahme: Bis zum 1. Oktober 2008 gab es auch für diese Gebäude die Wahlfreiheit zwischen dem bedarfsorientierten Ausweis und dem verbrauchsorientierten Ausweis.
- Häuser, deren Bauantrag ab dem 1. November 1977 eingereicht wurde oder die zwischenzeitlich entsprechend der Wärmeschutzverordnung von 1977 nachgerüstet wurden, sowie generell alle Häuser mit mehr als vier Wohnungen können im Fall des Verkaufs oder der Vermietung entweder nach dem bedarfsorientierten oder nach dem verbrauchsorientierten Energieausweis bewertet werden. Ein Ausweis muss im Vermietungs- oder Verkaufsfall seit dem 1. Januar 2009 vorgelegt werden können. (Diese Regelung ist übrigens insofern etwas zweifelhaft, da die Wärmeschutzverordnung von 1977 natürlich nur für die damalige Bundesrepublik Deutschland, also Westdeutschland, galt und nicht für die östlichen Bundesländer. Dort stehen aber viele Gebäude, die zwar nach 1977 errichtet wurden, aber selbstverständlich nicht nach der Wärmeschutzverordnung gebaut wurden.)
- Überhaupt keinen Gebäudeenergieausweis benötigen Gebäude, die unter Denkmalschutz stehen.

Energieausweise sind zehn Jahre lang gültig. Das heißt aber, dass Sie als Käufer mindestens in den nächsten fünf Jahren für jeden Gebäudetypen sowohl auf einen bedarfsorientierten wie auch auf einen verbrauchsorientierten Ausweis stoßen können. Denn ein Eigentümer, dessen Einfamilienhaus vor 1977 errichtet wurde, konnte sich noch bis zum 1. Oktober 2008 einen einfachen verbrauchsorientierten Ausweis für das Haus ausstellen lassen. Veräußert er sein Haus dann in einem Folgezeitraum von zehn Jahren, kann er diesen Ausweis einem potenziellen Käufer immer noch vorlegen. Durch diese parallele Präsenz unterschiedlicher Ausweistypen ist also gerade keine Transparenz und Vergleichbarkeit für Käufer entstanden, sondern eher das

Gegenteil. Es bleibt daher bei unserem Tipp, ggf. einen Energieberater vor einem ernsthaft erwogenen Hauskauf zurate zu ziehen, in Abstimmung mit dem Eigentümer.

Ein Energieausweis muss bestimmte Angaben enthalten. Die aktuelle EnEV verlangt mittlerweile sogar die Angabe von Energieeffizienzklassen von A+ bis H in neu auszustellenden Ausweisen. Allerdings werden Häuser – anders als Elektrogeräte – natürlich nicht alle mit dem gleichen Medium, also Strom, „betrieben" – also beheizt – , sondern mit Gas, Öl, Kohle, Fernwärme, Holz, Solarwärme etc. Ferner gibt es ein sehr unterschiedliches Lüftungs- und Heizverhalten der Nutzer, anders als bei Haushalts-Elektrogeräten, deren Nutzung bei Inbetriebnahme ähnlich ist. Zumindest eine Vergleichbarkeit der Betriebskosten über Energieeffizienzklassen ist daher kaum gegeben und sehr zweifelhaft.

Energiekennwerte müssen nun auch schon in Immobilienanzeigen angegeben werden und Energieausweise müssen Ihnen bereits bei der Besichtigung gezeigt werden.

Ab Seite 40 sehen Sie das Muster des aktuellen Energiebefdarfsausweises gemäß der aktuellen Energieeinsparordnung 2014.

Da viele Gebäude ohnehin erst nach und nach mit einem Gebäudeenergieausweis ausgestattet werden, ist der beste Tipp gegenwärtig immer noch: Lassen Sie sich vor dem Hauskauf die tatsächlichen Verbrauchsabrechnungen vorlegen. Damit haben Sie noch immer den schnellsten Überblick über die voraussichtlichen Energiekosten eines Gebäudes. Fragen Sie in diesem Zusammenhang auch nach dem Nutzerverhalten der bisherigen Bewohner:

- In welchen Monaten war die Heizung in Betrieb?
- Wurden alle Räume beheizt und mit welchen Raumtemperaturen? Da Verbraucher dies häufig gar nicht wissen, können Sie auch danach fragen, ob man im Winter eher mit Pulli oder im T-Shirt durch die Räume lief.
- Wie wurde gelüftet? Durch kurze Stoßlüftung oder waren die Fenster über längere Zeiträume gekippt?

Neben dem einmaligen Kaufpreis für ein Gebrauchthaus spielen die Energiekosten bei den laufenden Kosten eine große Rolle. Daher sollten Sie bei dem Kaufobjekt Ihrer Wahl unbedingt auf die energetische Qualität von Gebäudehülle und Anlagentechnik achten und dabei auch die bisherigen Verbrauchsabrechnungen berücksichtigen.

Gesetzliche Bestimmungen zu Emission und Energiebedarf

ENERGIEAUSWEIS für Wohngebäude
gemäß den §§ 16 ff. Energieeinsparverordnung (EnEV) vom[1]

Gültig bis: Registriernummer[2]:

Gebäude

Gebäudetyp	
Adresse	
Gebäudeteil	
Baujahr Gebäude[3]	
Baujahr Wärmeerzeuger[3)4]	
Anzahl Wohnungen	
Gebäudenutzfläche (A_N)	☐ nach § 19 EnEV aus der Wohnfläche ermittelt
Wesentliche Energieträger für Heizung und Warmwasser[3]	

Gebäudefoto (freiwillig)

Erneuerbare Energien	Art:	Verwendung:	
Art der Lüftung/Kühlung	☐ Fensterlüftung ☐ Schachtlüftung	☐ Lüftungsanlage mit Wärmerückgewinnung ☐ Lüftungsanlage ohne Wärmerückgewinnung	☐ Anlage zur Kühlung
Anlass der Ausstellung des Energieausweises	☐ Neubau ☐ Vermietung/Verkauf	☐ Modernisierung (Änderung/Erweiterung)	☐ Sonstiges (freiwillig)

Hinweise zu den Angaben über die energetische Qualität des Gebäudes

Die energetische Qualität eines Gebäudes kann durch die Berechnung des **Energiebedarfs** unter Annahme von standardisierten Randbedingungen oder durch die Auswertung des **Energieverbrauchs** ermittelt werden. Als Bezugsfläche dient die energetische Gebäudenutzfläche nach der EnEV, die sich in der Regel von den allgemeinen Wohnflächenangaben unterscheidet. Die angegebenen Vergleichswerte sollen überschlägige Vergleiche ermöglichen **(Erläuterungen – siehe Seite 5)**. Teil des Energieausweises sind die Modernisierungsempfehlungen (Seite 4).

☐ Der Energieausweis wurde auf der Grundlage von Berechnungen des **Energiebedarfs** erstellt (Energiebedarfsausweis). Die Ergebnisse sind auf **Seite 2** dargestellt. Zusätzliche Informationen zum Verbrauch sind freiwillig.

☐ Der Energieausweis wurde auf der Grundlage von Auswertungen des **Energieverbrauchs** erstellt (Energieverbrauchsausweis). Die Ergebnisse sind auf **Seite 3** dargestellt.

Datenerhebung Bedarf/Verbrauch durch: ☐ Eigentümer   ☐ Aussteller

☐ Dem Energieausweis sind zusätzliche Informationen zur energetischen Qualität beigefügt (freiwillige Angabe).

Hinweise zur Verwendung des Energieausweises

Der Energieausweis dient lediglich der Information. Die Angaben im Energieausweis beziehen sich auf das gesamte Wohngebäude oder den oben bezeichneten Gebäudeteil. Der Energieausweis ist lediglich dafür gedacht, einen überschlägigen Vergleich von Gebäuden zu ermöglichen.

Aussteller

_____   _____
Datum   Unterschrift des Ausstellers

1) Datum der angewendeten EnEV, gegebenenfalls angewendeten Änderungsverordnung zur EnEV   2) Bei nicht rechtzeitiger Zuteilung der Registriernummer (§ 17 Absatz 4 Satz 4 und 5 EnEV) ist das Datum der Antragstellung einzutragen; die Registriernummer ist nach deren Eingang nachträglich einzusetzen.   3) Mehrfachangaben möglich   4) bei Wärmenetzen Baujahr der Übergabestation

Quelle: dena/BMUB, Stand: 2014

ENERGIEAUSWEIS für Wohngebäude

gemäß den §§ 16 ff. Energieeinsparverordnung (EnEV) vom[1]

Berechneter Energiebedarf des Gebäudes   Registriernummer[2]:

Energiebedarf

CO_2-Emissionen[3]   kg/(m²·a)

Endenergiebedarf dieses Gebäudes
         kWh/(m²·a)

A+	A	B	C	D	E	F	G	H
0	25	50	75	100	125	150	175	200	225	>250

         kWh/(m²·a)
Primärenergiebedarf dieses Gebäudes

Anforderungen gemäß EnEV[4]

Primärenergiebedarf
Ist-Wert   kWh/(m²·a)   Anforderungswert   kWh/(m²·a)

Energetische Qualität der Gebäudehülle H_T'
Ist-Wert   W/(m²·K)   Anforderungswert   W/(m²·K)

Sommerlicher Wärmeschutz (bei Neubau)   ☐ eingehalten

Für Energiebedarfsberechnungen verwendetes Verfahren
☐ Verfahren nach DIN V 4108-6 und DIN V 4701-10
☐ Verfahren nach DIN V 18599
☐ Regelung nach § 3 Absatz 5 EnEV
☐ Vereinfachungen nach § 9 Absatz 2 EnEV

Endenergiebedarf dieses Gebäudes (Pflichtangaben in Immobilienanzeigen)   kWh/(m²·a)

Angaben zum EEWärmeG[5]

Nutzung erneuerbarer Energien zur Deckung des Wärme- und Kältebedarfs auf Grund des Erneuerbare-Energien-Wärmegesetzes (EEWärmeG)

Art: Deckungsanteil: %
                                              %
                                              %

Ersatzmaßnahmen[6]

Die Anforderungen des EEWärmeG werden durch die Ersatzmaßnahme nach § 7 Absatz 1 Nr. 2 EEWärmeG erfüllt.

☐ Die nach § 7 Absatz 2 EEWärmeG verschärften Anforderungswerte der EnEV sind eingehalten.
☐ Die in Verbindung mit § 8 EEWärmeG um   % verschäften Anforderungswerte der EnEV sind eingehalten

Verschäfter Anforderungswert
Primärenergiebedarf   kWh/(m²·a)

Verschäfter Anforderungswert
für die energetische Qualität der
Gebäudehülle H_T' kWh/(m²·K)

Vergleichswerte Endenergie

A+	A	B	C	D	E	F	G	H
0	25	50	75	100	125	150	175	200	225	>250

Effizienzhaus 40
MFH Neubau
EFH energetisch gut modernisiert
Durchschnitt Wohngebäudebestand
MFH energetisch nicht wesentlich modernisiert
EFH energetisch nicht wesentlich modernisiert

[7]

Erläuterungen zum Verfahren

Die Energieeinsparverordnung lässt für die Berechnung des Energiebedarfs unterschiedliche Verfahren zu, die im Einzelfall zu unterschiedlichen Ergebnissen führen können. Insbesondere wegen standardisierter Randbedingungen erlauben die angegebenen Werte keine Rückschlüsse auf den tatsächlichen Energieverbrauch. Die ausgewiesenen Bedarfswerte der Skala sind spezifische Werte nach der EnEV pro Quadratmeter Gebäudenutzfläche (A_N), die im Allgemeinen größer ist als die Wohnfläche des Gebäudes.

1) siehe Fußnote 1 auf Seite 1 des Energieausweises 2) siehe Fußnote 2 auf Seite 1 des Energieausweises 3) freiwillige Angaben 4) nur bei Neubau sowie bei Modernisierung im Fall des § 16 Absatz 1 Satz 3 EnEV 5) nur bei Neubau 6) nur bei Neubau im Fall der Anwendung von § 7 Absatz 1 Nr. 2 EEWärmeG 7) EFH: Einfamilienhaus, MFH: Mehrfamilienhaus

Quelle: dena/BMUB, Stand: 2014

ENERGIEAUSWEIS für Wohngebäude

gemäß den §§ 16 ff. Energieeinsparverordnung (EnEV) vom[1]

Erfasster Energieverbrauch des Gebäudes

Registriernummer[2]:

Energieverbrauch

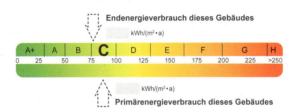

Endenergieverbrauch dieses Gebäudes (Pflichtangaben für Immobilienanzeigen)   kWh/(m²·a)

Verbrauchserfassung – Heizung und Warmwasser

Zeitraum		Energieträger[3]	Primär-energie-faktor	Energieverbrauch Wärme [kWh]	Anteil Warmwasser [kWh]	Anteil Heizung [kWh]	Klima-faktor
von	bis						

Vergleichswerte Endenergie

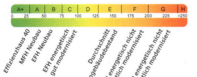

Die modellhaft ermittelten Vergleichswerte beziehen sich auf Gebäude, in denen die Wärme für Heizung und Warmwasser durch Heizkessel im Gebäude bereitgestellt wird.

Soll ein Energieverbrauch eines mit Fern- oder Nahwärme beheizten Gebäudes verglichen werden, ist zu beachten, dass hier normalerweise ein um 15 bis 30% geringerer Energieverbrauch als bei vergleichbaren Gebäuden mit Kesselheizung zu erwarten ist.

[4]

Erläuterungen zum Verfahren

Das Verfahren zur Ermittlung des Energieverbrauchs ist durch die Energieeinsparverordnung vorgegeben. Die Werte der Skala sind spezifische Werte pro Quadratmeter Gebäudenutzfläche (A_N) nach der Energieeinsparverordnung, die im Allgemeinen größer ist als die Wohnfläche des Gebäudes. Der tatsächliche Energieverbrauch einer Wohnung oder eines Gebäudes weicht insbesondere wegen des Witterungseinflusses und sich ändern den Nutzerverhaltens vom angegebenen Energieverbrauch ab.

1) siehe Fußnote 1 auf Seite 1 des Energieausweises   2) siehe Fußnote 2 auf Seite 1 des Energieausweises   3) gegebenenfalls auch Leerstandszuschläge, Warmwasser- oder Kühlpauschale in kWh   4) EFH: Einfamilienhaus, MFH: Mehrfamilienhaus

Quelle: dena/BMUB, Stand: 2014

ENERGIEAUSWEIS für Wohngebäude

gemäß den §§ 16 ff. Energieeinsparverordnung (EnEV) vom[1]

Empfehlungen des Ausstellers

Registriernummer[2]:

Empfehlungen zur kostengünstigen Modernisierung

Maßnahmen zur kostengünstigen Verbesserung der Energieeffizienz ☐ sind möglich ☐ sind nicht möglich

Empfohlene Modernisierungsmaßnahmen

Nr.	Bau- oder Anlagenteile	Maßnahmenbeschreibung in einzelnen Schritten	empfohlen		(freiwillige Angaben)	
			in Zusammenhang mit größerer Modernisierung	als Einzelmaßnahme	geschätzte Amortisationszeit	geschätzte Kosten pro eingesparte Kilowattstunde Endenergie
			☐	☐		
			☐	☐		
			☐	☐		
			☐	☐		
			☐	☐		
			☐	☐		
			☐	☐		
			☐	☐		
			☐	☐		
			☐	☐		

☐ Weitere Empfehlungen auf gesondertem Blatt

Hinweis: Modernisierungsempfehlungen für das Gebäude dienen lediglich der Information. Sie sind nur kurz gefasste Hinweise und kein Ersatz für eine Energieberatung.

Genauere Angaben zu den Empfehlungen sind erhältlich bei / unter:

Ergänzende Erläuterungen zu den Angaben im Energieausweis (Angaben freiwillig)

1) siehe Fußnote 1 auf Seite 1 des Energieausweises   2) siehe Fußnote 2 auf Seite 1 des Energieausweises

Quelle: dena/BMUB, Stand: 2014

ENERGIEAUSWEIS für Wohngebäude
gemäß den §§ 16 ff. Energieeinsparverordnung (EnEV) vom[1]

Erläuterungen ⑤

Angabe Gebäudeteil – Seite 1
Bei Wohngebäuden, die zu einem nicht unerheblichen Anteil zu anderen als Wohnzwecken genutzt werden, ist die Ausstellung des Energieausweises gemäß dem Muster nach Anlage 6 auf den Gebäudeteil zu beschränken, der getrennt als Wohngebäude zu behandeln ist (siehe im Einzelnen § 22 EnEV). Dies wird im Energieausweis durch die Angabe „Gebäudeteil" deutlich gemacht.

Erneuerbare Energien – Seite 1
Hier wird darüber informiert, wofür und in welcher Art erneuerbare Energien genutzt werden. Bei Neubauten enthält Seite 2 (Angaben zum EEWärmeG) dazu weitere Angaben.

Energiebedarf – Seite 2
Der Energiebedarf wird hier durch den Jahres-Primärenergiebedarf und den Endenergiebedarf dargestellt. Diese Angaben werden rechnerisch ermittelt. Die angegebenen Werte werden auf der Grundlage der Bauunterlagen bzw. gebäudebezogener Daten und unter Annahme von standardisierten Randbedingungen (z. B. standardisierte Klimadaten, definiertes Nutzerverhalten, standardisierte Innentemperatur und innere Wärmegewinne usw.) berechnet. So lässt sich die energetische Qualität des Gebäudes unabhängig vom Nutzerverhalten und von der Wetterlage beurteilen. Insbesondere wegen der standardisierten Randbedingungen erlauben die angegebenen Werte keine Rückschlüsse auf den tatsächlichen Energieverbrauch.

Primärenergiebedarf – Seite 2
Der Primärenergiebedarf bildet die Energieeffizienz des Gebäudes ab. Er berücksichtigt neben der Endenergie auch die sogenannte „Vorkette" (Erkundung, Gewinnung, Verteilung, Umwandlung) der jeweils eingesetzten Energieträger (z. B. Heizöl, Gas, Strom, erneuerbare Energien etc.). Ein kleiner Wert signalisiert einen geringen Bedarf und damit eine hohe Energieeffizienz sowie eine die Ressourcen und die Umwelt schonende Energienutzung. Zusätzlich können die mit dem Energiebedarf verbundenen CO_2-Emissionen des Gebäudes freiwillig angegeben werden.

Energetische Qualität der Gebäudehülle – Seite 2
Angegeben ist der spezifische, auf die wärmeübertragende Umfassungsfläche bezogene Transmissionswärmeverlust (Formelzeichen in der EnEV: H_T'). Er beschreibt die durchschnittliche energetische Qualität aller wärmeübertragenden Umfassungsflächen (Außenwand, Decken, Fenster etc.) eines Gebäudes. Ein kleiner Wert signalisiert einen guten baulichen Wärmeschutz. Außerdem stellt die EnEV Anforderungen an den sommerlichen Wärmeschutz (Schutz vor Überhitzung) eines Gebäudes.

Endenergiebedarf – Seite 2
Der Endenergiebedarf gibt die nach technischen Regeln berechnete, jährlich benötigte Energiemenge für Heizung, Lüftung und Warmwasserbereitung an. Er wird unter Standardklima- und Standardnutzungsbedingungen errechnet und ist ein Indikator für die Energieeffizienz eines Gebäudes und seiner Anlagentechnik. Der Endenergiebedarf ist die Energiemenge, die dem Gebäude unter der Annahme von standardisierten Bedingungen und unter Berücksichtigung der Energieverluste zugeführt werden muss, damit die standardisierte Innentemperatur, der Warmwasserbedarf und die notwendige Lüftung sichergestellt werden können. Ein kleiner Wert signalisiert einen geringen Bedarf und damit eine hohe Energieeffizienz.

Angaben zum EEWärmeG – Seite 2
Nach dem EEWärmeG müssen Neubauten in bestimmtem Umfang erneuerbare Energien zur Deckung des Wärme- und Kältebedarfs nutzen. In dem Feld „Angaben zum EEWärmeG" sind die Art der eingesetzten erneuerbaren Energien und der prozentuale Anteil der Pflichterfüllung abzulesen. Das Feld „Ersatzmaßnahmen" wird ausgefüllt, wenn die Anforderungen des EEWärmeG teilweise oder vollständig durch Maßnahmen zur Einsparung von Energie erfüllt werden. Die Angaben dienen gegenüber der zuständigen Behörde als Nachweis des Umfangs der Pflichterfüllung durch die Ersatzmaßnahme und der Einhaltung der für das Gebäude geltenden verschärften Anforderungswerte der EnEV.

Endenergieverbrauch – Seite 3
Der Endenergieverbrauch wird für das Gebäude auf der Basis der Abrechnungen von Heiz- und Warmwasserkosten nach der Heizkostenverordnung oder auf Grund anderer geeigneter Verbrauchsdaten ermittelt. Dabei werden die Energieverbrauchsdaten des gesamten Gebäudes und nicht der einzelnen Wohneinheiten zugrunde gelegt. Der erfasste Energieverbrauch für die Heizung wird anhand der konkreten örtlichen Wetterdaten und mithilfe von Klimafaktoren auf einen deutschlandweiten Mittelwert umgerechnet. So führt beispielsweise ein hoher Verbrauch in einem einzelnen harten Winter nicht zu einer schlechteren Beurteilung des Gebäudes. Der Endenergieverbrauch gibt Hinweise auf die energetische Qualität des Gebäudes und seiner Heizungsanlage. Ein kleiner Wert signalisiert einen geringen Verbrauch. Ein Rückschluss auf den künftig zu erwartenden Verbrauch ist jedoch nicht möglich; insbesondere können die Verbrauchsdaten einzelner Wohneinheiten stark differieren, weil sie von der Lage der Wohneinheiten im Gebäude, von der jeweiligen Nutzung und dem individuellen Verhalten der Bewohner abhängen. Im Fall längerer Leerstände wird hier für ein pauschaler Zuschlag rechnerisch bestimmt und in die Verbrauchserfassung einbezogen. Im Interesse der Vergleichbarkeit wird bei dezentralen, in der Regel elektrisch betriebenen Warmwasseranlagen der typische Verbrauch über eine Pauschale berücksichtigt: Gleiches gilt für den Verbrauch von eventuell vorhandenen Anlagen zur Raumkühlung. Ob und in wieweit die genannten Pauschalen in die Erfassung eingegangen sind, ist der Tabelle „Verbrauchserfassung" zu entnehmen.

Primärenergieverbrauch – Seite 3
Der Primärenergieverbrauch geht aus dem für das Gebäude ermittelten Endenergieverbrauch hervor. Wie der Primärenergiebedarf wird er mithilfe von Umrechnungsfaktoren ermittelt, die die Vorkette der jeweils eingesetzten Energieträger berücksichtigen.

Pflichtangaben für Immobilienanzeigen – Seite 2 und 3
Nach der EnEV besteht die Pflicht, in Immobilienanzeigen die in §16a Absatz 1 genannten Angaben zu machen. Die dafür erforderlichen Angaben sind dem Energieausweis zu entnehmen, je nach Ausweisart der Seite 2 oder 3.

Vergleichswerte – Seite 2 und 3
Die Vergleichswerte auf Endenergieebene sind modellhaft ermittelte Werte und sollen lediglich Anhaltspunkte für grobe Vergleiche der Werte dieses Gebäudes mit den Vergleichswerten anderer Gebäude sein. Es sind Bereiche angegeben, innerhalb derer ungefähr die Werte für die einzelnen Vergleichskategorien liegen.

[1] siehe Fußnote 1 auf Seite 1 des Energieausweises

Quelle: dena/BMUB, Stand: 2014

Wie bereits erwähnt, wird nicht jeder Energieausweis, der Ihnen vorgelegt wird, exakt so aussehen wie die hier abgebildete, aktuellste Variante. Aber in Struktur und Aufbau sind sich die Ausweise alle ähnlich, da der Gesetzgeber hierzu Rahmenvorgaben gemacht hat. Jeder Ausweis muss außerdem die Anschrift und die Unterschrift des Ausstellers tragen. Im hier abgebildeten Ausweis sehen Sie das Feld dafür auf der ersten Ausweisseite. So können Sie sich bei Fragen immer auch direkt an den Aussteller des Ausweises wenden. Im Idealfall natürlich in vorheriger Abstimmung mit dem Hausverkäufer.

Die Besichtigung des Hauses

Die Besichtigung ist einer der wichtigsten Schritte auf dem Weg zum eigenen Haus. Dabei sollten Sie gut vorbereitet und zielorientiert vorgehen. Auch die Einschaltung eines Fachmanns kann notwendig werden, wenn Sie alleine nicht weiterkommen. Eine erste Besichtigung können Sie aber immer alleine vornehmen.

Emotionen, Kauftypen und notwendige Zeiträume

Wer ein Haus kauft, versucht dies – angesichts der Kosten, der anstehenden Verträge und der mit dem Kauf verbundenen neuen Verantwortung – vernünftig, abgewogen und überlegt zu tun. Neben den sachlichen Abwägungen sind aber auch die von Emotionen geprägten Anteile an der Entscheidungsfindung nicht zu unterschätzen. Der eine hat kein Problem mit Fertighäusern, der andere lehnt sie ab. Die eine nimmt gerne ein Haus ohne Keller, für die andere wäre das undenkbar. Der eine findet auch ein Reihenhaus interessant, die andere kann sich das überhaupt nicht vorstellen. Oder es kommt im weiteren Verlauf ein Moment, in dem Sie geneigt sind, etwas Kritisches übersehen zu wollen, weil Sie „Feuer gefangen" haben.

Umgang mit „gefühlten" Kauf-Aspekten

Es ist wichtig, sich über die eigenen Emotionen klar zu werden und sie von technischen und sachlichen Fakten zu trennen. Ein Fertighaus und/oder ein Haus ohne Keller können technisch durchaus interessante Objekte sein, es nutzt aber nichts, wenn das eigene Bauchgefühl dagegen spricht. Solche Gefühle sind auch nicht falsch oder richtig, sie sind schlicht existent. Wenn Sie sie übergehen oder unterdrücken, ist das sicher nicht zielführend. Nehmen Sie sie mit unter die Lupe und bewerten Sie sie getrennt von technischen Fakten. Dies muss nicht nur das Haus selbst betreffen, es kann auch für das Grundstück gelten oder die Lage in der näheren Umgebung. Sogar für die zukünftigen Nachbarn.

Kauftyp

Genauso wichtig wie das Berücksichtigen von Emotionen ist die möglichst realistische Einschätzung, welcher Kauftyp Sie sind. Ein Blick auf Ihren Alltag kann Ihnen helfen. Wenn Sie diesen privat und beruflich entschlossen und selbstständig gestalten, wird Ihnen auch ein Hauskauf eher Herausforderung als Überforderung sein. Gestalten Sie Ihren Alltag privat und beruflich eher zurückhaltend, wird Sie ein Hauskauf wahrscheinlich persönlich stärker fordern, weil Sie hierbei mehrfach in hohem Maße eigenverantwortlich und entschlossen handeln müssen. Entsprechend gibt es schnell entschlossene, entscheidungsfreudige Kauftypen ebenso wie zögerliche, sehr abwägende. Es gibt Verhandlungsprofis und ausgewiesene Taktiker ebenso wie eher zurückhaltende oder auch ganz unerfahrene Kauftypen. Auch hier gibt es weder falsch noch richtig.

Je besser Sie sich selbst kennen, desto besser können Sie sich darauf einstellen und ggf. Unterstützung suchen. Denn eins ist klar: Auf der anderen Seite stehen mit Maklern und Immobilienvermittlern meist erfahrene Verkaufsprofis, die sehr schnell feststellen, mit welchem Menschentyp sie es auf der Käuferseite zu tun haben und sich umgehend darauf einstellen. So gibt es beispielsweise eine Fülle taktischer Finessen, um zögerliche Personen zu Entscheidungen zu führen.

Dagegen können Sie sich aber durchaus schützen. Wer ungern selbst verhandelt, kann z. B. andere verhandeln lassen, wer sich eine gründliche Besichtigung nicht zutraut, kann besichtigen lassen. Das mag etwas mehr kosten, bietet aber viele Vorteile. Dieses Buch zeigt Ihnen, wie und wo Sie konkret externe Beraterinnen und Berater finden, die Sie bei diesen Dingen unterstützen.

Geben Sie sich so viel Zeit wie nötig

Ein Hauskauf ist kein Möbelkauf. Von der Suche nach einem gebrauchten Haus bis zum Einzug vergehen schnell ein bis eineinhalb Jahre. Es ist sinnvoll, sich dies früh bewusst zu machen und von Anfang an mit einem längeren Such- und Kaufprozess und mit manchen Frustrationserlebnissen zu rechnen. Das geht fast allen so und ist kein Grund, vorzeitig zu zweifeln oder zu verzweifeln. Es ist also in der Regel Ausdauer gefragt, auch wenn es natürlich Ausnahmen gibt.

Das hört sich nicht allzu kompliziert an, aber die Probleme liegen wie so oft im Detail. Das Buch soll Ihnen helfen, möglichst sicher und reibungslos und im Einklang mit sich selbst Schritt für Schritt durch Ihr Kaufvorhaben zu kommen.

Da Sie sehr häufig bereits direkt zu Beginn Ihrer Suche nach gebrauchten Häusern mit Maklern konfrontiert werden, stehen Informationen dazu am Anfang dieses Buches. Denn bereits bei der Kontaktaufnahme mit Maklern können Sie schwerwiegende und kostenträchtige Fehler machen.

Maklerangebot und Maklercourtage

Bei der klassischen Suche über die Zeitung können Sie in der Regel direkt erkennen, ob es sich um ein Maklerangebot handelt oder nicht. Sehr wichtig ist, nachzusehen, ob eine Vermittlungsgebühr des Maklers, eine Maklercourtage, in der Anzeige angegeben wird oder nicht. Ist keine angegeben, kann später auch nicht ohne Weiteres eine verlangt werden.

Wie bereits dargelegt nehmen Makler in Deutschland typischerweise eine Courtage von

3 bis 6 % des Kaufpreises. Hinzu kommt die Mehrwertsteuer. Momentan sind dies 19 %. 19 % von 3 sind 0,57. Diese werden zu den 3 % addiert und so entsteht die typische Maklercourtage von 3,57 %, die Sie häufig lesen werden. Ein Makler muss in seinem Inserat zwingend den vollständigen Endpreis angeben. Eine Angabe „3 % zzgl. MwSt." reicht nicht aus und berechtigt andere Makler oder Verbraucherschutzorganisationen zur Abmahnung. Gibt der Makler die Courtage nicht klar an, kann ein Verstoß gegen die Preisangabeverordnung (PrAngV) vorliegen. Sie regelt nämlich, dass Verbrauchern der komplette Endpreis angegeben werden muss. Außerdem droht ein Bußgeld. Unmittelbar nutzt Ihnen dieses Wissen zwar wenig, doch kann im Streitfall zum geeigneten Zeitpunkt ein Hinweis darauf die Vergleichsbereitschaft des Maklers fördern.

Aus solchen und anderen Gründen sollten Sie Anzeigen immer aufbewahren. Gerade bei Internetanzeigen, die schnell wieder aus dem Netz verschwinden, ist das sehr wichtig. Sie können die Internetangaben z. B. ausdrucken oder einen Screenshot speichern.

Es gibt in Deutschland keinerlei gesetzliche Regelungen zur Höhe einer Maklercourtage. Sie ist also frei verhandelbar und regional unterschiedlich hoch. Manchmal wird sie vom Verkäufer getragen, häufiger von Verkäufer und Käufer gemeinsam, meist aber allein vom Käufer.

Ein typischer Courtagesatz sind z. B. die benannten 3,57 % des Kaufpreises. Bei einem Hauskaufpreis von 280.000 Euro und 3,57 % Courtage sind das z. B. 9.996 Euro! Sie müssen die Forderung des Maklers aber nicht willenlos akzeptieren. Fordert er 3,57 %, können

Sie ihm genauso gut 1 % bieten. Er wird ggf. dann darauf eingehen, wenn das betreffende Objekt schwer zu verkaufen ist. Dann verdient er immer noch 2.800 Euro brutto. Sieht der Makler Chancen, das Objekt anderweitig zu verkaufen, wird er sie ergreifen. Es kommt also auf Lage und Zustand einer Immobilie an, ob Sie gegenüber dem Makler eine gute Verhandlungsposition haben oder nicht.

Geklärt werden sollte mit dem Makler auch, wann die Courtage fällig wird: zum Notartermin, bei Übergabe des Hauses oder nach erfolgter Umtragung im Grundbuch. Bis zur Übergabe des Hauses sollte nach Möglichkeit kein Zahlungsanspruch bestehen.

Doppelte Maklercourtage

Wenn ein Verkäufer zwei oder noch mehr Makler mit der Vermittlung eines Objekts beauftragt hat, gibt es das Risiko des doppelten Anspruchs auf Provision. Das ist ausgesprochen ärgerlich für Kunden und muss umgehend mit dem Verkäufer geklärt werden. Denn wenn Sie über zwei Makler zu einem Objekt kommen und dieses erwerben, kann tatsächlich ein Rechtsanspruch von zwei Maklern auf die Courtage entstehen. Das Problem der doppelten Courtage tritt für Kunden meist dadurch auf, dass sie unterschiedliche Anzeigen lesen, auch mit unterschiedlichen Bildern, z. B. einmal Außenaufnahmen, einmal Innenaufnahmen eines Objekts, und vermuten, es handele sich um unterschiedliche Objekte, obwohl es ein und dasselbe Objekt ist. Sind dann erste Anfragen per E-Mail an zwei Makler versandt worden, ist es rein rechtlich bereits sehr schwierig, da bei beiden Maklern schon durch die Beantwortung Ihrer E-Mail ein Provisionsanspruch entstehen kann. Eine einzige falsche

E-Mail kann Sie also schnell einige Tausend Euro kosten. Im obigen Beispiel würden dann statt 9.996 Euro an einen Makler 19.992 Euro an zwei Makler fällig.

Eine Möglichkeit ist in diesem Fall, dass einer der Makler auf die Courtage verzichtet oder beide Makler sich eine Courtage teilen. Dazu müssen rechtsverbindliche Verzichts- oder Teilungserklärungen aufgesetzt werden, am besten durch einen Rechtsanwalt. Einfache mündliche oder schriftliche Maklererklärungen reichen hier nicht aus, da sie später von den Maklern ggf. rechtlich angefochten werden.

Eine doppelte Maklerbeauftragung kann ebenfalls entstehen, wenn ein Hauseigentümer zunächst einen Makler mit der Vermittlung des Objekts beauftragt, dann aber nicht zufrieden ist und einen anderen Makler beauftragt. Entzieht er dem ersten Makler nicht ordnungsgemäß den Auftrag und nimmt dieser das Angebot nicht aus seinen Online- und Printanzeigen, ist das Problem da. Hinzu kommt, dass einige Makler auch ohne Eigentümerauftrag an die Vermittlung gehen. Erfahren Makler, dass ein Objekt verkauft werden soll, streuen sie mitunter weit verbreitet entsprechende Anzeigen, um an einen Courtageanspruch zu kommen. Das ist für Verbraucher außerordentlich ärgerlich, denn selbst wenn der Makler vom Hausverkäufer nicht mit einer Vermittlung beauftragt war, der Verbraucher aber über den Makler von dem Hausangebot erfahren hat, kann ein Provisionsanspruch des Maklers entstehen. Der Verbraucherschutz beim Maklerkauf ist in Deutschland ausgesprochen schlecht, daher ist beim Umgang mit Maklern grundsätzlich große Vorsicht geboten.

Kontaktaufnahme zum Makler

Kontaktaufnahmen zu einem Makler sollten immer gut vorbereitet sein. Am einfachsten ist es natürlich, den Makler anzurufen und zunächst einmal nur die Lage der Immobilie zu erfragen. Denn die Außenbesichtigung reicht in vielen Fällen schon aus, um eine Vorauswahl treffen zu können. Dazu muss Ihnen der Makler kein weiteres Infomaterial zusenden. Das heißt, er benötigt auch weder Namen noch Adresse von Ihnen für diesen Vorgang. Ist Ihre Rufnummer nicht unterdrückt, hat er diese dann allerdings, oder Sie rufen von einem Gerät mit unterdrückter Rufnummer aus an. Das ist Verbrauchern für Erstkontaktaufnahmen grundsätzlich zu empfehlen. Denn man kann – ohne dass man es merkt oder gar will – sehr schnell in einem mündlichen Vertrag mit einem Makler stecken. Das sollte man nicht vorschnell und unüberlegt tun. Inseriert ein Makler auch eine E-Mail-Adresse, können Sie ihn darüber kontaktieren. Hier ist aber Vorsicht geboten, weil so zu einem sehr frühen Zeitpunkt ein Schriftverkehr entstehen kann. Daher ist es sinnvoll, sich speziell eine E-Mail-Adresse für den Erstkontakt zum Makler einzurichten. Sie sollte keine persönlichen Namensangaben enthalten und bei einem großen Provider geführt werden. Eine E-Mail mit einer Anfrage sollte sehr kurz gefasst sein und nur die wesentlichen Fragen enthalten, die Sie momentan haben. Häufig reicht die Adresse des Objekts, um es zunächst einmal nur von außen besichtigen zu können. Dazu muss kein Besichtigungstermin mit dem Makler ausgemacht werden.

Wenn der Makler von Ihnen Adresse und Anschrift haben will, bevor er eine Adresse oder erste Unterlagen herausgibt, müssen Sie überlegen, ob Sie das in einem so frühen Stadium wirklich wollen. Denn meist geht es ja nur um die Adresse des Objekts, um von außen eine erste Einschätzung von Zustand und Lage vornehmen zu können. Viele Häuser fallen bereits dabei durchs Raster und Sie können sich weiteren Kontakt mit dem Makler sparen.

Wenn Sie unsicher sind, ob von mehreren Maklern im Internet präsentierte Objekte tatsächlich auch unterschiedliche Objekte sind, muss das im Zweifel mithilfe von Freunden abgeklärt werden, die ebenfalls über einen Anruf oder eine nicht namentlich kenntliche E-Mail die Adresse eines Objekts erfragen.

Makler benötigen in Deutschland für ihre Zulassung keinerlei Ausbildung, wie dies z. B. in anderen Ländern der Fall ist. Ihre Leistung liegt im Wesentlichen darin, ein Objekt am Markt zu bewerben und einem Käufer dann die exakte Lage und den Eigentümer mitzuteilen.

Gelingt es Ihnen, aufgrund der Anzeige zu erkennen, um welche Immobilie es sich handelt, muss der Makler selbstverständlich nicht eingeschaltet werden und Sie können direkt mit dem Eigentümer verhandeln. Selbst wenn dieser dann an den Makler verweist, können Sie den Makler von vornherein darauf hinweisen, dass Sie das Objekt ohne ihn gefunden haben und keine Maklercourtage entrichten werden. Dann wird der Makler vielleicht versuchen, den Eigentümer zu überzeugen, einen anderen Käufer auszuwählen, um seine Courtage zu sichern. Dies geht aber nur dann, wenn ein anderer potenzieller Käufer auch vorhanden ist und der Eigentümer einen anderen Käufer auch vorzieht. Die Entscheidung, an wen verkauft wird, trifft letztlich natürlich der Eigentümer.

Wenn Sie sich einen ersten Überblick über ein Exposé verschafft haben oder wenn Sie die Immobilie kurz von außen einschätzen konnten und Sie interessiert bleiben, werden Sie als Nächstes entweder direkt mit dem Eigentümer oder mit dem beauftragten Makler einen Besichtigungstermin vereinbaren.

Die Vorbereitung der Hausbesichtigung

Vor der Hausbesichtigung werden Sie Vorgespräche mit dem Verkäufer bzw. Makler führen. Hierbei sollten Sie drei Dinge in jedem Fall klären:

1. dass die Hausbesichtigung für Sie unverbindlich ist,
2. dass Ihnen hierfür eine Mindestzeit zur Verfügung steht und
3. dass Sie die Adresse sowie Pläne (Grundrisse, Ansichten) des Objekts im Vorhinein erhalten können.

Letzteres hat den Vorteil, dass Sie sich mit dem Objekt bereits vor dem Besichtigungstermin vertraut machen können. Gehen Sie davon aus, dass Sie für die Besichtigung eines Einfamilienhauses als absolutes Minimum eine Stunde Zeit brauchen. Sollte Ihnen diese Zeit nicht zur Verfügung stehen, fragen Sie nach einem unmittelbaren Ausweichtermin. Machen Sie sich klar, dass von dieser einen Besichtigung eine der finanziell gewichtigsten Entscheidungen Ihres Lebens abhängen kann.

Soweit Sie zeitlich die Möglichkeiten haben, ist es auch sinnvoll, sich bereits vor dem Besichtigungstermin zu dem Objekt zu begeben, um einen ersten Eindruck von dem Objekt und dem Umfeld, z. B. dem betreffenden Stadtteil bzw. der Gemeinde, zu gewinnen. Dies hat später den Vorteil, dass Sie sich bei dem Besichtigungstermin darüber keine Gedanken mehr machen müssen und schneller entscheiden können.

Bevor Sie mit einer breit angelegten Immobiliensuche beginnen, sollten Sie sich ein Köfferchen zusammenstellen, in das Sie die wichtigsten Utensilien zur Hausbesichtigung packen, sodass Sie alles bei Bedarf immer auf einen Griff parat haben und nie etwas vergessen. In dieses Köfferchen gehören:

- Gartenhandschuhe
- Taschenmesser
- einige Werkzeuge wie Schraubenzieher und Zange
- Bandmaß bzw. Zollstock
- Wasserwaage
- Kunststoffbehältnis mit Deckel
- Taschenlampe
- Fernglas
- Checklisten aus diesem Ratgeber in Kopie
- Papier und Stift
- Fotoapparat

Gartenhandschuhe helfen Ihnen, die Hände sauber zu halten, z. B. wenn Sie rostige Materialien wegen Überprüfungen anfassen müssen (Rohrleitungen, Geländer etc.).

Ein Taschenmesser kann hilfreich sein, um zu Materialüberprüfungen einen kleinen Schnitt zu setzen (z. B. bei Überprüfung von Ausbaumaterial im Dachgeschoss).

Mit einem Schraubenzieher können Sie beispielsweise durch das Ausbauen von Steckdosen den Zustand der Isolierungen von Elektroleitungen überprüfen (vorher Sicherung herausnehmen!). Mit einer Zange können Sie klemmende Revisionstüren öffnen, z. B. um in Schächte oder Stauräume zu sehen.

Mit einem Bandmaß bzw. Zollstock können Sie Raumgrößen und Raumhöhen messen und mit Plänen abgleichen.

Mit einer Wasserwaage können Sie Bodenebenheiten und die lotrechte Stellung von Wänden überprüfen.

Ein Kunststoffbehältnis kann eventuell notwendig werdende Wasser- oder Materialproben aufnehmen, die Sie später z. B. durch ein chemisches Labor untersuchen lassen (z. B. zum Bleigehalt des Wassers).

Eine Taschenlampe hilft Ihnen, auch nicht beleuchtete oder belichtete Räume zu begehen oder schlecht ausgeleuchtete Bereiche einzusehen.

Mit einem Fernglas können Sie bei einem Rundgang um das Haus sehr gut die Dachflächen einsehen und auf Schäden kontrollieren.

Papier und Stift brauchen Sie beispielsweise für kleine Skizzen oder Handvermerke.

Der Fotoapparat ist wichtig, um z. B. problematische Baudetails festzuhalten.

Ein solches Köfferchen ist nicht unbedingt für die erste Besichtigung notwendig, denn da geht es meist um einen ersten Eindruck und die Frage, ob das Objekt überhaupt in Frage kommt. Bei Interesse wird mindestens eine weitere Besichtigung erfolgen. Vor einer unmittelbaren Kaufentscheidung sollten Sie es dann unbedingt dabeihaben.

Ziehen Sie sich für den Vor-Ort-Termin nicht zu fein an. Für den Vorbesitzer ist nicht Ihre Kleidung ausschlaggebend, sondern nur, ob Sie den gewünschten Preis für das Objekt zu zahlen bereit sind. Ob Sie dazu bereit sind, entscheiden aber Sie, und zwar erst nach eingehender Besichtigung des Objekts. Dies kann z. B. erforderlich machen, in den Tankraum der Heizung zu klettern, und dabei sollte Ihre Kleidung Ihnen nicht im Weg stehen.

Die Hausbesichtigung

Bei der dann folgenden Besichtigung vor Ort ist es wichtig, dass Sie systematisch vorgehen und sich nicht von dem Sie begleitenden Hausbesitzer oder Makler durcheinanderbringen lassen oder gar seine Worte für bare Münze nehmen. Auf seiner Seite steht selbstverständlich das Verkaufsinteresse zu möglichst guten Konditionen im Vordergrund. Auf Ihrer Seite steht das Interesse im Vordergrund, eine gute Qualität zu einem möglichst günstigen Preis zu erhalten. Sie haben es hier also durchaus mit einem Interessengegensatz zu tun. Je klarer Sie sich das machen, desto objektiver werden Sie beurteilen können.

Grundsätzlich sollten Sie Häuser nur bei Tageslicht ansehen. Insbesondere für die objektive

Defekter und feuchter Sockel

Putz blättert von der Fassade

Beurteilung von Dach- und Fassadenzustand, aber auch für die Beurteilung von Keller und Dachstuhl ist dies sehr wichtig. Achten Sie darauf, dass Sie alle Räume, auch Stau-, Dach- und Kellerräume, besichtigen. Fragen Sie vorher, ob Sie Fotos von dem Objekt machen dürfen und nötigenfalls auch eine kleine Stein- bzw. Baustoffprobe nehmen können. Sind diese Dinge geklärt, kann es losgehen.

Beginnen Sie bei der Hausbesichtigung am besten mit einem Rundgang um das Haus und besichtigen Sie bei dieser Gelegenheit auch

Algenbefall auf der nachträglich angebrachten Wärmedämmung an der Nordseite

Geflickte Dachdeckung

Nebengebäude wie z. B. die Garage sowie die Außenanlage mit Wegen, Zäunen und Gartenmauern. Dies hat den Vorteil, dass Sie diesen Part erledigt haben, bevor möglicherweise Regen aufkommt. Regnet es gerade, machen Sie es einfach umgekehrt und beginnen mit der Innenbesichtigung. Der Beginn mit der Innenbesichtigung hat auch den Vorteil, dass Sie bei schlechtem Wetter die Wohnräume nicht mit dreckigem Schuhwerk betreten müssen.

Außerdem gewinnen Sie durch einen solchen Gang um das Haus herum schnell einen Überblick und verschaffen sich dabei einen ersten Eindruck von der Bausubstanz.

Beim Rundgang um das Haus können Sie hervorragend den Zustand des Sockels, der Fassade, der Fenster- und Balkonanschlüsse kontrollieren. Kontrollieren Sie beim Rundgang auch ggf. vorhandene äußere Kellerzugänge. Achten Sie dort vor allem auf den Zustand des unteren Bereichs der treppenbegleitenden Sockelwand.

Durch das Fernglas erkennen Sie hervorragend den Zustand der Dachanschlüsse, der Dachziegel, der Vermörtelung der Firstziegel etc. Für eine sehr detaillierte Gebäudeaufnahme können Sie die Checklisten ab Seite 63 nutzen.

Wenn Sie beim Rundgang um das Objekt einen ersten Eindruck gewonnen haben, gehen Sie in das Haus. Fangen Sie hier am besten immer systematisch mit Rundgängen an.

Sinnvoll ist es z. B., sich zunächst einmal den Keller zeigen zu lassen und am besten immer im oder gegen den Uhrzeigersinn durch die einzelnen Räumlichkeiten zu gehen. Interessant beim Keller ist vor allem, ob es muffig riecht, ob die Luftfeuchte hoch ist, ob die Wände feucht sind, ob es Abläufe im Boden gibt, wie der Öltank, falls vorhanden, aussieht. Klettern Sie hierfür unbedingt in den Tankraum und nutzen Sie Ihre Taschenlampe. Ist die Außenwand des Tanks stark korrodiert, steht Öl in diesem Kellerraum, funktioniert der Ölstandsanzeiger? Ist der Tankraum im Freien, sollten Sie auf jeden Fall auch einen Blick in den Kontrollschacht werfen.

Weitere wichtige Bereiche im Keller sind die Heizzentrale und der Hausanschlussraum. Bei der Besichtigung der Heizzentrale sollten Sie sich klarmachen, dass eine durchschnittliche

Gas- oder Ölzentralheizungsanlage, mit der Sie es in den meisten Fällen zu tun haben werden, in der Regel aus sieben Bausteinen besteht, die alle reibungslos funktionieren müssen, um das Gesamtsystem Heizung funktionieren zu lassen. Dies sind im Einzelnen:

- (bei Ölheizung) die Tankanlage/(bei Gasheizung) die sichere Gaszuführung,
- die Brenneranlage (zur Verbrennung des Heizstoffes),
- die Kesselanlage (zur Erwärmung des Heizwassers),
- die Heizungspumpen (zur Verteilung des Heizwassers in Rohre und Heizkörper),
- die Heizungsrohre (zur Zu- und Abführung des Heizwassers an/von den Heizkörpern),
- die Heizkörper (zur optimalen Wärmeabgabe des heißen Wassers in den jeweiligen Raum) sowie
- die Sicherheitseinrichtungen (wie das Ausdehnungsgefäß zur Aufnahme entstehenden Überdrucks und Sicherheitsventile, durch die bei geschlossenen Systemen Überdruck entweichen kann).

Ein Blick durch das Fernglas auf alte Entlüftungsrohre

Notieren Sie sich das Baujahr des Brenners, des Heizkessels und der Pumpen und die Herstellernamen. Dies kann Ihnen helfen, bei einem unabhängigen Heizungsfachbetrieb nach dessen Qualität und der zu erwartenden Lebensdauer der installierten Bauteile zu fragen.

Fragen Sie bei der Hausbesichtigung auch danach, ob die Heizanlage regelmäßig gewartet wurde. Dies könnte z. B. durch ein Serviceheft belegt werden. Falls nicht, müsste das der beauftragte Kundendienst nachweisen können. Lassen Sie sich auch die Protokolle des Schornsteinfegers und Abrechnungen zum

Alter Öltank in feuchtem Keller

Gas- bzw. Ölverbrauch zeigen. Den Verbrauch können Sie zu der vorhandenen Wohnfläche in Bezug setzen und so einen ersten Eindruck über die Wirtschaftlichkeit des Gebäudes erhalten.

Beispiel: Der Jahresverbrauch an Heizöl aus den letzten 5 Jahren beträgt im Durchschnitt 2.500 Liter. Das Haus hat eine beheizte Wohnfläche von 135 m². Daraus ergibt sich ein Durchschnittsverbrauch von 2.500/135 = 18,5 Liter Heizöl pro Quadratmeter Wohnfläche.

Das Typenschild eines Brenners

Ein Verbrauch von mehr als 12 bis 15 Liter Öl oder 12 bis 15 Kubikmeter Gas pro Quadratmeter Wohnfläche ist heute nicht mehr zeitgemäß und spricht dafür, dass ein Gebäude eine schlecht gedämmte Außenhülle und eine veraltete Heizungsanlage hat, sofern der frühere Besitzer nicht überzogen geheizt hatte. Beim Kauf eines solchen Gebäudes sollten Sie auch eine Modernisierung in Betracht ziehen. Der Ratgeber „Gebäude modernisieren – Energie sparen" der Verbraucherzentralen gibt Ihnen hierzu weitere Informationen.

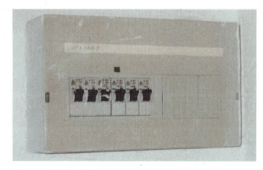

Der Hausanschlussraum

Im Hausanschlussraum sollten Sie auf die verlegten bzw. vorbereiteten Anschlüsse ebenso achten wie auf deren Zustand. Sind die Wanddurchführungen dicht, sind die Rohre frei von Korrosion etc.? Insofern Gas- und Elektrozähler vorhanden sind, sehen Sie sich deren Etiketten an und das letzte Datum der Eichung bzw. des Austauschs. Auch alte Elektrosicherungen lassen auf Erneuerungsbedürftigkeit schließen.

Sehr detaillierte Prüfpunkte finden Sie in der Checkliste ab Seite 126 ff.

Vom Keller gehen Sie dann weiter ins Erdgeschoss. Lassen Sie sich hier und in den anderen Wohngeschossen nicht von Oberflächlichkeiten beeindrucken. Möglicherweise liegt in den Räumen z. B. ein abscheulicher PVC-Boden in einer grellen Farbe. Nichts ist aber leichter, als diesen zu entfernen. Viel wichtiger ist es, nachzufragen, was unter dem PVC-Boden liegt. Sie sollten hierbei vor einer Kaufentscheidung auch darauf bestehen, nachsehen zu dürfen. Gleiches gilt für Wandverkleidungen etc.

Ungeschützte Sicherungen

Die Hausbesichtigung 57

Veralteter Gaseinzelofen

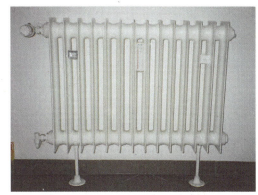
Röhrenradiator

Veraltete Elektroleitung

Veraltete Rohrführungen

Beim Durchgang durch die einzelnen Geschosse sollten Sie auf Heizkörper bzw. Öfen und deren Zustand genauso achten wie auf die Elektroinstallation, Anzahl und Art von Steckern und Steckdosen.

Auch auf die Sanitärinstallationen in den Bädern, auf die Festigkeit der Wände und Decken, auf Material und Zustand von Türen und Fenstern (Kunststoff? Holz? Metall? Isolierglas? Einfachglas? Wie schließen sie? Wie ist der Zustand von außen? etc.), aber auch auf Gehgeräusche bzw. Schallübertragungen müssen Sie achten. Hierzu können Sie z. B. die WC-Spülung einmal betätigen, während eine Sie begleitende Person in einem anderen Zimmer steht und auf die Schallübertragung achtet. Gleiches können Sie tun mit der Überprüfung von Trittschall, indem einer von Ihnen im ersten Geschoss läuft, während der andere im Erdgeschoss steht und auf Gehgeräusche achtet.

Auch für die detaillierte Überprüfung der Wohngeschosse können Sie die Checkliste ab Seite 132 verwenden.

Sanierungsbedürftiges Flachdach

Sanierungsbedürftige Dachgaube

Feuchteschaden im Dachraum

Nach den Wohngeschossen kommen Sie dann zum Dachgeschoss, insoweit es sich nicht um ein Gebäude mit Flachdach handelt. Ist dies so, sollten Sie unbedingt auch das Flachdach selbst begehen. Bei Gebäuden mit Dachgeschoss gibt es grundsätzlich zwei Varianten, Gebäude mit nicht ausgebautem und Gebäude mit ausgebautem Dach. In letzterem Fall ist es wichtig, dass Sie möglichst viel über die vorhandene Dachdämmung und die Verkleidungsart der Schrägwände erfahren. Auch Anschlusspunkte wie Dachfenster und Gauben sollten Sie hier genau prüfen, insbesondere hinsichtlich Dichtheit und handwerklich sauberer Ausführung. Fragen Sie unbedingt auch, ob das Dach selbst ausgebaut oder ein Fachunternehmen damit beauftragt wurde. Auch hierzu finden Sie detaillierte Prüfpunkte in der Checkliste ab Seite 114. Einen Überblick können Sie sich mit den Checklisten ab Seite 61 verschaffen.

Bei nicht ausgebauten Dächern können Sie natürlich sehr viel genauer die Dachhaut untersuchen. Allerdings muss der Zustand des Daches bei nicht ausgebauten Dächern auch nicht in der Weise hundertprozentig sein wie bei ausgebauten Dächern, da hier im Fall einer Undichtigkeit nicht sofort und unmittelbar Wohnräume betroffen sind. Trotzdem sollte auch hier die Dachhaut in gutem Zustand sein. Wichtig ist aber auch, dass Sie darauf achten, ob der Boden des Dachgeschosses gedämmt ist, ob alle Unterspannbahnen dicht sind, ob das Holztragwerk des Dachstuhls trocken und frei von Schädlingen ist, ob die Durchstoßpunkte von Kamin und Entlüftern durch die Dachhaut dicht sind, ob die Dachein- und -ausstiege funktionstüchtig und benutzersicher sind etc.

Fragen Sie in diesem Zusammenhang ruhig nach der letzten Generalsanierung des Daches oder ob es sich hierbei noch um das Originaldach handelt. Grundsätzlich lässt sich sagen, dass 50 Jahre für ein Dach und seine Aufbauten durchaus schon eine lange Zeit sind. Auch wenn das Holztragwerk an sich durchaus hundert Jahre stehen kann, so ist oft mindestens doch die Lattung recht spröde. Gleiches gilt für die Dachziegel. Diese sind häufig extremen Klimaschwankungen ausgesetzt, zum einen sehr großer Hitze und Sonneneinstrahlung, zum anderen Kälte, Frost, Regen, Schneefall und auch Hagel. Auch hier kommt es irgendwann natürlicherweise zu Ermüdungserscheinungen. Die Dachpappe und, soweit vorhanden, auch die Dachfolien sind dagegen oft schon sehr viel früher durch Materialermüdung unbrauchbar.

Ungedämmter Dachstuhl

Falls es ohne Gefahr möglich ist, sollten Sie auch versuchen, über die Dachfläche eine Einsicht in die Regenrinnen zu nehmen, um deren inneren Zustand zu prüfen, hinsichtlich Korrosion, Verstopfung, Vermoosung oder hineingefallener Ziegel etc.

Undichtes Dachflächenfenster

Machen Sie sich bei Ihrem Hausrundgang ruhig Notizen. Tragen Sie Ihre Beobachtungen am besten auch gleich in die Checklisten ein, fotografieren Sie Details, falls Sie dies für nötig halten. Trotz all dieser Dinge sollten Sie sich aber auch nicht zu sehr ablenken lassen von der Konzentration auf Ihren Vor-Ort-Termin und der Bildung eines Gesamteindrucks. Die Checklisten bieten Ihnen ein Grundgerüst, damit Sie nicht vergessen, alle Dinge intensiv und notfalls zweimal anzusehen, um besichtigte Gebäude später besser vergleichen zu können bzw. den Sanierungsbedarf eines Objekts einschätzen zu können.

Ziegel in Rinne

Kommt es seitens des Maklers oder Vorbesitzers zu Aussagen, an denen Sie erhebliche Zweifel haben, bitten Sie darum, dass er Ihnen diese schriftlich bestätigt.

Insgesamt sollten Sie bei Ihrem Rundgang vor allem darauf achten, ob Modernisierungsmaßnahmen an den kostenintensiven Gewerken, wie z. B. Heizungs-, Sanitär- und Elektroarbeiten, Drainagearbeiten im Außenbereich des Kellers, Dachdeckungsarbeiten, Schall- und Wärmeschutzarbeiten und schließlich auch Treppenbau oder Fensterarbeiten, notwendig sind. Denn wenn Sie in diesen Bereichen Sanierungen vornehmen müssen, wird es schnell sehr teuer. Das heißt nicht, dass Sie das betreffende Haus nicht kaufen sollten, soweit es Ihnen ansonsten gefällt, dies heißt aber sehr wohl, dass Sie sich zuvor über weitere, möglicherweise sehr hohe Investitionskosten klar sein müssen und dies vor allem auch bei der Preisverhandlung berücksichtigen müssen. Dies betrifft nicht nur Sanierungsarbeiten, sondern auch Umbauarbeiten oder Anbauten, die zusätzlich finanziert werden müssen.

Aus diesem Grund wird auf die spezifischen Probleme einer Haussanierung in „Einschätzung des Sanierungs- und Modernisierungsbedarfs" (⟶ Seite 159 ff.) eingegangen.

Wenn Sie die Checklisten nicht direkt während der Hausbesichtigung ausfüllen wollen und Sie dies zu sehr ablenkt, können Sie dies auch unmittelbar nach der Hausbesichtigung tun, z. B. in Ruhe in einem Café einige Straßen weiter, unbedingt aber, solange der erste Eindruck noch frisch ist.

Besichtigungsformular und Reservierungsvereinbarung Makler

Besichtigungsformular

Besichtigen Sie ein Haus direkt von Privat und ohne Makler, ist dies meist ungezwungen und formlos möglich. Haben Sie dagegen einen Makler eingeschaltet, werden Sie von diesem spätestens bei der Besichtigung vor Ort häufig um Unterzeichnung eines Papiers gebeten. Darin lässt er sich üblicherweise bestätigen, dass das Haus über ihn zur Kenntnis kam und im Erfolgsfall eine Courtage in einer bestimmten Höhe fällig wird.

Wenn Sie dieses Papier unterschreiben, nehmen Sie sich unter Umständen sehr früh selbst Verhandlungsspielraum. Andererseits kann der Makler auch ohne Ihre Unterschrift auf der Höhe seiner Courtage bestehen, wenn er die Courtage korrekt und deutlich genannt hat, z. B. in der Anzeige, auf die hin Sie den Makler angesprochen hatten. Die beste Verhandlungsposition von Verbrauchern ist dann gegeben, wenn Sie das Haus aufgrund der Höhe der Courtage nicht zu erwerben bereit sind und sich gleichzeitig kein anderer Käufer findet. Dann liegt es am Hausverkäufer, gemeinsam mit dem Makler Lösungen zu finden.

Kritisch wird es dann, wenn weitergehende Bestimmungen schon bei der Hausbesichtigung gleich mitunterzeichnet werden sollen, wie z. B. komplette Allgemeine Geschäftsbedingungen oder Klauseln über Höhe, Zahlungsweise und -zeitpunkt der Courtage.

Wichtig! Ein Makler kann Sie nicht zur Unterschrift zwingen. Wenn Sie sich weigern, wird dies zwar Unwillen beim Makler auslösen, aber wer nicht unterschreiben will, muss auch nicht.

Reservierungsvereinbarung

Auch Reservierungsvereinbarungen sind mit Vorsicht zu genießen. Hier wird nicht selten die Unsicherheit eines Interessenten zunächst geschürt und dann ausgenutzt. Am beliebtesten ist der Verweis auf weitere Interessenten für ein Haus. Das kann wahr sein, muss aber nicht. Mitunter wird auch berichtet, dass ein baldiger Verkauf nicht auszuschließen sei. Solchen Auskünften eines Maklers muss ggf. nachgegangen werden, z. B. indem Freunde bei dem betreffenden Makler mit verdeckter Nummer anrufen und aufgrund von Urlaubsabwesenheit einen Besichtigungstermin für frühestens in zwei Wochen vereinbaren möchten. Wenn dies problemlos möglich ist, dürfte der Kaufdruck auf die Immobilie eher nicht so hoch sein.

Kostenpflichtige Reservierungsvereinbarungen eines Maklers oder solche mit Folgekosten sollten Sie nach einem ersten Besichtigungstermin grundsätzlich nicht unterzeichnen. Die Besichtigung einer Immobilie muss sich zunächst einmal einige Tage setzen, außerdem benötigen Sie Minimalauskünfte des Eigentümers (⸺⸺> Spalte rechts) und mit Sicherheit mindestens eine Folgebesichtigung (⸺⸺> Seite 95 ff.). Kostenpflichtige Reservierungsvereinbarungen sind deswegen kritisch zu sehen, weil darin Regelungen enthalten sein können, die Sie zu relativ hohen, häufig vierstelligen Zahlungsleistungen zwingen, auch wenn Sie das Haus nicht erwerben. Das kann eine Pauschale sein, die wenige Tage nach Unterzeichnung der Reservierungsvereinbarung fällig wird, das kann auch eine Gebühr sein, die mit Auslaufen der Reservierung fällig wird, etc. Einige Reservierungsvereinbarungen sind in Teilen oder in Gänze nichtig. Selbst wenn dies der Fall ist, werden Sie zur Abwehr der Makleransprüche ggf. einen Anwalt nehmen und Zeit und Geld investieren müssen. Das können Sie vermeiden, indem Sie solche Papiere gar nicht erst unterzeichnen.

Checkliste Erstbesichtigung

Einige Hinweise vorab

Üblicherweise werden Immobilien in zwei Schritten besichtigt. Zunächst gibt es eine eher allgemeine Erstbesichtigung, bei der vor allem Lage, Größe, Aufteilung und Allgemeinzustand der Immobilie geprüft werden. Den Allgemeinzustand einer Immobilie können Sie auch gut mit den Checklisten im Basistitel „Kauf eines gebrauchten Hauses" überprüfen. Erst wenn die Immobilie interessant bleibt, wird sie bei einem zweiten Termin intensiver begutachtet. Dann sollten detailliert Risikopunkte überprüft werden, wie sie in den Checklisten für die

Folgebesichtigung in diesem Buch ein Schwerpunkt sind.

Man kann bereits die Erstbesichtigung nutzen, um einige wichtige Punkte zu klären. Das ist dann sinnvoll, wenn die Immobilie auf den ersten Blick einen guten Eindruck macht und Sie am Ende der Erstbesichtigung gerne einige wichtige Informationen mitnehmen möchten, um die Immobilie noch besser einschätzen zu können. Am allerbesten kennt üblicherweise der Verkäufer seine Immobilie. Deswegen ist es sinnvoll, ihn um Auskunft zu wichtigen Punkten zu bitten. Dies ist möglich, indem Sie gemeinsam mit ihm möglichst viele der nachfolgenden Fragen durchgehen. Die Fragen sind meist mit Ja oder Nein zu beantworten, sodass das Ausfüllen nur wenige Minuten dauert, aber wichtige Informationen bringt.

Es kann sein, dass ein Hausverkauf ausschließlich über einen Makler abgewickelt werden soll und Sie keinen Kontakt zum Verkäufer erhalten. Das ist meist ungünstig, denn es erschwert Ihnen den Informationszugang. Darüber hinaus haben Makler oft umfangreiche Haftungsausschlüsse für gegebene Informationen und berufen sich bei fast allen Auskünften darauf, dass sie diese Informationen vom Eigentümer hätten. Weiterreichende eigene Recherchepflichten haben Makler praktisch kaum und werden zudem von vielen Gerichten davon freigestellt. Das heißt, Auskünfte von Maklern sind grundsätzlich mit großer Vorsicht zu behandeln, denn Makler haften nur in den seltensten Fällen für ihre Auskünfte. Zusätzlich stellen die meisten ihre Aussagen unter zahlreiche Vorbehalte. Daher ist es wichtig, dass Sie Ihre Auskünfte bei Ihrem späteren Vertragspartner des Hauskaufs einholen – und das ist eben nicht der Makler, sondern der gegenwärtige Eigentümer des Hauses. Erhalten Sie im Zuge der Besichtigungen keinen Kontakt zum Eigentümer, müssen alle zu klärenden Punkte dann nötigenfalls anders, z. B. über einen Sachverständigen, geklärt werden, wenn das Haus tatsächlich gekauft werden soll.

Einiges wird nach einer Erstbesichtigung zunächst noch unklar bleiben. Sei es, dass Ihre ersten Eindrücke mit den Informationen vom Eigentümer, Verkäufer oder Makler nicht übereinstimmen, sei es, dass Ihnen einzelne Aspekte beim ersten Augenschein plötzlich wichtig für Ihre Erwägungen werden, oder dass Ihnen nachträglich noch etwas einfällt, was Ihnen entgangen war. Die Folgebesichtigung gibt dann Gelegenheit, alle bisherigen Angaben, Informationen und persönlichen Eindrücke zu überprüfen. Verkäufer oder Makler sind üblicherweise dann kaum noch gefragt, allenfalls ein Sachverständiger. All das ist aber im Erstbesichtigungstermin noch nicht notwendig, da Sie ja noch nicht wissen, ob die Immobilie überhaupt in die engere Wahl kommt.

Die folgende Checkliste hilft Ihnen, früh einen guten Überblick über die Immobilie zu erhalten und sie besser mit anderen Objekten vergleichen zu können. Hilfen zur Auswertung der Checkliste, wenn Sie sie ausgefüllt haben, finden Sie ab Seite 71. Die Checklisten für die Folgebesichtigung finden Sie ab Seite 96.

Allgemeines

Ja = J
Nein = N

Standort: Postleitzahl, Stadt/Gemeinde/Ort

Straße und Hausnummer

Ist der Verkäufer Erstbesitzer des Hauses?	J N

Handelt es sich bei dem Grundstück um

- [ ] ein Eigentumsgrundstück mit eigenem Grundbuchblatt?
- [ ] einen Miteigentumsanteil mit anteiligem Eintrag im Grundbuch?
- [ ] ein Erbpacht-Grundstück mit Erbpachtvertrag?

Welches Baujahr hat das Haus?	
Ist das Datum des Baugesuchs bekannt?	J N
Wenn ja, ist das Baugesuch noch zugänglich?	J N
Gibt es Baupläne zum Haus?	J N
Gab es ein Bodengutachten vor dem Bau?	J N
Wenn ja, ist das Bodengutachten noch zugänglich?	J N
Ist das Haus zwischenzeitlich modernisiert oder umgebaut worden?	J N
Wenn ja, in welchem Jahr und mit welchen Maßnahmen? (Stichworte)	

Verfügt das Haus über einen Gebäudeenergieausweis?	J N
Wenn ja, handelt es sich um einen Bedarfsausweis?	J N
Oder handelt es sich um einen Verbrauchsausweis?	J N

Lage

Welchen Ruf hat der Ort oder der Stadtteil? Handelt es sich um eine bevorzugte, eine mittelmäßige oder eine nicht bevorzugte Lage?

....

....

Welche Anbindungen an den öffentlichen Personennahverkehr gibt es?

- [ ] Bus
- [ ] Straßenbahn
- [ ] U-Bahn / S-Bahn
- [ ] Bahn

Wie ist die Infrastruktur im Umfeld mit Kindergärten, Schulen, medizinischen Einrichtungen, aber auch mit Lebensmittelläden, Post, Bank etc.?
(z. B. „Alles vorhanden" oder „Folgendes fehlt ...")

....

....

Sind in der näheren Umgebung größere Verkehrsvorhaben bereits gebaut oder in Planung (z. B. Güterverkehrslinien oder Umgehungsstraßen)?

....

....

Wie ist der Eindruck der unmittelbaren Nachbarschaft zum Grundstück (z. B. gepflegt, aufgeräumt und ruhig)?

....

Grundstück

Größe in Quadratmeter: ☐

	J	N
Hat das Grundstück eine Hanglage?	☐	☐
Wenn ja, ist der Untergrund bekannt?	☐	☐
Gab es in der Vergangenheit Probleme mit Grundwasser?	☐	☐
Ist bekannt, wie hoch der höchste Grundwasserstand je war?	☐	☐
Sind sichtbare Oberflächengewässer in der Nähe (z. B. ein Bachlauf)?	☐	☐

Gab es in der Vergangenheit Probleme mit Hebungen oder Setzungen von Grund und Boden? ☐ J ☐ N

Wurde das Grundstück früher einmal gewerblich genutzt? ☐ J ☐ N

    Wenn ja, gibt es Kontaminationen oder Rückstände aus dieser Zeit? ☐ J ☐ N

Hausgröße (nach Angabe des Verkäufers)

Grundfläche in Quadratmeter (gemäß Anzeige/Angaben): ☐

Anzahl der Wohnräume: ☐

Keller

Hat das Haus einen Keller? ☐ J ☐ N

Oder steht es direkt auf einer Bodenplatte? ☐ J ☐ N

    Wenn ja, ist die Bodenplatte gedämmt? ☐ J ☐ N

Ist der Keller ganz oder zum Teil als Wohnraum ausgebaut? ☐ J ☐ N

Ist die Raumhöhe des Kellers niedriger als

☐ 2,30 Meter?

☐ 2,40 Meter?

☐ 2,50 Meter?

☐ Gibt es nur kleine Kellerfenster ...

☐ ... oder auch größere Fenster?

Ist der Keller beheizbar? ☐ J ☐ N

Aus welchem Baustoff ist der Keller?

☐ Naturkeller aus Stein ohne festen Boden

☐ Mauerstein

☐ Beton

☐ Wasserundurchlässiger Beton (WU-Beton)

☐ Sonstiges: _____

Hat der Keller einen Estrich? ☐ J ☐ N

Ist der Kellerboden gedämmt?	J N
Sind die Kelleraußenwände gedämmt?	J N
Sind die Kelleraußenwände zusätzlich abgedichtet?	J N
Gab oder gibt es Probleme mit Grundwasser im oder am Keller?	J N

Wenn ja, wo/wann/wie? ....

Gab oder gibt es Schimmelprobleme am oder im Keller?	J N

Wenn ja, wo? Wodurch? ....

Gibt es Strom- und Wasseranschluss im Keller?	J N

Erd- und Obergeschosse

Aus welchem Material sind die Erd- und Obergeschossaußenwände?

- [ ] Mauerstein
- [ ] Beton
- [ ] Holz
- [ ] Sonstiges: ....

Bei Mauerstein oder Beton: Haben die Außenwände eine zusätzliche Außendämmung?	J N
Bei Reihenhäusern oder Doppelhaushälften: Existiert eine doppelte Trennwand zwischen dem Haus und den Nachbargebäuden?	J N

Aus welchem Material sind die Innenwände?

- [ ] Mauerstein
- [ ] Gipsbausteine bzw. Gipsdielen
- [ ] Ständerwände mit Gipsplattenverkleidung
- [ ] Ständerwände mit Holzwerkstoffverkleidungen
- [ ] Sonstiges: ....

Aus welchem Material sind die Geschossdecken?

- [ ] Holz
- [ ] Beton
- [ ] Kombination aus Beton- oder Eisenträgern und eingehängten Deckensteinen

☐ Sonstiges: ....

Haben die Geschossdecken einen Estrich auf einer Trittschalldämmung? ☐ J ☐ N

Ist die oberste Geschossdecke zwischen beheizten und unbeheizten Geschossen gedämmt, z. B. zwischen beheiztem Obergeschoss und unbeheiztem Dachgeschoss? ☐ J ☐ N

Dachgeschoss

Ist der Dachstuhl gedämmt? ☐ J ☐ N

    Wenn ja, durch einen Fachbetrieb? ☐ J ☐ N

Im Fall eines Giebel- oder Pultdachs: Ist das Dachgeschoss ausgebaut? ☐ J ☐ N

    Wenn ja, in Eigenleistung? ☐ J ☐ N

    Oder durch einen Fachbetrieb? ☐ J ☐ N

Im Fall eines Flachdachs: Ist die Decke aus Beton? ☐ J ☐ N

Oder handelt es sich um eine Holzkonstruktion? ☐ J ☐ N

Bei Beton: Ist dieser in irgendeiner Form gedämmt? ☐ J ☐ N

Fenster

Welche Fenster hat das Haus?

☐ Holzrahmen

☐ Kunststoffrahmen

☐ Metallrahmen

☐ Holz-/Metallrahmen

☐ Einfachverglasung

☐ Doppelverglasung

☐ Isolierverglasung (Doppelverglasung mit Edelgasfüllung)

☐ Wärmeschutzverglasung (Doppel- oder Dreifachverglasung mit Edelgasfüllung und Glasbeschichtung)

Heizung

Welches Heizungssystem hat das Haus? (Mehrere Kreuze sind möglich)

- [ ] Zentral mit Heizkörpern
- [ ] Zentral mit Fußbodenheizung
- [ ] Wohnungsweise
- [ ] Zimmerweise
- [ ] Öl
- [ ] Gas
- [ ] Kohle
- [ ] Holzpellets
- [ ] Wärmepumpe
- [ ] Elektro-/Nachtspeicherheizung
- [ ] Fernwärme
- [ ] Solarunterstützt

Handelt es sich noch um die Originalheizung? [J] [N]

Wenn ja, aus welchem Jahr? _____

Wenn nein, wann wurde sie gewechselt? _____

Was wurde gewechselt (z. B. Brenner und Kessel)?

_____

Bei Zentralheizung: Ist die Heizung raumweise über Thermostate regelbar (auch im Fall einer Fußbodenheizung)? [J] [N]

Verfügt die Heizung über eine automatische Außentemperatursteuerung? [J] [N]

Falls keine Gasheizung: Gibt es eine öffentliche Gasleitung vor dem Haus? [J] [N]

Wenn es einen Öltank gibt, welches Litervolumen hat er? _____ l

Aus welchem Material sind die Heizleitungen?

- [ ] Kunststoff
- [ ] Kupfer
- [ ] Eisen
- [ ] **Sonstiges:** _____

Sind die Warmwasserrohre, die offen durch nicht beheizte Räume führen, gedämmt? ☐ J ☐ N

Handelt es sich um ein

☐ Einrohrsystem?

☐ Zweirohrsystem?

(Beim Einrohrsystem fließt das Heizwasser einmal durch alle Heizkörper und dann zurück zum Heizkessel, beim Zweirohrsystem wird jeder Heizkörper über einen eigenen Vor- und Rücklauf separat angefahren.)

Wasser- und Warmwasserversorgung

Wie erfolgt die Warmwassererwärmung?

☐ Zentral
☐ Wohnungsweise
☐ Jeweils an der Entnahmestelle (Waschbecken, Badewanne)
☐ Öl
☐ Gas
☐ Kohle
☐ Holzpellets
☐ Wärmepumpe
☐ Elektro-/Nachtspeicherheizung
☐ Fernwärme
☐ Solarunterstützt
☐ **Sonstiges:** ....

Wenn es einen Warmwasserspeicher gibt, welches Litervolumen hat er?
☐ l

Aus welchem Material sind die Wasserleitungen?

☐ Kunststoff
☐ Kupfer
☐ Eisen
☐ Blei

Sind sie gedämmt? ☐ J ☐ N

Abwasser

Gibt es einen Abwasseranschluss im Keller? ☐ J ☐ N

Ist für diesen eine Hebeanlage notwendig? ☐ J ☐ N

Handelt es sich um

☐ eine hausinterne Hebeanlage ...

☐ ... oder um eine externe Hebeanlage, an die ggf. mehrere Häuser angebunden sind?

Elektroinstallation / Telefon / TV / IT

Gibt es in Bädern und Küchen zur Absicherung gegen Stromunfälle einen Fehlerinduktionsschalter (FI-Schalter)? ☐ J ☐ N

Verfügt das Haus über mehrere Telefonanschlüsse oder Leerrohre? ☐ J ☐ N

ISDN-Anschlüsse? ☐ J ☐ N

einen DSL-Internetzugang? ☐ J ☐ N

Kabelfernsehanschlüsse? ☐ J ☐ N

Erläuterungen zur Checkliste

Einige Hinweise vorab
Sie können nun die ausgefüllte Checkliste nach Ihrer Erstbesichtigung nehmen und Ihre Kreuze und Vermerke mit den nachfolgenden Erläuterungen abgleichen. So erhalten Sie einen ersten Überblick, mit welchem Haus Sie es zu tun haben.

An vielen Zwischenüberschriften im Folgenden gibt es ⤳ Verweise auf Texte oder Checklisten, die vertiefte Informationen für die Folgebesichtigung enthalten. Diese Checklisten sind entweder mit einer roten Ampel ●○ oder mit einer gelben Ampel ●● markiert. Rot heißt: Wenn diese Checkpunkte eine Rolle spielen und Fragen dazu auftauchen, müssen sie unbedingt vor dem Hauskauf sorgsam überprüft und eingeschätzt werden, nötigenfalls durch einen Fachmann. Gelb heißt: Mit diesen Problemen kann man ein Haus zwar kaufen, muss aber ggf. mit höheren, also je nach Problem auch fünfstelligen Folgekosten rechnen.

Allgemeines

Eigentum/Miteigentum/Erbpacht
Wenn das Grundstück des angebotenen Hauses ein Eigentumsgrundstück mit eigenem Grundbuchblatt ist, handelt es sich um Alleineigentum. Diese Rechtsform bevorzugen die meisten Käufer, weil Sie damit die alleinige Verfügungsgewalt über das Grundstück erhalten.

Anders ist es, wenn man nur Miteigentümer an einem gemeinschaftlichen Grundstück ist. Das ist z. B. dann der Fall, wenn zwei Doppelhaushälften auf einem gemeinsamen Grundstück stehen oder sich eine Reihenhauszeile ein gemeinsames Grundstück teilt. Man hat dann nur sehr eingeschränkte Rechte. Dann kauft man streng rechtlich auch kein Haus, sondern eine Wohnung (⤳ Checkliste Wohnungseigentumsrecht, Seite 111). Diese Bauform ist bei Bauträgervorhaben ab den 1980er und vor allem seit den 1990er Jahren vielfach umgesetzt worden. Bei Doppel- oder Reihenhäusern aus diesen Jahren sollten Sie also sehr genau hinsehen, ob es sich wirklich um Alleineigentum handelt.

Die dritte Variante ist die Erbpachtvariante. Hierbei kaufen Sie kein Grundstück, sondern treten sozusagen in einen Mietvertrag des Grundstücks ein. Dieser Vertrag wird meist für eine begrenzte Zeit geschlossen, häufig für 99 Jahre, daher ist für Sie sehr wichtig zu erfahren, welche monatliche Pachtbelastung auf Sie zukommt und welche Restlaufzeit der Vertrag hat. Nach Ablauf des Vertrags wird dieser entweder verlängert oder das Gebäude wird nach vertraglicher Vereinbarung an den Grundstückseigentümer gegeben.

Wohnungseigentumsrecht Seite 111

Baujahr
Das Baujahr des Hauses sollte man kennen, weil es Auskünfte zu typischen Problemen eines Baujahrs geben kann. Das betrifft z. B. den Schallschutz oder den Wärmeschutz. Ferner gibt das Baujahr Auskünfte zu eventuell geforderten Nachrüstverpflichtungen.

Im Kapitel „Baujahre und ihre charakteristischen Merkmale" haben wir die häufigsten Baustoff- und Konstruktionsprobleme der verschiedenen Baujahre aufgelistet. Sie können diese Problemfelder z. B. vor einer Erstbesichtigung durchsehen.

⇢ **Hausbaujahre...** Seite 19 ff.

Bodengutachten

Auskünfte darüber, ob vor dem Bau ein Bodengutachten vorlag, können helfen, eine bessere Einschätzung der Abstimmung zwischen Bodenverhältnissen und Kellerkonstruktion vorzunehmen. Bodengutachten sind für Laien nicht ohne Weiteres zu lesen. Es ist daher sinnvoll, ein eventuell bestehendes Bodengutachten einer Fachperson, in diesem Fall einem Geologen, zur Beurteilung vorzulegen.

⇢ **Sachverständige** Seite 93 f.

Modernisierungen/Umbauten

Häufig wird unter dem Begriff „Modernisierung" eine „energetische Modernisierung" verstanden. Dazu gehören im besten Fall Außenwände, Fenster, Dach, Heizung. Eher selten werden auch umfassende schalltechnische Modernisierungen durchgeführt. Zwar kann sich durch den Einsatz neuer Fenster und die Dämmung der Wände der Schallschutz nach außen deutlich verbessern, aber dies sagt noch nichts über die Schallprobleme im Innern des Hauses aus. Auch ein hervorragend energetisch saniertes Haus kann immer noch ein „Schall-Desaster" sein. Vor allem der Schallschutz älterer Doppel- oder Reihenhäuser ohne doppelte Trennwände zur Nachbarbebauung ist häufig ein Problem.

Viele energetische Modernisierungen umfassen auch nicht den Keller, sondern setzen auf Sockelhöhe an. Ein energetisch saniertes Haus kann also Probleme im Keller aufweisen, wie z. B. Feuchtigkeit. Und die Probleme gehen noch weiter: Gerade die Sanierung kann Folgeprobleme in das Gebäude gebracht haben. Ein klassisches Beispiel sind neue Fenster, die eingebaut wurden, ohne dass gleichzeitig die Außenwände gedämmt wurden. Das kann zur Folge haben, dass sich Luftfeuchte, die sich früher an den kalten Fensterscheiben niederschlug, nun an der seitlich an die Fenster angrenzenden Wand niederschlägt und dort zu Feuchte- und Schimmelbildung führt. Die Frage ist also nicht nur, ob ein Haus modernisiert wurde, sondern immer auch, wie es modernisiert wurde.

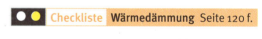

⇢ **Energiegesetze...** Seite 91 f.

Gebäudeenergieausweis

Der Gebäudeenergieausweis gibt Auskunft über den Energieverbrauch bzw. Energiebedarf des Hauses. Verbrauchsorientierte Ausweise dokumentieren den zurückliegenden Energieverbrauch über einen Zeitraum von drei Jahren. Bedarfsorientierte Energieausweise geben den rechnerisch ermittelten Energiebedarf auf der Grundlage von Dämm- und Heizungsstandards an, und zwar unabhängig vom Heizverhalten der jeweiligen Bewohner. Aus diesem Grund gelten bedarfsorientierte Ausweise allgemein als aussagekräftiger.

⇢ **Energiegesetze ...** Seite 91 f.

Lage

Immobilienspezialisten gehen davon aus, dass der Wert eines Hauses durch drei Dinge bestimmt wird: die Lage, die Lage und die Lage. Das ist überspitzt formuliert, hat aber einen wahren Kern. Denn der Wert eines Gebäudes ohne Grundstück bemisst sich letztlich immer an Materialkosten, wohingegen der Wert eines Quadratmeters des Grundstücks, auf dem es steht, ein nicht streng materieller, sondern eher spekulativer Wert ist. Er kann schon innerhalb einer Stadt extrem unterschiedlich sein.

Trotzdem unterliegt die Bewertung der Lage immer auch individuellen Kriterien. Ein junges Paar sucht evtl. eine andere Lage als eine Familie und diese eine andere als Senioren, weil der jeweilige Alltag anders aussieht.

Stadtteil

Wenn man von außerhalb in eine Stadt kommt, kennt man nicht unbedingt den Ruf ihrer Stadtteile. Meist lernt man diesen erst mit dem Wohnen kennen. Daher ist es natürlich einfacher, eine Immobilie in einer Stadt zu suchen, die man bereits gut kennt. Kennt man die Stadt oder Gemeinde nicht, sollte man auf alle Fälle zunächst Informationen über den Stadtteil einholen. In sehr kleinen Gemeinden gibt es meist keine Stadtteile, mitunter sind sie aber Teil eines größeren Gemeindeverbundes und so letztlich Ortsteile einer eigentlich größeren Gemeinde. Kennen Sie sich in der Gemeinde und Region nicht aus, sollten Sie sich auf jeden Fall persönlich ein Bild von den Ortsteilen machen, um zu vergleichen, welchen Ortsteil Sie ggf. bevorzugen. Diese Ortskenntnisse können im weiteren Verlauf der Immobiliensuche sehr hilfreich sein, weil Sie dann schneller wissen, welches Angebot interessant ist und welches eher nicht.

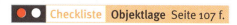
Checkliste Objektlage Seite 107 f.

Öffentlicher Personennahverkehr

Eine gute Anbindung an den öffentlichen Personennahverkehr (ÖPNV) hat zumeist zwei Vorteile: Zum einen hat ein Haus dadurch häufig einen höheren Wert – das gilt vor allem für attraktive, schnelle Anbindungen in engem Takt an Großstädte –, zum anderen kann eine gute Anbindung bei der Kostenreduktion helfen, z. B. durch Verzicht auf einen Zweitwagen. Das kann sich selbst bei gewissen Mehrkosten der Immobilie rechnen.

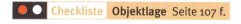
Checkliste Objektlage Seite 107 f.

Versorgungs-Infrastruktur

Eine vernünftige Versorgungs-Infrastruktur im unmittelbaren Umfeld führt fast immer zu erheblichen Zeit- und Kosteneinsparungen. Für junge Familien sind Kindergarten und mindestens eine Grundschule in der Nähe von sehr großem Vorteil. Ein Lebensmittelladen sowie Post und Bank sind ebenfalls hilfreiche Alltagseinrichtungen, deren Nähe man schätzen lernt, auch im Zeitalter von E-Mail und Online-Banking. Sind dann noch einige Arztpraxen und eine Apotheke in der Nähe, kann dies eine erhebliche Erleichterung für den Alltag bedeuten.

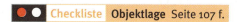
Checkliste Objektlage Seite 107 f.

Verkehrsvorhaben

Gerade wenn man nicht aus der Region kommt, in der man das Haus kaufen will, kann es sein, dass man über geplante größere Infrastrukturvorhaben in der Nähe des Hauses nicht informiert ist. Hier lohnen Nachfragen zum weiteren Umfeld und zu möglichen langfristigeren Planungen, z. B. bei den kommunalen Stadtplanungs- und Bauämtern oder auch dem Tiefbauamt.

Nachbarschaft

Auch die Nachbarn kauft man mit, wenn man ein Haus kauft. Das sollte Ihnen klar sein. Bei freistehenden Häusern kann man eine Nachbarschaft enger oder distanzierter führen, bei Doppelhaushälften oder Reihenhäusern ist diese Wahlmöglichkeit schon deutlich weniger gegeben. Nun können Sie vor einem Hauskauf nicht alle Nachbarn intensiver kennenlernen, aber Sie können sich natürlich einmal umsehen.

Soweit es zu einer Folgebesichtigung des Hauses kommt, können Sie auch klingeln, sich kurz vorstellen und erwähnen, dass Sie überlegen, das Nachbarhaus zu kaufen. Dadurch erhalten Sie wenigstens einen allerersten Eindruck.

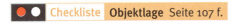

Grundstück

Hanglage

Hanggrundstücke bieten manchmal eine schöne Aussicht, können aber auch Nachteile mit sich bringen. Das Bewältigen täglicher Wege ohne Auto (z. B. Einkaufen mit dem Fahrrad) ist da nur ein Aspekt. Gewichtiger sind die Bodenverhältnisse und mögliche Probleme mit Hangwasser. Hanggrundstücke können sich in Lagen befinden, die Abrutsch- und/oder Setzungsgefahren mit sich bringen. Daher muss der Bodensubstanz von Hanggrundstücken besondere Aufmerksamkeit geschenkt werden. Der einfachste Weg ist die Einsichtnahme in ein noch vorhandenes Bodengutachten, das vor dem Bau des Hauses angefertigt wurde. Dies hilft aber nur bedingt weiter, da Laien solche Gutachten nicht ohne Weiteres verstehen können. Daher ist es sinnvoll, ein solches Bodengutachten ggf. einem Sachverständigen vorzulegen und um eine kurze schriftliche Stellungnahme zu bitten. Gibt es kein Bodengutachten, können Sie sich wegen der allgemeinen Bodenverhältnisse auch an die Stadt- oder Gemeindeverwaltung wenden. Das kann das Bau- oder Umweltamt sein, es kann aber auch sein, dass Sie an ein anderes Amt oder eine andere Stelle weiterverwiesen werden. Sie können dort ganz offen ansprechen, dass Sie ein Haus erwerben möchten und Auskünfte zu den gegebenen Bodenverhältnissen suchen. Wichtig sind substanzielle schriftliche Auskünfte und nicht zwei, drei subjektive mündliche Einschätzungen eines Amtsmitarbeiters.

Ein anderes Problem ist sogenanntes Hangwasser. Das ist Oberflächenwasser, das nach starken Regenfällen den Hang hinunterläuft. Hier kann es eine Wasserstaugefahr an der hangzugewandten Hausseite geben. Ob es solche Probleme gibt, kann man beim Verkäufer erfragen. Wenn dies der Fall ist, muss an der hangzugewandten Hausseite eine Vorkehrung getroffen sein, z. B. eine sehr gute Kellerwandabdichtung mit schneller Wasserabführung oder nötigenfalls auch eine Wasserfangwand vor der eigentlichen Hauswand. Wenn Hangwasserprobleme existieren, sollten Sie sich die Gegenmaßnahmen am Haus konkret zeigen lassen.

Auch im Untergrund kann sich Wasser an Kellerwänden stauen. Bei Häusern auf Hanggrundstücken sollten Sie dazu den Verkäufer fragen. Auch in diesem Fall sollten Sie sich die Abdichtungsmaßnahmen zeigen lassen. Das können z. B. Wände aus wasserundurchlässigem Beton (WU-Beton) mit einer außen davorliegenden guten Drainage sein.

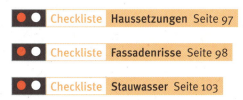

⤑ **Sachverständige** Seite 93 f.

Grundwasser

Grundwasser steht nicht statisch auf einer Höhe, sondern schwankt, über die Jahre teilweise erheblich. Mitunter auch, weil der Mensch es z. B. großflächig abpumpt. Wichtig für Sie als Käufer ist es, zu wissen, ob das Haus ggf. in einer Grundwasserader steht und wie der höchste gemessene Grundwasserstand in den letzten Jahrzehnten war. Lag dieser unterhalb der Tiefe der Kellerbodenplatte des Hauses, besteht Hoffnung, dass zukünftig

ein höherer Stand eher unwahrscheinlich ist. Lag er häufiger oberhalb der Kellerbodenplatte, sollte der Keller über besondere Abdichtungen verfügen wie zumindest eine absolut dichte Bitumenbeschichtung oder wasserundurchlässigen Beton. Grundwasserstände können Sie bei den örtlichen Wasserwirtschaftsämtern erfragen. Einige Kommunen überwachen den Grundwasserstand kontinuierlich an Messpunkten.

Oberflächengewässer

Wenn sichtbare Oberflächengewässer in der Nähe des Grundstücks zu sehen sind, ist dies ein Hinweis auf ggf. erhöhten Grundwasserstand und ggf. auch Hochwassergefährdungen. Daher empfiehlt sich auch hier, nachzuhaken, ob es in der Vergangenheit Probleme, etwa mit einem Bachlauf in der Nähe, gegeben hat und wie hoch sein höchster Wasserstand (z. B. bei Überflutungen) war.

Setzungen/Hebungen

Hebungen sind seltener als Setzungen. Sie können aber z. B. vorkommen, wenn sich im Untergrund Bodenschichten ausdehnen. Das kann z. B. dann der Fall sein, wenn in wasserempfindliche Schichten wie Anhydritvorkommen Wasser eindringt und die Schicht beginnt, aufzuquellen.

Setzungen geschehen, wenn der Untergrund nicht ausreichend verdichtet war oder tiefere Bodenschichten oder auch Hohlräume nachgeben. Eine davon stark betroffene Region ist beispielsweise das Ruhrgebiet, aber auch Teile des Saarlandes, aufgrund des intensiven Bergbaus, der dort über Jahrzehnte betrieben wurde.

Hebungen und Setzungen können erhebliche Auswirkungen auf die Gebäudesubstanz haben. In klassischen Bergbauregionen sollte diese Frage sehr sorgfältig beantwortet werden können. Aber auch in allen anderen Regionen sollte nach der Beschaffenheit des Untergrunds gefragt werden. Sandige und kiesige Böden bergen deutlich eher Setzungsgefahren als stark verdichtete oder felsige Böden.

⬤◯ Checkliste **Haussetzungen** Seite 97

⬤◯ Checkliste **Fassadenrisse** Seite 98

Bodenkontamination

Unter Bodenkontamination versteht man Bodenbelastungen bzw. Bodenverseuchungen. Üblicherweise würde man diese auf ehemaligen Industrieanlagen, Tankstellen oder Werkstätten vermuten. Genauso gut können sie aber auch auf dem Gelände ehemaliger Gärtnereien oder intensiv betriebener Landwirtschaft entstehen, und zwar durch Überdüngungen, Pestizideinsatz etc. Immer mehr Gemeinden führen zwischenzeitlich Bodenkarten, in denen vermutete oder tatsächliche Bodenkontaminationen eingetragen sind. Eine Nachfrage beim zuständigen Umwelt- oder Bauamt der Gemeinde, ob eine solche Karte vorhanden und einsehbar ist, ist auf jeden Fall sinnvoll, wenn ein solcher Verdacht besteht.

⬤◯ Checkliste **Bodenkontamination...** Seite 106

Keller

Keller oder Bodenplatte

Während praktisch alle älteren Häuser in Deutschland über Keller verfügen, gibt es vor allem unter den Fertighäusern neueren Baujahrs viele ohne Unterkellerung. Die Häuser stehen dann direkt auf einer Bodenplatte. Ein Haus ohne Keller ist in Deutschland noch immer gewöhnungsbedürftig. Viele Menschen schätzen den Keller sehr. Ein Haus ohne Keller muss allerdings nicht nur Nachteile haben. Der Keller ist eines der schadensanfälligsten Gebäudeteile eines Hauses. Es ist insofern sicher besser, keinen Keller zu haben als den falschen, bei dem möglicherweise Wassereinbrüche und andere Probleme den Wert des ganzen Hauses mindern. Trotzdem muss man sich den Kauf eines Hauses ohne Keller gut überlegen. Auch wenn Sie selbst gut damit zurechtkommen, ist für viele Menschen ein Haus ohne Keller kein wirkliches Haus. Ist die Lage dann nicht exzellent, kann es bei Wiederverkauf durchaus auch zu eher zögerlichen Haltungen potenzieller Käufer kommen.

Auch bei einem Haus ohne Keller sollten die Fundamente mindestens 80 cm tief in den Boden reichen. Das ist notwendig, um eine sogenannte frostfreie Gründung sicherzustellen. Bis zu einer Tiefe von etwa 80 cm kann der Boden in Deutschland in der Regel frieren. Dabei kann er sich aufgrund von Eisbildung und Volumenausdehnung im Boden selbst auch heben. Wäre ein Haus nur oberflächlich gegründet, könnte es mit gehoben werden. Bei einer frostfreien Gründung ab 80 cm Tiefe passiert das nicht.

Wohnräume im Keller

Häufig werden auch Häuser mit ausgebauten Kellern angeboten. Nicht selten werden die Kellerflächen dann sogar als Wohnfläche mit hinzugerechnet. Da kann ein Hobbyraum von 40 m² die Gesamtwohnfläche des Hauses schon mal erheblich vergrößern. Bei ausgebauten Kellern ist allerdings grundsätzlich Vorsicht geboten. Sie können offiziell nur dann der Wohnfläche zugerechnet werden, wenn sie auch wirklich alle Anforderungen, die offiziell an Wohnräume gestellt werden, erfüllen. Im Wesentlichen wird dies geregelt durch die jeweiligen Landesbauordnungen der Bundesländer. Entscheidend sind hierbei die natürliche Belichtung von Räumen, die Raumhöhe und die mögliche Raumtemperatur. Bei der Raumhöhe muss von Bundesland zu Bundesland unterschieden werden. Baden-Württemberg z. B. fordert eine Mindestraumhöhe von 2,30 Meter für Wohnräume, Nordrhein-Westfalen fordert 2,40 Meter und Berlin sogar 2,50 Meter. Für die Belichtung mit Tageslicht fordern die meisten Landesbauordnungen eine Fensteröffnung in der Größe von 10 % der Grundfläche des Raumes. Das heißt, ein 10 m² großer Raum sollte eine etwa 1 m² große Fensteröffnung haben. Und schließlich muss der Raum auf Zimmertemperatur beheizbar sein. Gemäß DIN sind das für Wohnräume 20° C. Bei Weitem nicht jeder Keller, der der Wohnraumfläche zugeschlagen wird, erfüllt diese Anforderungen. Beheizbare Keller sollten zudem eine Reihe von Abdichtungs- und Dämmmaßnahmen erfüllen.

Soweit Sie den Keller nur für Nebennutzungen, wie z. B. für einen Waschkeller oder eine Werkstatt, nutzen wollen, muss er über Strom- und Wasseranschlüsse verfügen. Auch an das Abwasser muss gedacht werden. Es sollte über ein natürliches Gefälle in den Straßenkanal fließen können. Geht das nicht, weil der Straßenkanal höher liegt als das Kellerbodenniveau, muss eine aufwendige Hebeanlage installiert werden. Zu beachten ist, dass feuchte Keller auch wertvolle Werkzeuge korrodieren lassen können. Daher ist selbst eine Werkstattnutzung nicht in jedem Keller ohne Weiteres möglich. Auch die Wäschetrocknung im Keller bleibt ein Problem und ist in ohnehin feuchten Kellerräumen nur sehr eingeschränkt bis gar nicht möglich. Kellerräume sind meist eher schlecht durchlüftet und feuchte Wäsche bringt dann zusätzliche Luftfeuchte in den Raum. Meist dauert der Trocknungsvorgang dann recht lange und die Wäsche riecht anschließend muffig. Ältere Keller (50 Jahre und mehr) mit schlechter Abdichtung, schlechter Durchlüftung und hoher Luftfeuchtigkeit eignen sich daher im Wesentlichen nur als Lebensmittel- oder Weinlager.

 Checkliste **Wohnflächen** Seite 132 f.

Bodenplatte und Estrich

Keller von älteren Häusern (50 Jahre und mehr) werden häufig als reine Lager- oder Vorratskeller genutzt. Nach wie vor findet man Häuser, deren Keller sogar gar keine Bodenplatte haben, sondern nur einen Naturboden. Man muss sich bei solchen Kellern darüber im Klaren sein, dass von unten z. B. sehr einfach Wasser eindringen kann und solche Keller nur für sehr eingeschränkte Nutzungen geeignet sind. Auch die Kellerwände sind dann meistens nicht abgedichtet. Hier muss im Zuge einer Folgebesichtigung (→ Seite 96 ff.) genauer untersucht werden, ob sie wirklich trocken sind.

Wenn der Keller eine Bodenplatte hat, heißt dies aber nicht, dass er auch einen Estrich hat. In den meisten Kellern liegt nur eine einfache Betonbodenplatte, die weder von unten noch von oben (also zwischen der Bodenplatte und einem Estrich) gedämmt ist. Will man den Keller später einmal zum Wohnraum ausbauen, müsste man noch eine Bodendämmung und einen Estrich legen, was wiederum erheblichen Einfluss auf die Raumhöhe hat. Mit 12 cm Verlust müssen Sie rechnen (je ca. 6 cm für die Dämmung und für den Estrich).

Grundwasser und Kellerabdichtung Seite 102

Kellermaterial und -konstruktion

Das Baumaterial der Kellerbodenplatte und der Außenwände eines Kellers hängt ganz wesentlich davon ab, welche Bedingungen man in Grund und Boden vorfindet, vor allem vom Grundwasserstand und dessen Schwankungen. War zum Zeitpunkt der Errichtung des Gebäudes mit Grundwasserproblemen nicht zu rechnen, kann es sein, dass Mauerwerk verwendet wurde, das nur gegen Bodenfeuchte und abfließendes Regenwasser abgedichtet werden musste, häufig mit einem schwarzen Bitumenanstrich. Bei Gebäuden, bei denen man etwas sicherer sein wollte, verwendete man Beton mit einer Bitumenabdichtung. Beide Systeme werden auch als „schwarze Wanne" bezeichnet. Anders ist es bei Kellern, bei denen man davon ausgehen musste, dass sie dauerhaft im Grundwasser stehen würden. Hier kam ab etwa den 1960er Jahren ein sogenannter WU-Beton (wasserundurchlässiger Beton) zum Einsatz. Theoretisch kommt dieser ohne zusätzlichen Bitumenanstrich aus, weswegen man von einer „weißen Wanne" spricht.

Mehrere Probleme tauchen bei alten Kellern auf. Erstens kümmert man sich bis heute viel zu selten um eine sorgfältige Kellerplanung mit Bodengutachten und Untersuchung des Grundwasserstands. Deshalb kann bereits bei der Planung viel schiefgelaufen sein und das falsche Kellersystem für die falschen Boden- und Grundwasserverhältnisse gewählt worden sein. Ferner kann sich der Grundwasserspiegel im Laufe der Jahre verändert haben. Er muss nicht zwangsläufig nur gesunken sein, er kann auch gestiegen sein. Und schließlich weiß man heute, dass wasserundurchlässiger Beton nicht immer vollständig wasserundurchlässig ist. Da die Chance, bei einem gebrauchten Haus einen qualitativ nicht besonders hochwertigen Keller zu erwischen, relativ hoch ist, ist der beste Schutz vor Schäden die Überprüfung des Grundwasserspiegels.

Gibt es seitens der betreffenden Gemeinde keine Möglichkeit, an Messungen des Grundwasserstands heranzukommen, sollten Nachbarn gefragt werden, ob sie schon länger im Gebiet wohnen und Auskunft zu möglichen Grundwasserproblemen geben können.

Grundwasser und Kellerabdichtung Seite 102

Stauwasser Seite 103

Kellerdämmung

Wenn der Keller bewohnt werden soll und beheizt wird, dann sollte er auch gedämmt sein. Man kann davon ausgehen, dass praktisch kein Keller aus den 1960er und 1970er Jahren eine Dämmung aufweist. Nicht einmal die Außenwände der Obergeschosse waren gedämmt. Erst etwa in den 1990er Jahren setzte sich die Kellerdämmung durch, aber nur dort, wo Wohn- oder Hobbyräume im Keller vorgesehen waren. Bis heute hängen Kellerdämmungen stark von der geplanten Nutzung des Kellers ab. Sehr häufig ist eine Mischnutzung des Kellers. Ein kleiner Vorflur, der über die Innentreppe zu erreichen ist, hat meist einen gedämmten Estrich und einen Heizkörper, da er über das offene Treppenhaus direkt mit dem Rest des beheizten Gebäudes verbunden ist. Oft ist es so, dass ein spezieller Raum als Hobbyraum vorgesehen ist. Auch dieser erhält dann einen gedämmten Estrich und ggf. eine Wanddämmung. Komplett gedämmte Keller, also mit Isolier- oder Wärmeschutzverglasung, Dämmung aller Außenwände und einer Dämmlage unterhalb der Bodenplatte, sind bis heute die Ausnahme und auf dem Gebraucht-Immobilienmarkt praktisch kaum zu finden.

⇢ **Energiegesetze ...** Seite 91 f.

Kellerfeuchte und Schimmel

Neben dem Grundwasser kommt der Keller in vielfältiger Weise mit Bodenfeuchte in Kontakt. Ist er dann nicht richtig abgedichtet oder kann er nicht vernünftig durchlüftet werden, kommt es schnell zu einem muffigen Geruch und ggf. auch zu Schimmelbildung. Es kommt auf die Kellernutzung an, ob das ein Problem ist oder nicht. Bei sehr alten Lagerkellern, in denen nur Kartoffeln und Kohlen lagerten, kann man sicher mit einer nicht optimalen Durchlüftung und einem gewissen Feuchtegehalt leben. Ganz anders sieht es aber aus, wenn hochwertige Gegenstände im Keller gelagert werden sollen oder eine Bewohnung oder Teilbewohnung möglich sein soll. Dann muss ein Keller eine deutlich andere Qualität aufweisen und ein Feuchte- oder Schimmelproblem auf alle Fälle beseitigt werden. Nachhaltig lässt sich beides nur beheben, indem die bauphysikalischen Ursachen der Entstehung von Schimmel substanziell bekämpft werden, also bei feuchten Kellerwänden z. B. eine Außenwandabdichtung und eine Drainage. Das ist zwar aufwendig, da meist das Erdreich um das Haus freigegraben werden muss, aber es ist möglich. Dafür benötigen Sie dann aber zusätzlich zum Hauskauf Kapital, denn eine Kellersanierung kann sehr schnell zwischen 20.000 und 30.000 Euro kosten.

 **Checkliste
Grundwasser und Kellerabdichtung** Seite 102

Erd- und Obergeschosse

Wandkonstruktion, Wandmaterial und Dämmung

Die Außenwände können aus den unterschiedlichsten Materialien bestehen. Bei Stein kann man es mit einem gut wärmedämmenden Stein zu tun haben, wie einem Porenziegel, oder mit einem schlecht wärmedämmenden Stein, wie einem Kalksandstein. Hat das Haus keine zusätzliche Wärmedämmung, ist ein wärmedämmender Stein natürlich deutlich hilfreicher zur Reduzierung des Wärmeverlustes. Schlecht wärmedämmende Steine wurden erst ab Ende der 1970er Jahre in Westdeutschland gedämmt. Typisch war entweder der Einsatz von 24 oder 36,5 cm starken Ziegelwänden oder von 17,5 cm starken Kalksandsteinen mit Dämmung, anfangs häufig nur von 5 und 10 cm. In Norddeutschland wurde oft eine Verklinkerung der Außenfassade gewählt, direkt vor der Hauswand oder mit Abstand als hinterlüftete Verklinkerung.

Betonaußenwände kamen etwa in den 1960er Jahren auf und waren teilweise als Sichtbetonflächen sogar in Mode, ohne dass Architekten die energetischen Konsequenzen berücksichtigten. Ungedämmte Betonaußenwände haben sehr schlechte Wärmedämmwerte.

Gute Wärmedämmwerte haben hingegen Holzaußenwände, die vor allem mit den Fertighäusern aufkamen. Meist haben sie einen Aufbau in mehreren Schichten mit einem tragenden Holzrahmen und einer Kerndämmung im Wandinnern, was selbst bei frühen Fertighäusern zu relativ guten Dämmwerten führte. Es gibt sogar Kombinationen aus Holzfertigbauteilen mit vorgesetzter Verklinkerung, so z. B. bei Fertighäusern in Norddeutschland. Bei Fertighäusern kommt es bei der Qualitätsbeurteilung ganz erheblich auf das Baujahr an.

Ältere Baujahre aus der Anfangszeit des Fertighausbaus in den 1960er und 1970er Jahren sollten mit großer Vorsicht begutachtet werden. Grundsätzlich zu empfehlen ist bei Fertighäusern dieser Baujahre eine Innenraumluftmessung durch einen Umweltingenieur. Nicht wenige Fertighäuser dieser Baujahre zeigen bis heute teilweise erhebliche Belastungen der Innenraumluft, u. a. durch Formaldehyd. Um solche Belastungen zu minimieren, müsste der sogenannte Expositionspfad der Belastungsstoffe unterbrochen werden, z. B. durch Versiegelung von Austrittspunkten oder -flächen. Das ist extrem aufwendig und beseitigt die Quelle selbst nicht nachhaltig. Wenn auf einen Hauskauf eine Schadstoffsanierung folgt, kann dies sehr schnell zur Kostenexplosion und damit zu einem sehr unwirtschaftlichen bis ruinösen Hauskauf führen. Daher ist es bei Fertighäusern früher Baujahre sehr wichtig, vor einem möglichen Kauf die Schadstoffbelastungen sorgfältig untersuchen zu lassen.

Fertighäuser sind aus Holz gebaut, mit Holzwänden und Holzdecken, daher ist ihr Schallschutz üblicherweise nicht so gut wie der von Massivbauten. Andererseits stehen ältere Fertighäuser meist frei, sodass es zumindest keine Wand-an-Wand-Nachbarbebauung mit potenziellem Schalleintrag gibt. Im Gebäude selbst sollte man den Schallschutz bei einer Folgebesichtigung genauer prüfen, indem eine Begleitperson beispielsweise das WC aufsucht und Sie vom Nachbarraum aus auf Spülungsgeräusche achten oder indem jemand anderes im Obergeschoss läuft, während Sie im Erdgeschoss die Trittschallgeräusche beurteilen etc. Jede/r empfindet akustische Belastungen letztlich anders. Daher ist es wichtig, dass Sie sich ganz konkret mit den typischen Alltagsgeräuschen im Haus konfrontieren, vor allem Trittschall (Treppe, Decken), Körperschall (Wasserspülungen) und Luftschall (Fernseher, Radio).

Bei der Folgebesichtigung muss dann geklärt werden, ob Haus und Keller von einem einzigen Hersteller kamen, von einem Hersteller und seinem Subunternehmer oder von unterschiedlichen Unternehmen, und ob sie noch existieren. Bei Häusern, die jünger als 5 Jahre sind, müssen dann Gewährleistungsfragen geklärt werden, bei Häusern, die älter sind, ggf. Garantiefragen, dazu aber mehr im Abschnitt „Folgebesichtigung" (---> Seite 95 f.).

Gleiches gilt für die Frage nach Unterlagen zum Haus. Vor allem die Werkplanung mit der Lage von Tragbalken ist für spätere Eingriffe in die Bausubstanz wichtig, z. B. beim Durchbruch einer Wand oder dem Anbau eines Wintergartens.

Eine falsch gedämmte Außenwand kann ungünstiger sein als eine nicht gedämmte Außenwand. Will man später eine Dämmung nachrüsten, kann das bei einer bislang gar nicht gedämmten Wand einfacher sein als bei einer falsch gedämmten Wand, bei der man die vorhandene Dämmung zunächst aufwendig demontieren und ggf. als Sondermüll entsorgen muss. Eine falsch gedämmte Außenwand kann eine Außenwand mit unsachgemäßer Dämmung sein (z. B. fehlende Anschlussdämmungen an Dach, Fensterlaibungen oder unter Fensterbänken, eine fehlerhafte Montage mit Putzrissbildung etc.). Aber auch Dämmungen mit Hartschaumplatten von nur 5 oder 10 cm Stärke sind aus heutiger Sicht ungenügend. Man kann dann nicht immer einfach eine zusätzliche Dämmung auf die alte setzen, sondern muss häufig die bestehende erst entfernen.

Neben der Funktion der Wärmedämmung übernehmen Außenwände auch Wind- und Wetterschutzfunktionen, statische Funktionen, Sichtschutzfunktionen und Schallschutzfunktionen. Besonders wichtig wird das, wenn sich ein Haus in der Nähe von dauerhaften Lärmemissionen befindet, wie z. B. Straßen, Gewerbegebieten, Einflugschneisen. Aber selbst das Nachbarhaus kann eine Lärmquelle sein. Daher ist vor allem bei Außenwänden, die Zwischenwände zu anderen Häusern sind, darauf zu achten, dass es doppelte Trennwände mit dazwischenliegender Dämmung sind. Bei einfachen Wänden werden Sie viel vom Leben Ihrer Nachbarn mitbekommen. Einzige Möglichkeit ist dann, nachträglich raumweise Vorsatzschalen aus Gipskartonplatten zu installieren, die mit Weichfaserdämmung hinterfüttert werden. Nachteil: Es ist aufwendig und Ihnen geht Raum verloren.

 Checkliste **Fassadenrisse** Seite 98

⋯▷ **Energiegesetze ...** Seite 91 f.

Innenwände

Auch das Material der Innenwände spielt vor allem für den Schallschutz eine wesentliche Rolle. Bis etwa in die 1980er Jahre hinein wurden alle Innenwände gemauert, soweit es sich nicht um Fertighäuser handelte. Daher werden Sie bei Baujahren bis in die frühen 1980er Jahre hinein fast immer Häuser mit klassisch gemauerten Innenwänden finden.

In den späteren 1980er und dann fast explosionsartig in den 1990er Jahren kamen Metallständerwände mit Gipskartonverkleidung als Innenwände auf. Sie waren schneller und billiger aufzubauen als andere Systeme. Vor allem im Bauträger-Reihenhausbau wurden und werden sie mittlerweile fast flächendeckend eingesetzt.

Eine dritte Variante sind Gipsdielenwände oder Gipsbausteinwände. Dies sind sehr leichte, schmale, große Bausteine, die sehr schnell und im Trockenbau hochgezogen werden können.

Eine gemauerte Massivwand muss keinesfalls automatisch einen besseren Schallschutz haben als eine Gipskartonwand. So hat eine beidseitig mit Gipsplatten doppelt beplankte Ständerwand mit innen liegender Weichfaserdämmung meist einen besseren Schallschutz als eine gleich dicke gemauerte Massivwand.

Ist die Ständerwand allerdings nicht doppelt beplankt und fehlt ihr eine innenliegende Weichfaserdämmung, kann sie schnell einen sehr schlechten Schallschutz haben. Gipsdielen- bzw. Gipsbausteinwände wiederum haben generell einen sehr schlechten Schallschutz.

Ein Problem von Ständerwänden ist, dass Befestigungen nicht ohne Weiteres möglich sind. Bohrt man hinein, bohrt man in einen Hohlraum. Man muss für Montagen spezielle Hohlraumdübel benutzen. Zur Befestigung schwerer Bauteile, wie z. B. Hängeschränke in Küchen, sollte zudem eine spezielle Querleiste dafür bereits im Metallständergerüst der Trockenbauwand angebracht sein. Hat man es mit Gipskartonwänden zu tun, empfiehlt es sich, genauer nachzusehen, wie die vorhandenen Küchenhängeschränke befestigt sind.

Checkliste **Schallschutz** Seite 117 ff.

Geschossdecken

Je nach Baujahr kann man auf sehr unterschiedliche Materialien der Geschossdecken treffen. Alte Häuser, die zwischen 1900 und den 1920er Jahren errichtet wurden, haben häufig noch Decken aus Holztragwerk. Ab den 1920er Jahren bis etwa in die späten 1950er Jahre gibt es neben Betondecken auch Decken mit Stahl- oder Betonträgern und dazwischen eingehängten Hohlblocksteinen als Deckentragsteine. Ab den 1960er Jahren hat man durchgehend Betondecken, außer bei Fertighäusern und Holzbaukonstruktionen, wo häufig Holzbalken -oder Holzkastendecken zum Einsatz kommen.

Die Deckenkonstruktion selbst ist eigentlich nicht relevant. Wichtig ist bei alten Holzkonstruktionen nur, dass die Balkenköpfe, die im Mauerwerk verankert sind, nicht feucht oder modrig sind und damit ihre statische Tragfähigkeit verlieren. Die Balken sollten auch nicht von Hausschwamm befallen sein. Hierbei handelt es sich um eine Pilzart, die vorwiegend bei hohen Luftfeuchtigkeiten Holz zersetzen kann. Der Pilz ist so gefährlich, dass er teilweise sogar meldepflichtig ist. Das Problem ist, dass Holz-Deckenkonstruktionen häufig im Verborgenen liegen. Also ist es bei Häusern mit Holzgeschossdecken sehr wichtig, zumindest die Luftfeuchtigkeit in den Räumen mit einem kleinen Hygrometer (erhalten Sie bereits für 5 Euro z. B. in Fotoabteilungen von Warenhäusern) zu messen und den Vorbesitzer zu eventuellen Problemen mit Holzschwamm zu befragen. Im Zweifel muss auch eine Decke geöffnet werden, um das zu kontrollieren. Schäden am Holztragwerk können einen Hauskauf schnell völlig unwirtschaftlich machen. Bei Decken mit Eisenträgern sollten die Träger keine größeren Korrosionen aufweisen. Gerade bei offenen Eisenträgern über relativ feuchten Kellern ist dies ein typisches Problem.

Checkliste **Fäulnis tragender Holzbauteile** Seite 105

Estrich und Estrichunterbau

Viele Decken, auch der älteren Baujahre, haben zwar einen Estrich, aber bis weit hinein in die 1960er und teils auch 1970er Jahre verfügten sehr viele Decken nicht über eine Dämmlage zwischen Decke und Estrich. Diese sogenannte Trittschalldämmung vermindert den Schalleintrag in die Decke ganz erheblich. Moderne Estriche werden daher alle als sogenannte „schwimmende" Estriche gebaut. Der Estrich liegt auf einer Dämmlage und hat ringsherum keinen direkten Kontakt zu den Wänden. Aus einem alten Estrich kann kein „schwimmender" gemacht werden. Dazu muss erst der alte herausgenommen und durch einen neuen ersetzt werden. Bei den alten Estrichen unterscheidet man zwischen sogenannten Verbundestrichen und Estrichen auf Trennlage. Ein Estrich auf Trennlage hat eine wie immer geartete Trennlage, z. B. eine Folie, zwischen der Rohdecke und dem Estrich. Ein Verbundestrich ist direkt auf die Rohdecke gegossen. Das Entfernen solcher Estriche ist nicht unproblematisch.

Estriche auf Dämmlage haben natürlich eine andere Höhe als Estriche ohne, sodass im Fall eines Austauschs zahlreiche Höhenanpassungen vorgenommen werden müssten, vor allem von Türdurchgängen. Daher zieht man einen Estrichaustausch nur sehr selten in Erwägung. Man sollte sich bei diesen Baujahren also besser von vornherein auf eine schlechte Dämmqualität einstellen.

Checkliste **Schallschutz** Seite 117 ff.

Dämmung der obersten Geschossdecke oder des Dachstuhls

Die Dämmung der obersten Geschossdecke ist eine Nachrüstungsverpflichtung für Hauskäufer aus der Energieeinsparverordnung (EnEV), die seit Februar 2002 gilt und seither mehrfach novelliert wurde. Wer nach diesem Zeitpunkt ein Haus erworben hat oder erwirbt, muss die oberste Geschossdecke zwingend dämmen. Außer beim nicht gedämmten Flachdach eines Bungalows ist diese Dämmung nicht besonders aufwendig (⸺> Flachdach, S. 84). Es gibt spezielle Dämmplatten als Kombination aus Hartschaumplatte und Holzhartfaserplatte, die einfach auf die oberste Geschossdecke gelegt werden und auch begangen und belastet werden können. Und als ökologische Alternative gibt es reine Holzfaserdämmplatten, die sich dafür gut eignen.

Nicht gedämmt werden muss die oberste Geschossdecke, wenn der Dachstuhl selbst bereits gedämmt ist. Das ist manchmal der Fall, wenn er zum Ausbau vorbereitet wurde. Falls Sie ein Haus finden, bei dem Sie eine energetische Modernisierung vornehmen wollen, hilft Ihnen auch der Ratgeber „Gebäude modernisieren – Energie sparen" der Verbraucherzentrale weiter (⸺> **www.vz-ratgeber.de**).

Checkliste
Fäulnis tragender Holzbauteile Seite 105

Checkliste
Dachstuhl und Dach Seite 114 ff.

⸺> **Energiegesetze ...** Seite 91 f.

Dachgeschoss

Ausgebautes Dach
Bei einem fertig ausgebauten Dachgeschoss sollten Sie immer zweimal hinsehen und nachfragen, ob es in Eigenleistung oder von einem Fachbetrieb ausgebaut wurde. Wenn es möglich ist, sollten Sie hinter Holz- oder Gipskartonplatten schauen. Manchmal gibt es Revisionstüren im Kniestockbereich, also dort, wo das Schrägdach auf die Geschossdecke trifft. Sehr wichtig ist, sich anzusehen, wie stark das Dach gedämmt ist und ob zwischen Holz- oder Gipskartonverkleidung und Dämmung eine absolut dichte Folie sitzt, die sogenannte Dampfsperre bzw. Dampfbremse. Sie verhindert,

dass Innenraumluftfeuchte in die Dämmung eindringen und diese durchfeuchten kann.

Dachstuhl und Dach Seite 114 ff.

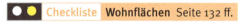

Flachdach
Manche Flachdachkonstruktionen haben ein Holztragwerk. Dann ist absolute Wasserdichtigkeit natürlich sehr wichtig. Viele Holzkonstruktionen haben eine recht gute Dämmwirkung, im Gegensatz zu Betondächern. Handelt es sich um ein Betonflachdach, sollte man wissen, ob es gedämmt ist oder nicht. Hat es keine Dämmung, muss diese nachträglich durchgeführt werden, was relativ kostenintensiv ist, da nachträgliche Dämmungen meist Aufdachdämmungen sind. Das heißt, dass das gesamte Flachdach von außen geöffnet werden muss, inklusive Kiesschicht und Dachhaut.

Dachstuhl und Dach Seite 114 ff.

⇢ **Energiegesetze** ... Seite 91 f.

Fenster
Bis etwa in die 1970er Jahre hinein verwendete man im Wohnungsbau fast ausschließlich relativ einfache Holzrahmenfenster, sehr häufig schlicht mit eingesetzter Einfachverglasung. Erst mit der ersten Wärmeschutzverordnung Mitte der 1970er Jahre kamen zunehmend Doppelverglasungen auf. Das waren üblicherweise nur zwei hintereinandersitzende Glasscheiben mit Luftraum dazwischen. In den 1980er Jahren folgten die sogenannten Isolierglasscheiben, häufig mit Kunststoffrahmen und einer Edelgasfüllung zur besseren Isolierung zwischen den beiden Gläsern. Deren Nachfolger in den 1990er Jahren sind die sogenannten Wärmeschutzverglasungen mit drei Gläsern hintereinander, Edelgasfüllungen dazwischen und Glasbeschichtungen zum besseren Schutz vor Raumwärmeverlusten. Diese Fenster sind bei gebrauchten Häusern nur selten zu finden, da sie noch nicht allzu lange eingebaut werden, und das vor allem bei hochwertig gedämmten Gebäuden wie z. B. Passivhäusern.

Heizung

Heizungssysteme
Auch die Heizungssysteme sind meist abhängig vom Baujahr des Hauses. Die Kohleheizungen aus den Vorkriegs- und unmittelbaren Nachkriegsjahren sind aus vielen Häusern verschwunden. Am weitesten verbreitet sind Öl- oder Gasheizungen, manchmal als Einzelraumanlagen, mit Öfen in jedem Raum, häufiger als Zentralheizungsanlage. Vor allem in Westdeutschland waren Ölzentralheizungen während des gewaltigen Baubooms der 1960er und 1970er Jahre das Mittel der Wahl. Wo kommunale Gasleitungen lagen, wurden verbreitet aber auch Gasheizungen eingebaut. Die Brennstoffnutzung in den Öl- und Gasbrennern war allerdings nicht optimal. Erst mit dem Aufkommen der sogenannten Brennwerttechnik in den 1980er Jahren begann man, eine deutlichere Effizienz durch die Nutzung der Abluftwärme umzusetzen.

Man kann bei gebrauchten Häusern noch auf Elektrospeicherheizungen treffen. Die EnEV 2009 hatte ihr Auslaufen festgeschrieben. Das ist wieder zurückgenommen worden. Es gibt aktuell keine Auslauffristen für solche Heizsysteme.

Auch Fernwärmeanschlüsse trifft man manchmal an. Dabei werden ganze Straßenzüge an ein Wärmeversorgungsnetz gehängt, das meist aus Abwärmeüberschüssen, z. B. der Stromproduktion, gespeist wird. Diese Abwärme wird in Form von heißem Dampf durch große Rohrleitungen zu den Häusern geschickt. Man hat dann üblicherweise nur eine Wärmeübergabestation im Keller.

Jüngere Systeme sind z. B. Holzpelletanlagen, bei denen statt Gas bzw. Öl kleine Holzpresslinge in der Größe von wenigen Zentimetern in einem Brenner verbrannt werden.

Ein weiteres System, das es zwar schon länger gibt, das aber erst in neuerer Zeit weite Verbreitung findet, sind sogenannte Wärmepumpen, die die Wärme im Boden oder in der Außenluft nutzen, um damit die Räume zu wärmen. Wärmepumpen müssen elektrisch betrieben werden, weshalb es wichtig ist, dass sie auch einen möglichst guten Wirkungsgrad haben. Luftwärmepumpen z. B. erreichen häufig nicht die hohen Vorlauftemperaturen, die für klassische Heizkörper notwendig sind, weshalb sie meist nur mit Fußbodenheizungen kombiniert werden können, da diese mit deutlich niedrigeren Vorlauftemperaturen auskommen.

Zunehmend gibt es auch modernisierte Heizungsanlagen mit Wärmeunterstützung durch Solarkollektoren.

Grundsätzlich gilt: Gas- und Ölheizungsbrenner, die vor dem 1. Januar 1985 eingebaut wurden, müssen gemäß der Energieeinsparverordnung (EnEV) zwingend durch den neuen Besitzer außer Betrieb genommen und durch modernere Systeme ersetzt werden.

 Checkliste **Heizung** Seite 126 ff.

⋯▸ **Energiegesetze ...** Seite 91 f.

Brenner und Kessel

In vielen Häusern wurde im Lauf der Jahre die Heizung in Teilen oder sogar ganz erneuert. Manchmal wurde dabei auch das Heizsystem völlig gewechselt, z. B. von Öl- auf Gasbetrieb umgestellt. Daher ist es sinnvoll zu erfahren, welche Heizungsbauteile wann erneuert wurden. Das betrifft vor allem den Heizungsbrenner, den Heizungskessel und die Heizungspumpen, die das Heizungswasser im Kreislauf halten. Je jünger die Bauteile und je besser aufeinander abgestimmt und eingestellt sie sind, desto effizienter und ökonomischer laufen sie und desto geringer ist auch die Wahrscheinlichkeit von Reparaturanfälligkeiten direkt nach dem Hauskauf.

 Checkliste **Heizung** Seite 126 ff.

Raum-Thermostate

Normalerweise sind fast alle, auch ältere Zentralheizungen so weit nachgerüstet, dass sie raumweise über Einzelraumthermostate steuerbar sind. Sollte dies nicht der Fall sein, so muss eine solche Nachrüstung direkt nach Hauskauf durch den Erwerber erfolgen. Dies schreibt die Energieeinsparverordnung (EnEV) vor.

Oft übersehen wird beim Kauf von Häusern mit Fußbodenheizung, dass man sich auch hier die Heizkreise erläutern lassen sollte. Haben z. B. eine offene Küche, ein Essbereich und ein Wohnzimmer nur einen Heizkreis, heißt dies zum einen, dass in allen drei Bereichen nur eine Raumtemperatur eingestellt werden kann, zum anderen kann es sein, dass es dort, wo der Heizkreis in den Raum geführt wird, immer etwas wärmer ist als am anderen Raumende.

 Checkliste **Heizung** Seite 126 ff.

Außentemperatursteuerung

Soweit es sich bei der Heizung um eine Zentralheizung handelt, die nicht über eine automatische Außentemperatursteuerung verfügt, muss auch diese gemäß Energieeinsparverordnung (EnEV) unmittelbar nach dem Kauf des Hauses nachgerüstet werden. Daher lohnt es sich, diesen Sachverhalt gleich zu klären.

 Checkliste **Heizung** Seite 126 ff.

Öffentlicher Gasanschluss

Erwerben Sie ein Haus mit einer Ölheizung, kann es durchaus sein, dass Sie in einigen Jahren auf Gas umsteigen wollen. Dazu ist es notwendig, dass vor dem Haus eine Gasleitung liegt. Fragen Sie diesen Sachverhalt ab, damit Sie frühzeitig wissen, ob ein Umstieg auf Gas überhaupt möglich ist.

 Checkliste **Heizung** Seite 126 ff.

Öltank

Das Volumen des Öltanks bestimmt die Unabhängigkeit, die man sich von kurzfristigen Preisschwankungen am Ölmarkt verschaffen kann. Wenn der Inhalt des Öltanks gerade für einen Winter reicht, sind Sie gezwungen, jedes Jahr einzukaufen, wo immer der Preis des Öls gerade steht. Haben Sie einen etwas größeren Tank, sind Sie etwas unabhängiger. Daher ist es sinnvoll nachzufragen, welches Volumen der Tank hat und für welchen Zeitraum diese Ölmenge in der Vergangenheit reichte. Üblicherweise haben Tanks einen Inhalt von 3.000 bis 4.000 Liter. Ein gebrauchtes Haus mit einer Grundfläche von 150 Quadratmetern und einem Verbrauch von 15 Litern pro Quadratmeter und Jahr benötigt dann 2.250 Liter Öl im Jahr für den Heizbetrieb. Hinzu kommt der Betrieb für Warmwasser, sodass ein 3.000-Liter-Tank etwa für ein Jahr reicht.

Es gibt Kunststoff- und Metallöltanks. Bei alten Öltanks (älter als 30 Jahre) aus Metall sollte keine Korrosion in größerem Ausmaß vorliegen, weil sie zu Undichtigkeiten führen kann. Der Tankraum sollte einen möglichst trockenen Eindruck machen, lüftbar sein und keine hohe Luftfeuchtigkeit aufweisen.

 Checkliste **Heizung** Seite 126 ff.

Heizleitungen

Die Heizleitungen transportieren das Heizwasser zu den Stellen, an denen es in Heizkörpern oder Fußbodenheizungen zur Raumerwärmung benötigt wird. Einfache Metallrohrführungen können mit den Jahren von Korrosion betroffen sein. Aber auch einfache Kunststoffrohre, die z. B. in den ersten Fußbodenheizungen verwendet wurden, können im Lauf der Jahre spröde werden. Beides kann dazu führen, dass die Rohrleitungen langfristig undicht werden oder durchbrechen. Aus diesen Gründen verwendet man heute eher Verbundkunststoffrohre oder Kupferrohre. In Bestandsgebäuden trifft man aber alle möglichen Materialien an. Hat man es mit älteren, einfachen Kunststoffrohren oder

Metallrohren zu tun, steigt die Wahrscheinlichkeit von Rohrbrüchen. Die Behebung solcher Rohrbrüche ist meist relativ aufwendig, da oft Wände oder Böden geöffnet werden müssen, um an die Leitungen zu gelangen.

Heizleitungen, die ungedämmt und offen, also nicht in Wänden verlegt, durch nicht beheizte Räume laufen, müssen außerdem spätestens zwei Jahre nach dem Hauskauf gedämmt werden. Auch dies schreibt die Energieeinsparverordnung (EnEV) vor.

Heizungswasserrohre, in denen permanent Wasser zirkuliert, geben Fließgeräusche ab. Erst ab etwa den 1980er Jahren wurden Heizungsrohre konsequent schallentkoppelt montiert, also etwa in Schellen mit Hartgummi-Auskleidung gelagert und innerhalb von Wänden nicht direkt mit dem Mauerwerk fest verbunden. Bei Baujahren davor hat man es häufig mit Rohrleitungen zu tun, die Fließgeräusche abgeben.

 Checkliste Heizung Seite 126 ff.

Einrohr- und Zweirohrsystem
Bei alten Zentralheizungssystemen wurde häufig über ein einziges durchlaufendes Rohr zunächst der erste Heizkörper angefahren, dann der zweite, der dritte usw. Beim letzten Heizkörper war das Heizwasser dann natürlich bestenfalls noch lauwarm. Dieses System nennt man Einrohrsystem. Moderne Systeme, die man spätestens etwa ab Mitte der 1970er Jahre einsetzte, verfügen über ein Zweirohrsystem: ein Vorlauf- und ein Rücklaufrohr von der Heizzentrale zum Heizkörper, für jeden Heizkörper separat. Man kann Einrohrsysteme zwar zu Zweirohrsystemen umbauen, das heißt aber üblicherweise, dass die gesamte Heizleitungsinstallation gewechselt wird.

 Checkliste Heizung Seite 126 ff.

Wasser/Warmwasserinstallation

Wassererwärmung
Bei Zentralheizungen ist die Warmwasserversorgung meist in das Heizsystem integriert. Der Öl- oder Gasbrenner übernimmt nicht nur die Erwärmung des Heizwassers, sondern auch die Erwärmung des Wassers für die Warmwassernutzung. Bei modernen Anlagen wird das Warmwasser dabei immer häufiger auch über solare Unterstützung erwärmt, z. B. durch Solarkollektoren auf dem Dach, und dann in einem großen Warmwasserspeicher gespeichert.

Bei Gebäuden älterer Baujahre, im Westen vor den 1960er Jahren, bei denen zwischenzeitlich keine umfassende Modernisierung der Heizungsanlage stattfand, findet man solche Anlagen nicht. Bei solchen Baujahren ist die dezentrale Wasserbereitung direkt am Entnahmepunkt nach wie vor sehr verbreitet. Vor allem in Altbauten mit Gaseinzelöfen gibt es Gasdurchlauferhitzer direkt im Bad und in der Küche, die das Wasser erwärmen. Weit verbreitet sind in Küchen nach wie vor auch kleine Elektroboiler, in denen Warmwasser zum direkten Einsatz bereitet wird. Zentrale Anlagen sind üblicherweise etwas komfortabler, doch alte Warmwasserzentralen leiden häufig unter zwei Problemen: Zum einen sind die Warmwasserleitungen schlecht gedämmt. Dann muss das Warmwasser mitunter aus dem Keller durch kalte Rohrleitungen ins Obergeschoss gepumpt werden. Zum anderen setzt dieser Vorgang erst ein, wenn im Obergeschoss Warmwasser aufgedreht wird. Bis dann aber Warmwasser im Obergeschoss ankommt, vergeht nicht selten eine ganze Weile und nicht gerade wenig Wasser fließt durch die Leitung. Erst modernere Warmwasseranlagen arbeiten mit sogenannten Zirkulationsleitungen. In diesen wird warmes Wasser in den Rohrleitungen ständig in Zirkulation gehalten, sodass beim Aufdrehen des Warmwasserhahns sofort Warmwasser zur Verfügung steht. Zirkulationsleitungen benötigen aber gedämmte Warmwasserleitungen, weil das Wasser sonst allzu schnell auskühlt. Diese haben einen größeren Energiebedarf, da die Zirkulation permanent aufrechterhalten werden muss. Zirkulationssysteme kamen flächendeckend erst relativ spät zum Einsatz, in Westdeutschland erst in den 1970er Jahren, tageszeitsteuerbare noch später.

Grundsätzlich wichtig beim Kauf eines gebrauchten Hauses, vor allem vor Inbetriebnahme des Warmwassersystems, ist eine Überprüfung auf Legionellen im Warmwassersystem. Wird eine Betriebstemperatur von 60° C dauerhaft unterschritten, kann dies zu Legionellenbildung führen, einer sehr gefährlichen Bakterienart, die über die Atemluft aufgenommen wird und zu schweren Erkrankungen, u. a. Lungenentzündung, führen kann. Gerade wenn Häuser während der Verkaufsphase länger leer stehen, ist das nicht auszuschließen.

 Checkliste **Heizung** Seite 126 ff.

Warmwasserspeicher
Bei Zentralheizungssystemen gibt es fast immer auch einen Warmwasserspeicher. Er funktioniert im Grunde wie eine Thermoskanne. Er wird mit gewärmtem Wasser gefüllt, das so in größerer Menge vorhanden ist und jederzeit schnell abgerufen werden kann, wenn es benötigt wird, z. B. für ein Bad oder zum Duschen.

Eine vierköpfige Familie benötigt bei einer Öl- oder Gaszentralheizungsanlage ohne Solarunterstützung einen ca. 120-Liter-Speicher, bei Solarunterstützung für das Trinkwasser einen ca. 300-Liter-Speicher und bei Solarunterstützung auch des Heizungswassers noch größere Speicher.

 Checkliste **Heizung** Seite 126 ff.

Wasserleitungen
Für Warmwasserleitungen gilt für Material und Dämmung das Gleiche wie für die Heizleitungen. Einfache Kunststoff- oder Metallrohre sind anfälliger gegen Porosität bzw. Korrosion als Kupferrohre oder Kunststoffverbundrohre. Einfache Kunststoffrohre können zudem Weichmacher enthalten, die ins Trinkwasser gelangen. Auch Bleirohre sind in einigen Altbauten als Wasserleitungen verbaut. Das ist ungünstig, weil dies dazu führen kann, dass das Wasser Blei aufnimmt und dieses dann in den Körper gelangt.

Ungedämmte Warmwasserleitungen führen zu einem Wärmeverlust des Wassers auf dem Weg vom Wasserspeicher bis zum Entnahmepunkt. In der Leitung stehendes Wasser kühlt aus. Die Energieeinsparverordnung schreibt für Warmwasserleitungen die Dämmung überall dort vor, wo sie offen, also nicht in der Wand, durch unbeheizte Räume verlegt sind.

Auch Trinkwasserleitungen, die nicht schallentkoppelt gelagert sind, können erhebliche Fließgeräusche verursachen. Liegt ein Schlafzimmer direkt an einer Badezimmerwand und wird das Badezimmer spätabends noch einmal genutzt, kann das den Schlaf empfindlich stören.

Der Trinkwasserbedarf wird üblicherweise durch Wasseruhren gemessen, die durch den Wasserversorger evtl. auch getauscht werden. Ein Blick, wo die Wasseruhr installiert ist und wo das Wasser über welche Ventile abgestellt werden kann, z. B. im Reparaturfall, ist sinnvoll.

Trinkwasser und Abwasser Seite 122 ff.

Abwasser

Hebeanlage
Beim Abwasser ist eine wichtige Frage immer wieder, ob es im Keller einen Wasseranschluss und entsprechend einen Abwasseranschluss gibt. Gerade für die Waschmaschine ist das häufig gewünscht. Dabei kann das Problem auftauchen, dass das Niveau des Straßenkanals über dem Niveau des Kellerbodens des Hauses liegt. In diesen Fällen ist eine sogenannte Hebeanlage notwendig, um das Abwasser auf ein höheres Niveau zu heben, von dem aus es dann in den Straßenkanal geführt wird. Solche Hebeanlagen gibt es als kleine, dezentrale Einheiten im Hauskeller selbst, es gibt aber auch zentrale Einheiten, an die z. B. mehrere Häuser angebunden sein können, was mitunter bei Reihenhäusern der Fall ist. Hebeanlagen sind mechanische Systeme, die Verschleiß unterliegen und regelmäßig gewartet werden müssen. Will man dies nicht, ist die einzige Alternative, einen Wasseranschluss im Keller nicht zu nutzen, wenn dieser unter dem Straßenkanalniveau liegt. Bei gemeinschaftlich genutzten Hebeanlagen nutzt dies nichts

und man wird üblicherweise mit herangezogen für Wartungs- und Pflegekosten.

Trinkwasser und Abwasser Seite 122 ff.

Rückstausicherung
Gerade bei Abwasseranschlüssen im Keller ist eine Rückstausicherung eine sinnvolle Einrichtung für den Fall von Rückstaus aus dem eigenen oder öffentlichen Abwasserkanal. Diese Systeme sind nach wie vor keinesfalls Standard. Und in älteren Gebäuden findet man sie nur selten.

Trinkwasser und Abwasser Seite 122 ff.

Dichtheitsprüfung
Nach dem Wasserhaushaltsgesetz und ergänzenden Länderverordnungen muss in Deutschland bis zum Jahr 2015 eine Dichtheitsprüfung des privaten Abwasserkanals durchgeführt und die Dichtheit nachgewiesen werden. Ist der Kanal nicht dicht, muss er abgedichtet werden. Möglicherweise haben die Verkäufer eine solche Dichtheitsprüfung bereits durchgeführt. Das dürfte aber eher die Ausnahme sein, denn die Kenntnis dieser Pflicht ist noch kaum verbreitet und nur wenige Hausbesitzer haben sie bislang umgesetzt.

Trinkwasser und Abwasser Seite 122 ff.

Elektroinstallation/Telefon/IT/TV

Stromkreise
Alte Häuser verfügen häufig über eine veraltete Elektroinstallation mit nur wenigen Stromkrei-

sen. Mehrere kleine Stromkreise sind im Alltag meist hilfreich, wenn die Sicherung mal herausgenommen werden muss oder selbst rausfliegt. Dann steht nicht gleich alles still. Oft hat man es auch mit alten Sicherungssystemen zu tun, z. B. Drehsicherungen. Bis in die 1960er Jahre wurden solche Systeme eingebaut. Prinzipiell funktionieren sie, können aber schneller überlastet sein und dann den ganzen Stromkreis mit abschalten.

 Checkliste
Elektroinstallation/Telefon/IT/TV Seite 130 f.

FI-Schalter

Sehr wichtig sind Absicherungen gegen Stromunfälle über sogenannte Fehlerinduktionsschalter (FI-Schalter). Vor allem beim Risiko von Strom-Wasser-Unfällen wie in Küchen oder Bädern ist dies wichtig. Fällt beispielsweise ein Fön ins Badewasser, unterbricht ein FI-Schalter sofort den Stromfluss und schützt so vor einem ggf. tödlichen Stromschlag. Insbesondere bei Kindern im Haushalt ist die Installation von Stromkreisen mit FI-Schalter unverzichtbar.

 Checkliste
Elektroinstallation/Telefon/IT/TV Seite 130 f.

Telefon/IT/TV

Auch Telefon- und TV-Anschlüsse sind in Häusern älterer Baujahre meist eher spärlich vorhanden, IT-Anschlüsse fast nie. Man sollte aber zumindest wissen, wo im Haus Telefon- und TV-Dosen liegen und ob es einen Kabelanschluss für Kabelfernsehen und einen DSL-Anschluss für schnelle Internetverbindungen gibt. Gerade auf dem Land fehlen sie häufig.

 Checkliste
Elektroinstallation/Telefon/IT/TV Seite 130 f.

Energiegesetze und -verordnungen

Auch für Käufer gebrauchter Häuser gelten Vorschriften aus der aktuellen Energiegesetzgebung. Die Grundlagen dazu konnten Sie bereits dem Kapitel „Gesetzliche Bestimmungen zu Emission und Energiebedarf" entnehmen. Das Wichtigste wird hier in Kürze noch mal zusammengefasst. Man kann dabei zwischen vier gesetzlichen Grundlagen und drei Regelungsarten unterscheiden:

Gesetzliche Grundlagen:
- 1. Bundes-Immissionsschutzverordnung (1. BImSchV)
- Energieeinsparverordnung (EnEV)
- Erneuerbare-Energien-Wärme-Gesetz (EEWärmeG)
- nur Baden-Württemberg: Erneuerbare-Wärme-Gesetz (EWärmeG)

Regelungsarten:
- Regelungen, die sofort nach dem Kauf des Hauses und unabhängig vom Alter und sonstigen Gegebenheiten umgesetzt werden müssen
- Regelungen, die unter Einhaltung einer Frist umgesetzt werden müssen
- Regelungen, die nur umgesetzt werden müssen, wenn man das Haus modernisiert

Im Einzelnen gibt es folgende Vorschriften:

Regelungen, die sofort umgesetzt werden müssen
- Nachrüstung von Zentralheizungen mit Außentemperaturfühler oder anderer Steuerungsgröße in Abhängigkeit zur Außentemperatur und Einzelraumthermostate an jedem Heizkörper
- Einhaltung von Abgasverlustgrenzwerten aus der 1. BImSchV

Regelungen, die unter Einhaltung einer Frist umgesetzt werden müssen
- Außerbetriebnahme von Heizkesseln, die vor dem 1. Januar 1985 eingebaut wurden bzw. nach dem 1. Januar 2015 älter als 30 Jahre sind, spätestens 2 Jahre nach Eigentumsumschreibung (das heißt zwei Jahre nach Eintrag des neuen Eigentümers im Grundbuch)
- Dämmung der obersten Geschossdecke, spätestens 2 Jahre nach Eigentumsumschreibung
- Dämmung von Heizungs-/Warmwasserrohren, die offen durch unbeheizte Räume führen

Regelungen, die nur umgesetzt werden müssen, wenn man das Haus modernisiert
- Einhaltung vorgeschriebener Dämmwerte aus der Energieeinsparverordnung für Gebäudemodernisierungen von mehr als 10 % eines Bauteils oder bei Gebäudeerweiterungen
- Bei Heizungserneuerungen in Baden-Württemberg müssen 10 % der Wärmeenergie aus regenerativen Energiequellen stammen (für 2014 ist eine Verschärfung auf 15 % geplant)

Auswertung Energiegesetze und -verordnungen

Mithilfe der Erstbesichtigungs-Checkliste, die Sie mit dem Verkäufer ausgefüllt haben, können Sie relativ einfach überprüfen, welche Pflichten aus den Energiegesetzen das Haus einhält und welche nicht, ob Sie also unmittelbar nach Hauskauf irgendwo tätig werden müssen oder nicht. Dazu werten Sie die Antworten des Verkäufers genauer aus (siehe unten).

Nur die Abgasverlustgrenzwerte der Heizung (gemäß der 1. BImSchV) können Sie nicht selbst messen. Hierzu können Sie die Schornsteinfegerprotokolle einsehen und prüfen, ob evtl. Abgasverlustgrenzwerte beanstandet wurden oder nicht, oder sich bei Fehlen der Protokolle deren Einhaltung durch den zuständigen Bezirksschornsteinfegermeister bestätigen lassen.

Wollen Sie die zulässigen Werte im Detail nachlesen, können Sie dies im Basistitel „Kauf eines gebrauchten Hauses" tun. Dort finden Sie auch weitere Informationen zu den Regelungen der 1. BImSchV.

Auswertung Gebäudeheizung
Checklisten-Ergebnis: Das Gebäude hat eine Zentralheizung und die Heizung ist noch eine Originalheizung, die vor dem 1. Januar 1985 eingebaut wurde bzw. ab dem 1. Januar 2015 älter als 30 Jahre ist.

Gesetzliche Konsequenz: Dann muss sie binnen zwei Jahren nach Eigentumsübergang des Hauses ausgewechselt werden.

Checklisten-Ergebnis: Die raumweise angeordneten Heizkörper der Zentralheizung verfügen nicht über Thermostate zur raumweisen Regulierung der Temperatur.

Gesetzliche Konsequenz: Dann müssen diese sofort nachgerüstet werden.

Checklisten-Ergebnis: Die Heizung verfügt nicht über eine Außentemperatursteuerung oder eine andere geeignete und automatische Steuerungsgröße.

Gesetzliche Konsequenz: Dann muss diese sofort nachgerüstet werden.

Checklisten-Ergebnis: Warmwasserrohre, die nicht in Wänden verlaufen, sondern offen geführt werden, laufen durch unbeheizte Räume.

Gesetzliche Konsequenz: Dann müssen diese Rohre binnen zwei Jahren nach Hauskauf gedämmt werden.

Auswertung Abgasverlustgrenzwert
Wollen Sie ein Haus mit Einzelöfen kaufen, z. B. Gasöfen, die einzeln in den Räumen zur alleinigen Beheizung derselben installiert sind, müssen Sie sich über Konsequenzen aus der 1. BImSchV keine Gedanken machen. Diese Öfen können Sie weiter betreiben, ebenso einen offenen Kamin oder einen fest eingebauten Kachelofen.

Sogenannte „Schwedenöfen" jedoch, also Kaminöfen, die meist nachträglich eingebaut werden und vorwiegend der Behaglichkeit dienen, müssen vorgegebene Werte einhalten.

Kaufen Sie ein Haus mit einer Öl- oder Gaszentralheizung, müssen die allgemeinen Abgasverlustgrenzwerte der 1. BImSchV ebenfalls eingehalten werden. Hierzu kann das letzte Schornsteinfegerprotokoll Auskunft geben.

Auswertung Gebäudedämmung
Checklisten-Ergebnis: Die oberste Geschossdecke zwischen beheizten und unbeheizten Geschossen, z. B. zwischen beheiztem Obergeschoss und unbeheiztem Dachgeschoss, ist nicht oder nur unzureichend gedämmt und auch der Dachstuhl selbst ist nicht oder nur unzureichend gedämmt. Unzureichend heißt, der Mindestwärmeschutz nach Tabelle 3 DIN 4108-2 ist nicht erreicht.

Gesetzliche Konsequenz: Wenn der Dachstuhl selbst nicht oder nur unzureichend gedämmt ist, muss zumindest die oberste Geschossdecke gedämmt werden. Hierfür bleiben Ihnen zwei Jahre Zeit, ab Eigentumsübergang der Immobilie (⟶ Seite 36, Punkt 6).

> **Hinweis**
>
> Wenn Sie sich mit diesen Fragen nicht selbst befassen wollen, sondern viel Wert auf den energetischen Zustand einer Immobilie legen und ein Haus in schlechtem Zustand nach Kauf auf alle Fälle modernisieren wollen, können Sie im Zuge der Hausbesichtigung, z. B. durch Verrechnung mit dem Eigentümer, auch Energieberater in Anspruch nehmen. Die Beratung solcher Energieberater ist für Eigentümer förderfähig durch das Bundesamt für Wirtschaft und Ausfuhrkontrolle. Auf dessen Internetseite finden Sie alle notwendigen Informationen: www.bafa.de

Sachverständige

Eine Folgebesichtigung wird nur dann stattfinden, wenn das Haus nach der Erstbesichtigung in der engeren Wahl bleibt. Dann kann es ratsam sein, einen Sachverständigen einzuschalten, der die abschließende Besichtigung begleitet und eine Stellungnahme abgibt.

Der Begriff „Sachverständiger" ist nicht geschützt. Letztlich kann sich also jeder so nennen. Anders ist es bei den öffentlich bestellten und vereidigten (öbv) Sachverständigen. Sie sind üblicherweise von den regionalen Industrie- und Handelskammern bestellt und vereidigt. Um diesen Titel zu erlangen, müssen sie besondere Sachkunde nachweisen und eine Prüfung ablegen. Ihnen obliegt eine besondere Sorgfaltspflicht bei der Ausübung ihrer Tätigkeit. Wollen Sie also sicher sein, ist es sinnvoll, einen öffentlich bestellten und vereidigten Sachverständigen einzuschalten.

Die Sachverständigentätigkeit untergliedert sich in verschiedenste Tätigkeitsbereiche. Für die Begutachtung des Zustands einer gebrauchten Immobilie ist es am sinnvollsten, einen Sachverständigen für Schäden an Gebäuden zu beauftragen. Diese Sachverständigen finden Sie entweder im Sachverständigenverzeichnis bei der regionalen Industrie- und Handelskammer (IHK) oder im Online-Sachverständigenverzeichnis www.svv.ihk.de. Außerdem finden Sie Sachverständige aus der eigenen Region im regionalen Branchenbuch „Gelbe Seiten" oder unter www.gelbeseiten.de. Achten Sie auf den Zusatz „öbv" (öffentlich bestellt und vereidigt). Ferner bieten Dekra und TÜV solche Leistungen an, www.dekra.

de, www.tuv.com oder www.tuev-sued.de. Hier müssen Sie sich allerdings die Verträge und Haftungsausschlüsse sehr genau ansehen. Nicht selten enthalten die Verträge weitreichende Haftungsausschlüsse. Das ist nicht Sinn der Sache. Dann ist es im Zweifel besser, Sie bezahlen eventuell etwas mehr und wählen einen regional ansässigen, öffentlich bestellten und vereidigten Sachverständigen, der für seine Aussagen auch einsteht.

Der Auftragsumfang für einen Sachverständigen sollte grundsätzlich präzise und schriftlich festgelegt werden. Sachverständige haften für ihre Aussagen. Unterschieden wird zwischen der Haftung bei gerichtlicher Bestellung und privater Beauftragung. Vor Gericht sind Haftungsausschlüsse nicht möglich. Es besteht die Möglichkeit einer Schadensersatzpflicht. Bei privater Beauftragung können Haftungsausschlüsse für leichte Fahrlässigkeit vereinbart werden. Daher sollten Sie eventuelle AGBs von Sachverständigenbüros sorgsam durchsehen. Ausschlüsse für vorsätzliches oder grob fahrlässiges Handeln sind aber auch hier nicht möglich. Vor allem können Sie bei privaten Beauftragungen Vermögensschäden gegenüber Sachverständigen geltend machen. Grundlage solcher Ansprüche ist der Auftrag an den Sachverständigen und dessen anschließende schriftliche Gebäudebeurteilung. Mündliche Beauftragungen oder mündliche Gebäudebeurteilungen sind im Streitfall immer problematisch. Wirksame Nachweise z. B. von Vermögensschäden können eigentlich nur dann erfolgversprechend geführt werden, wenn eine präzise Auftragsdefinition vorliegt und die Einschätzung des Gebäudes durch den Sachverständigen schriftlich erfolgt ist. Ist ein Sachverständiger beispielsweise schriftlich beauftragt, ein Urteil abzugeben, ob an dem betreffenden Haus Schäden vorliegen oder eintreten können, die den Wert des Hauses mindern oder erheblich mindern können, ist bereits eine Grundlage gelegt, um ggf. Ansprüche aus Vermögensschäden überhaupt geltend machen zu können.

Es ist nicht notwendig, dass der Sachverständige umfangreiche und sehr teure Gutachten erstellt, es reicht auch eine kurze schriftliche Stellungnahme, die deutlich Auskunft gibt zu dem erteilten Auftrag. Ein schriftlicher Auftrag könnte etwa lauten, dass eine Begutachtung des Hauses erfolgen soll, um eine klare Aussage darüber zu erhalten, ob am oder im Haus Schadstoffe oder Schäden vorhanden sind oder auf- oder eintreten können, die den Wert des Hauses mindern oder erheblich mindern. Dann muss der Sachverständige genau dazu eine Aussage treffen. Tritt später ein Schaden auf, der den Wert des Hauses erheblich mindert und den der Sachverständige hätte erkennen können bzw. müssen, können Sie gegen den Sachverständigen rechtlich vorgehen. Die besondere Sorgfaltspflicht des öffentlich bestellten und vereidigten Sachverständigen spielt vor allem dann eine große Rolle. Anders sieht es aus, wenn der Sachverständige auf ein Problem oder einen Verdacht hinweist, das bzw. den er aber nicht abschließend klären kann, weil er vielleicht ein Bauteil nicht öffnen konnte. Legt er solche Sachverhalte dann auch schriftlich dar, konnte der Hauskäufer die Gefahren ggf. erkennen. Dann stellt sich die Frage nach der Verantwortung des Sachverständigen neu. Das heißt, es spielt auch eine Rolle, auf welcher Grundlage der Sachverständige sein Urteil abgeben sollte. Welche Unterlagen konnten dem Sachverständigen zur Verfügung gestellt werden? Soll ggf. nur eine stichprobenartige Untersuchung vorgenommen werden oder gab es eine intensive Besichtigung vor Ort, nötigenfalls mit Bauteilöffnung?

Schadensersatzansprüche gegenüber Sachverständigen verjähren nach drei Jahren.

Fragen Sie vor einer Beauftragung eines Sachverständigen die Kosten einer Vor-Ort-Begutachtung und einer kurzen schriftlichen Stellungnahme ab. Es ist sinnvoll, die Kosten nicht pauschal in einer Summe benannt zu bekommen, sondern untergliedert: Was kosten An- und Abfahrt? Was kostet die Stunde Vor-Ort-Aufnahme? Wie lange benötigt er insgesamt dafür? Wie lange benötigt er anschließend für eine kurze schriftliche Stellungnahme? Wenn er für die Besichtigung eine bis zwei Stunden benötigt, dazu eine weitere Stunde für die schriftliche Stellungnahme und kommen noch An- und Abfahrt dazu, kann selbst bei einem Stundensatz von 150 Euro eine Rechnung von nicht mehr als 600 Euro entstehen. Benötigt er ein, zwei Stunden länger, bewegt sich die Sache zwischen 600 und 800 Euro. Das ist nicht allzu viel Geld angesichts der Tatsache, dass Sie vielleicht kurz davor stehen, für einen sechsstelligen Betrag ein Haus zu kaufen.

Verlangt der Sachverständige allerdings einen Stundensatz von 300 Euro oder mehr, kann es teuer werden. Dann können Sie bei anderen öffentlich bestellten und vereidigten Sachverständigen anrufen und den Stundensatz erfragen. Feste Honorarregelungen gibt es für Sachverständige mit wenigen Ausnahmen nicht.

Neben den Sachverständigen für Schäden an Gebäuden kann es auch sein, dass Sie einen Sachverständigen für Schadstoffe einschalten müssen. Dies ist z. B. ein Umweltingenieur. Sie finden solche Fachleute im Telefonbuch „Gelbe Seiten" Ihrer Region oder unter www.gelbeseiten.de, z. B. unter den Stichworten „Umweltschutz", „Umweltschutzberatung", „Umweltschutzuntersuchungen".

Ferner kann es sein, dass Sie einen Geologen oder Statiker einschalten müssen. Auch diesen finden Sie in den „Gelben Seiten", ebenso wie Sachverständige zur Gebäudewertermittlung (Sachverständige zur Wertermittlung bebauter oder unbebauter Grundstücke).

Die Checklisten

Einige Hinweise vorab
Die Erstbesichtigung schafft üblicherweise nur einen ersten Überblick über das Gebäude. Durch die Checkliste (→ Seite 61 ff.), die Sie gemeinsam mit dem Hausbesitzer ausfüllen können, haben Sie weitere Informationen über viele relevante Punkte. Wenn das Haus danach in der engeren Wahl bleibt, ist die Folgebesichtigung häufig diejenige Besichtigung, die darüber entscheidet, ob ein Haus wirklich gekauft wird oder nicht. Wichtig ist, sich das Ziel der Besichtigungen klarzumachen.

Bei der Erstbesichtigung eines Gebäudes wird im Wesentlichen meist die Frage geklärt:

- Erscheint das Gebäude von Lage, Größe und Raumaufteilung, Zustand und Ausstattung grundsätzlich geeignet?

Zu dieser grundlegenden Frage kommen bei der Folgebesichtigung zwei weitere wichtige Fragen:

- Hat das Gebäude einen Modernisierungs- oder Umbaubedarf, der sehr kostenintensiv ist?
- Weist das Gebäude Schäden oder Probleme auf, die den Wert erheblich mindern oder gar einen Totalausfall des eingesetzten Kapitals nach sich ziehen können?

Die Klärung dieser drei Fragen ist im Kern das Ziel von Erst- und Folgebesichtigung einer Immobilie. Die erste Frage ist für Laien noch ganz gut einzuschätzen und zu klären. Schwieriger wird es bei den beiden Folgefragen. Sie können, wenn erhebliche Zweifel auftauchen, natürlich Fachleute einschalten (⟶ Sachverständige, Seite 93).

Wichtig ist, Wesentliches vom Unwesentlichen zu trennen. Es ist unwesentlich, mit welcher Tapete ein Haus tapeziert ist. Es ist aber wesentlich, ob die tapezierte Wand gerade oder schief steht und welche Ursache das hat. Das heißt, das Wesentliche liegt fast immer in Grundfragen der Gebäudekonstruktion, weniger Wesentliches in der Gebäudeausstattung.

Mittleres Gewicht haben die Gebäudeinstallation wie Wasser, Heizung etc. oder einzelne Gebäudeelemente, vor allem der Gebäudehülle, wie z. B. Fenster oder Türen. Solche Installationen oder Elemente sind letztlich auswechselbar, wohingegen Probleme oder schwere Schäden in der Gebäudekonstruktion nicht einfach austauschbar sind. Die Kosten können entweder die geplante Finanzierung sprengen oder den Gesamtpreis inklusive Sanierung für das Gebäude völlig unwirtschaftlich werden lassen.

Deshalb bieten wir Ihnen zwei Sorten von Checklisten:

🔴⚫ **Checklisten mit roter Ampel:** Diese Checklisten benennen Sachverhalte oder typische Anzeichen von Sachverhalten, die bei Verdacht zwingend durch Fachleute eingehender untersucht werden sollten, bevor eine Kaufentscheidung fällt. Beispiel: Verdacht auf Setzung des Gebäudekörpers.

⚫🟡 **Checklisten mit gelber Ampel:** Diese Checklisten gehen auf Sachverhalte oder typische Anzeichen von Sachverhalten ein, die höhere Modernisierungs- oder Sanierungskosten nach sich ziehen können, aber nicht den totalen Wertverfall eines Gebäudes. Beispiel: Verdacht auf Totalschaden des Heizungsbrenners.

Neben technischen Problemen können auch rechtliche Probleme teure Folgen oder einen totalen Wertverfall eines Gebäudes nach sich ziehen, z. B. noch offene Anliegergebühren. Daher sind auch solche Checklisten gleichberechtigt neben den technischen Checklisten enthalten.

Checkliste Haussetzungen

1. Problem
Gebäudesetzungen und -hebungen sind selten, aber sie kommen vor. Die Ursachen können vielfältig sein. Es beginnt bei einer zu geringen Gründung des Fundaments und einer folgenden Hebung aufgrund von Bodenfrost (kleinste Wasserspeicher im oberflächennahen Boden gefrieren, vergrößern dadurch ihr Volumen und heben den Boden, der das Gebäude mithebt). Gebäudesetzungen hingegen können z. B. durch Bodenabsackungen aufgrund zu weichen Untergrunds, Unterspülungen des Untergrunds oder Grundwasserabsenkungen passieren.

2. Mögliche Konsequenzen
Setzungs- oder Hebungsschäden sind fatal, weil sie unmittelbare Auswirkung auf die Gebäudestatik und damit die Standsicherheit des Gebäudes haben können. Solche Schäden sind, wenn überhaupt, nur mit sehr hohem Aufwand zu sanieren. Sie können auch den Totalschaden des Gebäudes bedeuten.

3. Erkennungsmerkmale/Anzeichen
Erkennungsmerkmale von Setzungen oder Hebungen können unebene Böden oder auch Risse in Fassaden sein. Wichtig: Ein unebener Boden kann, muss aber nicht auf eine Hebung oder Setzung hinweisen. Es kann auch sein, dass der Boden nicht eben, aber stabil ist. Es kann ferner sein, dass der Boden eben ist, aber der Estrich nicht. Daher ist es sinnvoll, vor allem die Kellerbodenplatte oder die Bodenplatte mit einer Wasserwaage stichprobenartig auf Ebenheit zu prüfen. Sie können auch die Geschossdecken mit der Wasserwaage von der Oberseite und der Unterseite stichprobenartig überprüfen.

Sind die Kellerbodenplatte, die Bodenplatte oder die Erdgeschossdecke nicht waagerecht (Prüfung mit der Wasserwaage, bei Geschossdecken auch auf der Deckenunterseite)? J N

Gibt es geneigte Wände (Wasserwaagentest)? J N

Ragt der Außensockel auf ebenem Grundstück ungleichmäßig aus dem Erdreich? J N

Gibt es sichtbare Risse an Außen- oder Innenwänden? J N

Verlaufen die Deckenunterseiten in gleichmäßigem Abstand zu den Fenster- und Türstürzen oder zu montierten Heizkörpern (also parallel zu den oberen Abschlusskanten von Fenstern und Türen bzw. den unteren Abschlusskanten von Heizkörpern)? J N

4. Empfehlungen
Bei eindeutig schrägen Böden und Decken und/oder großen Fassadenrissen sollten die Ursachen dafür gefunden werden. Es gibt alte Häuser mit schrägen Decken, die von Anfang an nicht eben waren. Das heißt noch nicht, dass das Gebäude ein Setzungs- oder Hebungsproblem hat. Sind Sie aber unsicher und wollen größtmögliche Sicherheit haben, ob ein statisches Problem vorliegt oder nicht, hilft nur die Vor-Ort-Begutachtung durch einen Sachverständigen.

⤳ **Sachverständige** Seite 93 f.

Checkliste Fassadenrisse

1. Problem

Fassadenrisse können auf Setzungen und Hebungen hinweisen, sie können ihre Ursache aber auch in unterschiedlichen Baumaterialien haben, die sich z. B. bei Temperaturschwankungen nicht gleichmäßig verhalten. Horizontale Risse, z. B. auf Höhe des Sockelabschlusses oder auf Höhe von Geschossdecken, können auf einen Riss zwischen zwei unterschiedlichen Materialien hinweisen (Betonsockel-/Betongeschossdecke und Mauerwerk). Vertikale Fassadenrisse können ebenfalls entweder materialbedingte Ursachen haben (z. B. Verwendung unterschiedlicher Mauersteine), aber auch Setzungsgründe. Daher ist es wichtig, zunächst vor allem zwischen Oberflächenrissen des Putzes und tieferen Rissen, die auch das Mauerwerk betreffen, zu unterscheiden. Haarrisse oder oberflächliche Risse im Putz sind weniger ein Problem als tiefere Risse, die bis ins Mauerwerk verlaufen. Solche Risse entstehen z. B. dann, wenn sich ein Gebäudekörper ungleichmäßig hebt oder setzt.

2. Mögliche Konsequenzen

Fassadenrisse können erhebliche Folgen haben, da die Standfestigkeit des Gebäudes betroffen sein kann. Ein Riss ist, je nach Ursache, auch nicht statisch, sondern dynamisch. Das heißt, er muss nicht bleiben, wie er ist, sondern kann sich deutlich ausweiten. Die Sanierung eines Mauerrisses selbst ist eher unproblematisch. Aber die Beseitigung der Ursache des Risses kann schnell kostenintensiv werden, wenn es sich um Setzungs- oder Hebungsprobleme handelt.

3. Erkennungsmerkmale/Anzeichen

Fassadenrisse können Sie bei einem aufmerksamen Rundgang um die Fassade gut erkennen. Die Risstiefe lässt sich durch das Einführen eines einfachen Stückes Draht abschätzen.

- **Achten Sie bei einem speziellen Rundgang in allen sichtbaren Fassaden konzentriert auf Risse.** Haarrisse mit einer Breite von bis zu 0,2 mm sind meist unproblematisch. Breitere Risse können problematischer sein, wenn z. B. Wasser eindringt. Ursachen von durchgängigen Rissen (also z. B. über 20 bis 30 cm Höhenverlauf), die breiter als 1 oder 2 mm sind, sollten durch eine Fachperson untersucht werden.

- **Untersuchen Sie Risstiefen z. B. mit einem Stück Draht, um festzustellen, ob es sich nur um einen Putzriss oder um einen tieferen Mauerwerksriss handelt.** Risse, die tiefer gehen als 1 bis 1,5 cm, können bereits Putzschichten durchdrungen haben, sind also keine oberflächlichen Putzrisse.

- **Prüfen Sie an den Stellen, wo äußere Risse zu sehen sind, ob auch innen welche zu sehen sind.**

Erkennen Sie Risse, die den genannten Kriterien entsprechen?

4. Empfehlungen

Wenn es sich nicht nur um einen kleineren, oberflächlichen Putzriss handelt, sondern um einen längeren, tieferen Riss, der auffällig ist, sollten Sie überlegen, einen Sachverständigen einzuschalten, um die Ursache zu klären. Denn

Sie selbst können keine Klärungen zu solchen Rissen herbeiführen.

···› **Sachverständige** Seite 93 f.

Checkliste Schadstoffe

1. Problem

Schadstoffe gehören zu den für Laien nur schwer zu erkennenden Gebäudeproblemen. Hinzu kommt, dass etliche Schadstoffe praktisch geruchsfrei und unsichtbar sind.

Die am häufigsten vorkommenden Probleme und Schadstoffe in Keller, Erd- und Obergeschoss sowie Dachgeschoss sind folgende:

Keller
- Feuchtigkeit und Schimmel an feuchten Böden, Wänden, Decken (u. a. aufgrund von Undichtigkeiten wie fehlender Abdichtung der Kelleraußenwand und des Kellerbodens)
- Undichter Keller, dadurch Eindringen von Radon in das Gebäude (Radon ist ein nicht sichtbares und geruchloses Gas, das aus uranhaltigem Gestein freigesetzt wird. Man schätzt, dass in Deutschland etwa 7 % aller Lungenkrebstoten auf Radon zurückzuführen sind. Sachsen ist u. a. besonders betroffen.)

Erdgeschoss und Obergeschoss
- Schimmel an feuchten Böden, Wänden, Decken (häufig im Bereich von Wärmebrücken)
- Holzschutzgifte in Holzbauteilen (in der DDR war vor allem das Holzschutzmittel Hylotox 59 sehr verbreitet, das nach Untersuchungen etwa 4 % Lindan und DDT enthielt. In der Bundesrepublik wurde der Einsatz von DDT-haltigen Substanzen Anfang der 1970er Jahre verboten.)
- Formaldehyd als Bindemittel in Holzwerkstoffen (Formaldehyd steht im Verdacht, Krebs zu erzeugen)
- Weichmacher aus Kunststoffen, z. B. in Bodenbelägen oder Kabelummantelungen (auch hier gibt es den Verdacht, dass die Stoffe Krebs erzeugen können)
- Polyzyklische Aromatische Kohlenwasserstoffe (PAK) finden sich sehr häufig in alten schwarzen Teerklebern von Parkettböden (auch sie stehen im Verdacht, Krebs zu erzeugen)
- Polychlorierte Biphenyle (PCB), giftige Kunstprodukte der Chlorchemie, kommen vor in Dehnungsfugen von Gebäuden, in Speziallacken z. B. von Heizkörpern, in Holzschutzmitteln, in Wand- und Deckenfarben (PCB können die inneren Organe schädigen und stehen im Verdacht, Krebs zu erzeugen)
- Asbest wurde z. B. hinter Heizkörpern als Wärmeschutzplatte eingesetzt oder in sogenannten Flexplatten aus PVC, in Fußbodenbelägen verwendet, aber auch in Fassadenverkleidungen (Asbest kann Krebs, vor allem Lungenkrebs, verursachen)
- Schwermetallbelastungen im Trinkwasser, vor allem Zink, Kupfer, Kadmium und Blei. Häufig nimmt das Wasser diese Stoffe aus den Leitungswandungen auf. Ostdeutschland gilt hier generell als risikobelastet, besonders belastet ist der Großraum Leipzig (die Stoffe stehen im Verdacht, Krebs zu erzeugen und Auswirkungen auf das Nervensystem zu haben)

Dach
- Feuchtigkeit und Schimmel unter oder im Dach bzw. Dachstuhl (u. a. aufgrund von Undichtigkeiten)
- Holzschutzgifte in Holzbauteilen
- Formaldehyd als Bindemittel in Holzwerkstoffen
- Mineralwolldämmungen mit nicht biolöslichen (durch den Körper nicht abbaubaren) oder lungengängigen Fasern als Wärmedämmung (die Fasern können sich in der Lunge festsetzen)
- Asbestdächer
- Schwermetalle in Dachstühlen (wenn in der Umgebung jahrelang Schwerindustrie mit entsprechendem Schadstoffausstoß angesiedelt war)

2. Mögliche Konsequenzen

Je nachdem, um welchen Schadstoff es sich handelt, kann dieser langfristig zu Unwohlsein, aber auch zu Erkrankungen der Bewohner/innen beitragen. Vor allem Kinder sind gefährdet. Es kann sogar sein, dass der Schadstoffbefall so extrem ist, dass eine Bewohnung nicht möglich ist. Das kann z. B. bei einem zu hohen Formaldehydwert in der Raumluft sein. Können Sie dem Vorbesitzer des Gebäudes dann nicht nachweisen, dass er Kenntnis von dem Schadstoffbefall hatte, bleiben Sie unter Umständen auf dem Problem sitzen. Entweder müssen Sie eine Totalsanierung des Gebäudes vornehmen, um die vorhandenen Schadstoffe auszubauen, oder den sogenannten Expositionspfad unterbinden. Schadstoffsanierungen sind sehr kostenintensiv und können eine Hausfinanzierung sehr schnell komplett sprengen.

3. Erkennungsmerkmale/Anzeichen

Bei der Einschätzung von Schadstoffbelastungen hilft die Kombination aus Baujahr, Bauweise und Baugebiet.

Baujahr
In früheren Jahrhunderten gab es praktisch keine Schadstoffe im Bauwesen. Gebäude bestanden aus wenigen Baustoffen. Erst mit der industriellen Baustoffproduktion begannen die Probleme. Sie erreichten in den 1950er, 1960er und 1970er Jahren ihren Höhepunkt. Daher müssen Gebäude aus diesen Jahren besonders sorgfältig auf Schadstoffe untersucht werden.

Welches Baujahr hat das Haus?

Wurde es zwischenzeitlich umgebaut oder saniert (z. B. Dachstuhlausbau)? J N

Wenn ja, wann?

Was wurde umgebaut oder saniert? (Stichworte)

Bauweise
Die Bauweise ist ein weiteres Indiz. Fertighäuser aus den 1960er und 1970er Jahren weisen mitunter problematische Raumluftwerte auf, z. B. bei Formaldehyd. Bei Gebäuden dieses Bautyps empfiehlt sich vor dem Kauf tatsächlich eine Raumluftmessung, entweder eine eigene oder eine durch einen Umweltingenieur. Auch Holzdachstühle, die ausgebaut werden sollen, sollten genauer auf Holzschutzmittel untersucht werden. Sie sollten prüfen,

ob der Dachstuhl mit Mineralwolle gedämmt wurde. Mineralwolle dieser Baujahre und bis in die 1980er und 1990er Jahre besitzt meist lungengängige oder nicht biolösliche Fasern. Beim Innenausbau können alte Bleirohre, alte Ölfarben (häufig in Bädern und Küchen), alte Bodenplatten (asbesthaltige Plattenbeläge) oder schwarzer Teerkleber (z. B. unter älterem Parkett) Probleme hervorrufen.

Handelt es sich bei dem zu besichtigenden Haus um ein Fertighaus?	J	N
Wenn ja, aus welchem Baujahr?		
Und von welchem Hersteller?		

Baugebiet
Auch das Baugebiet kann Schadstoffbelastungen mit sich bringen.

Liegt das Grundstück des Hauses auf:		
einer ehemaligen Militärfläche?	J	N
einer ehemaligen Gewerbefläche?	J	N
ehemals landwirtschaftlich intensiv genutzter Fläche?	J	N

Bei Gebäuden auf dem Gebiet der ehemaligen DDR, die zwischen 1949 und 1989 gebaut wurden, ist besondere Vorsicht geboten. Als eine Reihe von schädlichen Stoffen in Westdeutschland schon verboten war, fanden sie in der DDR immer noch breite Anwendung (⋯> Seite 98 ff.).

4. Empfehlungen
Bei einem Kontaminationsverdacht des Grundstücks können Sie bei Bau- und Umweltämtern nach Bodenbelastungskarten fragen und meist kostenfrei Einsicht nehmen.

Haben Sie den Verdacht, dass in dem besichtigten Gebäude Schadstoffe vorhanden sein könnten, können Sie in zwei Schritten vorgehen. Die Stiftung Warentest bietet für einige Stoffe ein Analyseverfahren an. Das funktioniert so, dass Sie bei der Stiftung Warentest ein Analyse-Set bestellen, dann die Probe vor Ort im Haus nehmen und zur Analyse einsenden (http://www.test.de/themen/haus-garten/analyse/). Auch in einigen Apotheken erhalten Sie Raumluftcheck-Sets. Hier sollten Sie aber einen Kostenvergleich der Analyse-Angebote vornehmen.

Für einen weitergehenden Bedarf können Sie auch einen unabhängigen Umweltingenieur oder Sachverständigen einschalten. Er sollte das Objekt besichtigen und nötigenfalls Messungen auf verdächtige Schadstoffe vornehmen und Proben entnehmen.

Checkliste
Bodenkontamination... Seite 106

⋯> **Sachverständige** Seite 93 f.

Checkliste Grundwasser und Kellerabdichtung

1. Problem

Grundwasserschäden an Gebäuden gehören zu den häufigsten Schäden. Vor allem der Keller als Bauteil ist gefährdet. Grundwasser verläuft auch in Grundwasseradern und verhält sich nicht statisch, sondern dynamisch. Es steigt und sinkt im Jahresverlauf und durch die Jahre. Daher kann es passieren, dass ein Keller, der lange Zeit nicht von Grundwasserproblemen berührt war, plötzlich davon betroffen ist. Ist er dann nicht so gebaut, dass er das Grundwasser wirksam abhalten kann, kommt es meist schnell zu Feuchtigkeitsproblemen oder direktem Wassereintritt.

Beim Kellerbau muss man unterscheiden zwischen gemauerten Kellern, betonierten Kellern und Kellern aus WU-Beton. WU steht für „wasserundurchlässig". Gemauerte und betonierte Keller werden nach ihrer Fertigstellung meist mit einer Bitumenbeschichtung bestrichen, einer dicken, schwarze Masse, um sie wirksam vor Wasser von außen zu schützen. Man bezeichnet das als „schwarze Wanne". Manche Keller stehen aber regelrecht im Grundwasser. Sie benötigen einen besonderen Schutz durch WU-Beton. Dieser kann, muss aber nicht unbedingt noch mal von außen abgedichtet werden. Man spricht hier von der „weißen Wanne".

Durch den Auskunftsbogen an den Hausbesitzer haben Sie bereits Informationen, um welches Kellerbaumaterial es sich bei dem betreffenden Keller handelt.

2. Mögliche Konsequenzen

Grundwasserprobleme können erhebliche Konsequenzen mit sich bringen. Denn erweist sich ein Keller über die Jahre als nicht dicht und kommt es zu Feuchte- oder Wassereintrag, führt das meist zu einer sehr teuren und aufwendigen Sanierung. Entweder muss dann der gesamte Keller um das Haus freigelegt und nachträglich abgedichtet, oder es müssen andere Formen der Abdichtung gefunden werden, wie z. B. Mauer-Injektionen. Kann durch solche Maßnahmen der Feuchte- bzw. Wassereintrag nicht gestoppt werden, sind Folgeschäden für den Keller möglich und der gesamte Hauswert wird in Mitleidenschaft gezogen.

3. Erkennungsmerkmale/Anzeichen

Grundwasserprobleme können, müssen sich aber nicht in Feuchtigkeit oder Nässe im Keller zeigen. Es kann sein, dass seit einigen Jahren keine Grundwasserprobleme mehr auftauchten, z. B. wegen einer Senkung des Grundwasserspiegels. Das muss aber nicht so bleiben, sondern er kann natürlich auch wieder steigen. Daher ist es sinnvoll, zum einen nach feuchten Stellen an Böden oder Wänden zu sehen und zum anderen über den Auskunftsbogen der Erstbesichtigung in Erfahrung zu bringen, um welches Kellerbaumaterial es sich handelt. Wenn dort WU-Beton angegeben ist, sollten Sie genauer nachfragen, warum dieser eingesetzt wurde.

Checkliste Stauwasser

Sind innen im Keller Spuren von Feuchtigkeit an den Wänden zu erkennen? J N

Sind außen am Keller Spuren von Feuchtigkeit zu erkennen? J N

Verfügt die Gemeinde, in der das Haus steht, über Grundwassermesspunkte und können Sie bei der Gemeinde eine Aussage darüber erhalten, wie der Grundwasserstand in den zurückliegenden 30 Jahren war? J N

Lag der Höchststand des Grundwassers je über dem Niveau der Kellerbodenplatte? J N

Sind Lage und Verlauf von Grundwasseradern geklärt? J N

1. Problem

Bei Häusern am Hang oder bei Häusern, die in versetzter Höhe gegründet werden, also z. B. zwei Doppelhaushälften, deren Kellerbodenplatten nicht auf einer Ebene liegen, besteht die Gefahr von Stauwasserbildung. Während oberflächliches Hangwasser sichtbar ist und oberflächlich abgeleitet werden kann, ist unterirdisches Stauwasser, das dauerhaft vor einer Kellerhauswand gestaut wird und nicht weiter abfließen kann, viel schwieriger in den Griff zu bekommen.

2. Mögliche Konsequenzen

Stauwasser kann durch Wasserdruck und großflächigen Feuchtigkeitsangriff erhebliche Schäden an den betroffenen Keller- oder Hauswänden verursachen. Wenn man das Problem durch geeignete Umlenkungs-, Drain- oder Abdichtungsmaßnahmen nicht löst, können schwerwiegende Schäden im Gründungsbereich eines Gebäudes entstehen, deren Behebung dann nur aufwendig bis gar nicht möglich ist.

3. Erkennungsmerkmale/Anzeichen

Stauwasserprobleme betreffen hangzugewandte Keller- und Hauswände. Daher sollten vor allem diese und die angrenzenden Kellerböden besonders aufmerksam angesehen werden. Sind dort Feuchtigkeits- oder Nässespuren zu erkennen, sollten Sie konkret nach dem Problem von Stauwasser fragen. Kommen keine oder nicht zufriedenstellende Antworten, sollten Sie vor allem auf folgende Punkte achten:

4. Empfehlungen

Es ist grundsätzlich zu empfehlen, den höchsten Grundwasserstand mindestens der letzten 30 Jahre, besser mehr, abzufragen. Auskunft dazu geben regionale Wasserwirtschaftsämter oder, falls solche nicht greifbar sind, ggf. auch Umweltämter. Üblicherweise beobachten Kommunen über Messpunkte den Grundwasserstand langfristig, sodass sie dazu Angaben machen können. Zeigt der Keller Feuchtigkeit und liegt ein relativ hoher Grundwasserstand vor, sollte vor einem Hauskauf ein Sachverständiger den Keller gesehen haben. Wenn überhaupt keine Informationen zum Grundwasserstand zu bekommen sind, sollten zumindest Nachbarn zu ihren Erfahrungen befragt werden.

···⟩ **Sachverständige** Seite 93 f.

Können Sie an der hangzugewandten Seite innen im Keller oder außen am Haussockel Feuchtigkeitsspuren erkennen? J N

Riecht der Keller dort muffig? J N

Stehen vor der Hangseite des Hauses größere Pfützen? J N

4. Empfehlungen
Besteht ein Verdacht auf Stauwasserprobleme an einer hangzugewandten Wand, ist es sinnvoll, dass ein Sachverständiger die Situation genauer untersucht. Sie benötigen dann Aussagen dazu, ob das Problem fortgesetzt besteht, und ob und, wenn ja, in welcher Weise es dauerhaft beseitigt werden kann.

⤑ **Sachverständige** Seite 93 f.

Checkliste Statik

1. Problem
Eine funktionierende Gebäudestatik ist die Voraussetzung dafür, dass ein Gebäude dauerhaft stabil steht. Statische Probleme sind in Deutschland sehr selten, aber es gibt sie. Häufig tauchen sie weniger durch falsche Berechnung auf, sondern durch spätere umweltbedingte oder technische Eingriffe in die Gebäudesubstanz. Das können Setzungen oder Hebungen eines Gebäudes sein. Genauso kann es sein, dass Wand- oder Deckendurchbrüche ohne statische Abklärung vorgenommen wurden. Es kann auch sein, dass ein großer Balkon, der ursprünglich als sogenannte Kragplatte in die Statik einer Deckenplatte eingerechnet war, im Zuge einer Modernisierung einfach abgetrennt wurde, ohne dass die ursprünglich gerechnete Statik berücksichtigt wurde.

2. Mögliche Konsequenzen
Die Konsequenzen einer nicht mehr gegebenen Statik können verheerend sein. Es kann zu Teileinstürzen, aber auch zum Komplettzusammenbruch eines Gebäudes kommen.

3. Erkennungsmerkmale/Anzeichen
Statische Probleme zeigen sich vor allem an Rissen, auftretenden Unebenheiten oder Durchbiegungen. Sind tragende Wände nachträglich weiträumig durchbrochen worden oder wurde am Dachstuhl nachträglich schwere innere Verkleidung angebracht (z. B. doppelte Verkleidung mit Gipskartonplatten), können statische Probleme auftauchen.

Sind an den Fassaden Risse zu erkennen, die durchgängig (also z. B. über 20 bis 30 cm Höhe) und breiter als einen Millimeter sind? J N

Sind auffällige Risse an Türdurchgängen, im Bereich von Treppen oder Decken zu erkennen? J N

Sind an der Dachstuhlverkleidung oder (soweit sichtbar) am Dachstuhlholz Durchbiegungen zu erkennen? J N

Wurden am Haus nach der Errichtung umfangreichere Eingriffe vorgenommen, z. B. Mauerwerksdurchbrüche tragender Wände, Balkonabbrüche oder neue Dachaufbauten? (Möglichst fragen und Ist-Zustand mit ursprünglichen Bauplänen vergleichen, soweit es solche noch gibt.) J N

4. Empfehlungen

Vor allem dann, wenn ein Gebäude umfangreichere Umbauten erfahren hat, bei denen tragende Bauteile durchbrochen wurden oder der Dachstuhl neuen Belastungen ausgesetzt wurde, sollten Sie fragen, ob dafür ein Statiker eingeschaltet war.

Die ursprüngliche Gebäudestatik liegt häufig noch in Form von Berechnung und Planung vor und kann ausgehändigt werden. Das kann dann sinnvoll sein, wenn man einen Statiker als Sachverständigen einschaltet, damit er z. B. mögliche Umbau-Auffälligkeiten überprüft.

···> **Sachverständige** Seite 93 f.

Checkliste Fäulnis tragender Holzbauteile

1. Problem

Fäulnis, vor allem von Holzbauteilen, kann die unterschiedlichsten Ursachen haben: eindringendes Regenwasser oder Mauerfeuchtigkeit, die bis zum Holz durchdringt. Das ist z. B. sehr häufig der Fall bei Holzbalkendecken, deren Balkenköpfe im Mauerwerk liegen. Auch Innenraumfeuchte kann zu Fäulnis führen, z. B. dann, wenn keine Dampfbremse zwischen Innenraum und feuchteanfälligem Dämmmaterial angebracht wurde. Dann kann sie direkt in die Dämmung wandern, diese durchfeuchten und die Dämmung wiederum kann angrenzendes Holzwerk in Mitleidenschaft ziehen.

2. Mögliche Konsequenzen

Durchfeuchtete Holzbauteile sind vor allem dann problematisch, wenn es sich um tragende Holzbauteile handelt, also z. B. tragende Dachstuhl- oder Deckenbalken. Die Konsequenz kann letztlich statisches Versagen und Durchbruch sein, mit allen Folgeproblemen. Man kann Holzbauteile zwar auswechseln, aber das ist bei tragenden Holzbauteilen meist sehr kostenintensiv. Bei knapp gerechneten Hausfinanzierungen führen solche sehr aufwendigen Sanierungsmaßnahmen schnell zu finanziellen Problemen. Sie können auch den Einzug behindern oder stark verzögern, was dann wiederum Unterkunftsprobleme und -kosten mit sich bringen kann.

3. Erkennungsmerkmale/Anzeichen

Vor allem dort, wo Holzbauteile Berührung mit Feuchtigkeit oder Wasser haben, etwa an den entsprechenden Stellen eines undichten Dachs, und auch dort, wo Holzbauteile direkten Kontakt mit anderen Baumaterialien haben, z. B. mit Mauerwerk, sollte etwas genauer hingesehen werden. Häufig sind das Stellen, wo Holz keine natürliche Rundumbelüftung erfährt. Fühlt sich das Holz dort feucht an oder gar modrig oder quillt es auf, sollte es näher untersucht werden. Typische Problempunkte sind Kontaktstellen von Dachstuhl zu Außenwand oder zur obersten Geschossdecke oder die Durchdringungspunkte der tragenden Dachstuhlbalken durch die Hausgiebelwände oder aber Balkenauflagen entlang der Traufkanten der Außenwände (dort, wo die geneigte Dachfläche auf den oberen Abschluss der Außenwand trifft). Häufig ist das Problem bei Altbauten anzutreffen. Vor allem dort, wo beispielsweise tragende Holzbalken feuchte Sandsteinwände durchdringen. An solchen Punkten ist eine Balkenkopffäulnis fast vorprogrammiert.

- Holzbalkenköpfe liegen meist verdeckt unter Holzfußböden oder anderen Verkleidungen. Untersuchen Sie zumindest die Wand auf Deckenhöhe, ob sie feuchte Stellen oder generell Feuchtigkeit aufweist.
- Manche Balken, die von oben nicht zu sehen sind, liegen evtl. von unten frei, z. B. auch im Bereich eines Abstellraums. Dann prüfen Sie, ob schwarze Stellen, Fäulnis oder Pilzbefall sichtbar sind oder das Holz einen trockenen Eindruck macht.

Sind Balkenköpfe einsehbar? J N

Wenn ja, erkennen Sie dort feuchte Stellen? J N

Wenn der Dachstuhl unverkleidet ist, kann man ihn recht gut kontrollieren: Macht das Holz einen trockenen und unversehrten Eindruck? J N

Gibt es auffällige, dunkle Stellen, gar sichtbare Pilze auf dem Holz? J N

Ist die Dachdeckung dicht? J N

Gibt es Stellen, die einen undichten Eindruck machen? J N

Wenn der Dachstuhl verkleidet ist, sollte Folgendes versucht werden: Gibt es die Möglichkeit, irgendwo im Dachraum Revisionstüren zu öffnen, z. B. im Bereich des Kniestocks (niedrige Wand vom Boden bis zum Dachansatz), um mindestens einen Teil des Dachstuhls einsehen zu können? J N

Wenn eine Dämmung eingebaut ist, ist davor eine Dampfbremsfolie zu sehen? J N

Wenn ja, macht diese an allen Stellen einen dichten Eindruck? J N

Soweit Dämmung zu erkennen ist: Macht diese einen trockenen Eindruck? J N

4. Empfehlungen

Bemerken Sie Feuchtigkeit, Fäulnis oder Holzquellungen an tragenden Holzbauteilen, sollten Sie einen Sachverständigen zu Rate ziehen, der die Situation vor Ort im Einzelfall beurteilt. Es hat keinen Sinn, hier zu spekulieren oder auf allgemeine Aussagen auszuweichen.

⇢ **Sachverständige** Seite 93 f.

Checkliste Bodenkontamination des Grundstücks

1. Problem

Bodenkontaminationen, also Bodenverunreinigungen bzw. Bodenverseuchungen, sind ein Problem, das vor allem auf oder in der Nähe von Industrieanlagen, Bergbau, ehemaligen Militäranlagen, intensiver Landwirtschaft, Tankstellen etc. zu finden ist. Das Problem ist viel größer, als man zunächst glaubt, deswegen gibt es mittlerweile in vielen Kommunen Bodenkartierungen, in denen diese Kontaminationen festgehalten werden. Ein großes Wohngebiet, das schon immer ein Wohngebiet war, deutet eher nicht auf solche Probleme hin. Aber selbst in idyllischen Schwarzwaldlagen kam es schon zu großen Überraschungen, als man feststellte, dass Silberabbau, der weit über hundert Jahre zurückliegt, Böden großflächig verseucht hat.

2. Mögliche Konsequenzen

Bodenkontaminationen können im besten Fall durch Bodenaustausch beseitigt werden. Im ungünstigsten Fall und bei sehr tiefen Kontaminationen ist das aber nicht ohne Weiteres möglich. Dann kann ggf. nur der Oberboden ausgetauscht werden und ein Teil der Verseuchung bleibt. Das kann zu starken Einschränkungen der Gartennutzung führen. Gemüseanbau und Ähnliches ist dann oft nicht mehr möglich.

3. Erkennungsmerkmale/Anzeichen

Bodenkontaminationen sind für Laien praktisch kaum zu erkennen. Wie die Schadstoffe im Haus sind viele der Stoffe nicht ohne Weiteres sichtbar und geruchsneutral. Sie sollten nicht versuchen, solche Stoffe ausfindig zu machen, sondern nach auffälligen Indizien sehen:

Liegt ein angebotenes Grundstück in auffälliger Nähe zu Industrieanlagen? J N

Handelt es sich um ein sehr altes Wohngebiet? J N

Oder handelt es sich um ein ehemaliges Gewerbe- oder Militärgrundstück? J N

Liegt das Grundstück auf ehemals intensiv betriebener Landwirtschaftsfläche? J N

Gibt es die Möglichkeit, bei der betreffenden Kommune Bodenkarten einzusehen, in denen Bodenbelastungen eingetragen sind (z. B. beim Umwelt- oder Bauamt)? J N

4. Empfehlungen

Sprechen bestimmte Indizien dafür, möglichen Bodenkontaminationen genauer nachzugehen, sollten Sie Einblick in die Bodenkartierungen der örtlichen Umweltämter nehmen. Immer mehr Umweltämter verfügen darüber und bieten sie zur Einsicht an. Bestätigt sich dann der Verdacht auf Bodenbelastungen in dem Gebiet, in dem das Grundstück liegt, können Sie sich bei den Umweltämtern, ggf. auch beim Gesundheitsamt, über die damit verbundenen Gefahren und Risiken aufklären lassen. Nötigenfalls müssen Sachverständige eingeschaltet werden, um Bodenproben zu entnehmen und zu untersuchen.

⇢ **Sachverständige** Seite 93 f.

Checkliste Objektlage

1. Problem

Die Lage eines Grundstücks ist entscheidend für den Wert und die Wertstabilität. Ein Grundstück in schwieriger Lage innerhalb eines Ortes, einer Region oder in einem Bundesland kann große Wertverluste erzeugen. Nichts anderes beeinflusst den Kaufpreis so wie die Lage. Kommt man selbst aus der Region, kann man die Lage meist ganz gut beurteilen. Man kennt den Ruf, die Vergangenheit und die Zukunft eines Quartiers. Kommt man aber nicht aus der Region und kennt die Verhältnisse nicht, sollte man sich sorgfältig informieren.

Dieses Problem kann so weit gehen, dass es besser ist, gar kein Haus zu erwerben als eines in der falschen Lage. Wer in Regionen, die langfristig von Abwanderung betroffen sind, wie z. B. das nördliche Ruhrgebiet oder große Teile Ostdeutschlands, ein Gebäude erwirbt, ohne sich intensiv mit der Lage und dem möglichen Wertverfall auseinanderzusetzen, kann später vor einem großen Problem stehen. Auch innerhalb prosperierender Regionen gibt es natürlich Lagen mit großen Wiederverkaufsproblemen und solche, wo ein Wiederverkauf problemlos möglich ist. Die Lage ist es letztlich, die den Wiederverkaufswert einer Immobilie sichert.

Hinzu kommt, dass sich eine einmal exzellente Lage schnell in eine wenig attraktive Lage verwandeln kann. Dazu muss beispielsweise nur die Einflugschneise eines Flughafens leicht verschoben werden. Oder eine neue Straße entsteht oder ein Gewerbegebiet in der Nachbarschaft ist in Planung. Deswegen muss man solche Entwicklungen im Auge haben, vor allem, wenn man ortsfremd ist.

2. Mögliche Konsequenzen

Eine schlechte Lage kann im günstigsten Fall zu einem erheblichen Preisabschlag beim Wiederverkauf der Immobilie führen, im ungünstigsten Fall zur faktischen Unverkäuflichkeit. Muss man z. B. aus beruflichen Gründen die Region wechseln und kann dann nicht schnell genug das eigene Haus veräußern, können sehr schnell finanzielle Doppelbelastungen entstehen, die kaum zu tragen sind.

3. Erkennungsmerkmale/Anzeichen

Erkennungsmerkmale für günstige bzw. ungünstige Lagen sind für Laien gut erkennbar. Wer aus der Region kommt, in der er eine Immobilie kaufen will, wird sich problemlos einen Überblick verschaffen können. Allerdings gilt auch: Wer in seinem Heimatort bleiben kann oder will, muss nicht unbedingt ein objektives Bild von der Wahrnehmung dieses Ortes auf dem regionalen Immobilienmarkt haben. Er wird die Nähe zu Freunden, zum sozialen Umfeld oder zum Arbeitsplatz der Wertstabilität der Immobilie vorziehen.

	J	N
Ist der Stadtteil gepflegt?	☐	☐
Gibt es leer stehende Gebäude?	☐	☐
Gibt es Aussagen eines Gutachterausschusses zu den unterschiedlichen Lagen und Preisen innerhalb der betreffenden Gemeinde oder Stadt?	☐	☐

Gibt es Lärmeintrag aus der nächsten Umgebung?

	J	N
Autobahn	☐	☐
Durchgangsstraßen	☐	☐
Gewerbe	☐	☐
Industrie	☐	☐
Bahngleise	☐	☐
Flughafen	☐	☐

Was ist in der näheren Umgebung vorhanden?

Arbeitsplatz	☐
Schule	☐
Einkaufsmöglichkeiten	☐
Öffentlicher Personennahverkehr	☐
Naherholung	☐
Nachbarschaft	☐
Kleinteilige Bebauung	☐

Checkliste Grundlasten und Baulasten

4. Empfehlungen

Sind Sie in der Region, in der Sie ein Haus kaufen wollen, fremd, sollten Sie sich zunächst selbst vor Ort einen guten Überblick und persönlichen Eindruck über Orte, Ortsteile oder Stadtviertel verschaffen. Es kann sinnvoll sein, sich dafür ein paar Tage frei zu nehmen und das neue Umfeld in Ruhe zu erkunden.

Die Investition in eine Immobilie in einer Region, die starken Abwanderungsbewegungen unterliegt und in der Sie möglicherweise nicht für den Rest Ihres Lebens heimisch werden wollen, sollten Sie gut überdenken. Das kann beim Wiederverkauf zu hohen Verlusten führen.

Zur langfristigen Preisstabilität von Immobilien kann der örtliche Gutachterausschuss Informationen geben.

Empfehlenswert ist auch, bestehende Nahverkehrsanbindungen zu testen. Informieren Sie sich auch über eventuelle zukünftige Verkehrsplanungen in der Nähe des Grundstücks, wenn Sie diese nicht bereits selbst einschätzen können, z. B. aufgrund der lokalen Zeitungsberichterstattung. Solche Projekte können Vor- und Nachteile bringen, die die Lage auf- und abwerten. Informationen zu geplanten Infrastrukturmaßnahmen erhalten Sie z. B., indem Sie beim zuständigen Stadtplanungsamt oder örtlichen Bauamt nachfragen. Das ist manchmal etwas mühsam und man muss sich zum richtigen Ansprechpartner erst einmal durchtelefonieren, aber es kann sich lohnen.

Checkliste **Kaufpreis** Seite 112 f.

⇢ **Gutachterausschüsse** Seite 172

Checkliste Grundlasten und Baulasten

1. Problem

Im Grundbuch eingetragene Lasten gehören zu den rechtlichen Problemen im Zuge eines Hauskaufs. Sind im Grundbuch des Objekts Lasten zu Ihren Ungunsten eingetragen und werden diese im Zuge des Hausverkaufs nicht gelöscht, kann das unabsehbare Folgen haben.

Was das Grundbuch ist und wie es aufgebaut ist, erfahren Sie im Kapitel „Kaufvertrag und Risikoabsicherung" (⇢ Seite 181). Hier geht es nur um einen Aspekt, nämlich den der Lasten, die auf einem Grundstück liegen und daher auch im Fall einer Veräußerung bestehen bleiben. Das sind häufig Rechte Dritter zur Nutzung des Grundstücks oder seines Untergrunds. Das kann etwa eine Kanaltrassenführung sein oder eine Telefonleitungsführung. Es kann aber auch eine Gasleitungsführung sein oder oberirdische Rechte, wie z. B. ein Wegerecht für Häuser in zweiter Reihe, wenn diese keinen eigenen Straßenzugang haben. Viele Lasten sind tolerierbar, aber eben nicht alle.

Auch sogenannte Grundpfandrechte können Probleme mit sich bringen, wenn sie nicht im Zuge des Hauskaufs gelöscht werden. Es handelt sich um im Grundbuch eingetragene Hypotheken und Grundschulden. Hierzu finden Sie mehr unter Grundbuch (⇢ Seite 182) und im Kapitel „Kaufvertrag und Risikoabsicherung" (⇢ Seite 181 ff.).

Neben den zivilrechtlichen Lasten gibt es Baulasten, die öffentlich-rechtliche Verpflichtungen des Grundstückseigentümers betreffen.

Baulasten sind bau- bzw. umbaueinschränkende Regelungen. So kann es z. B. sein, dass der Eigentümer des Hauses, das Sie kaufen wollen, vor vielen Jahren seinem Nachbarn eine nähere Grenzbebauung zugestanden hat und dafür finanziell entschädigt wurde. Das heißt dann für Sie, dass Sie im Fall von Umbauten entsprechend weiter von der Grundstücksgrenze wegbleiben müssen. Kaufen Sie ein Haus, das Sie umbauen wollen, kann die Kenntnis solcher Regelungen sehr wichtig sein. Baulasten sind nicht im Grundbuch, sondern im Baulastenverzeichnis eingetragen.

2. Mögliche Konsequenzen

Im Grundbuch eingetragene Lasten können im Extremfall zu erheblichen Einschränkungen der Nutzung des eigenen Grundstücks führen, aber auch zu Problemen beim Wiederverkauf.

Baulasten können vor allem überraschende Einschränkungen beim späteren Umbauen des Hauses bedeuten.

3. Erkennungsmerkmale/Anzeichen

Grundlasten müssen im Grundbuch eingetragen werden und sind damit dort erkennbar. Sie werden in der sogenannten Abteilung II des Grundbuchs geführt. Lassen Sie sich einen aktuellen und beglaubigten Grundbuchauszug aushändigen. Oder Sie sehen das Grundbuch direkt ein. Das ist zusammen mit dem Eigentümer möglich. In Abteilung II sehen Sie dann die Lasten und Beschränkungen.

Baulasten wiederum können Sie nur im Baulastenverzeichnis einsehen. Es wird nicht bei den Grundbuchämtern an den Amtsgerichten oder Kommunen (Baden-Württemberg) geführt, sondern bei den Bauämtern. Auch hier ist die Einsicht zusammen mit dem Eigentümer möglich.

Gibt es Eintragungen von Lasten oder Beschränkungen im Grundbuch?

Gibt es Eintragungen im Baulastenverzeichnis?

- Lassen Sie sich gegebenenfalls eine aktuelle beglaubigte Kopie aus dem Grundbuch und dem Baulastenverzeichnis vorlegen.

4. Empfehlungen

Sie sollten die Formulierungen zu den Grundlasten im Grundbuch und zu den Baulasten im Baulastenverzeichnis genau lesen und sich fragen, ob Sie alles verstehen. Ist das nicht der Fall, können Sie Fachleute einschalten, die Ihnen das Nötige erläutern. Das ist zunächst der Notar, denn er muss gemäß § 17 Absatz 1 Beurkundungsgesetz ohnehin Ihren Willen und den des Verkäufers „erforschen". Allerdings ist er nach dem Beurkundungsgesetz nur angehalten, das Grundbuch einzusehen, nicht das Baulastenverzeichnis. Sie müssen ihn mit der Einsichtnahme ins Baulastenverzeichnis also entweder beauftragen oder selbst aktiv werden.

Die Grundbucheinsicht ist Teil der vom Notar zu erbringenden Leistung, auch die Willenserforschung der Beteiligten. Also können Sie eine Vorberatung beim Notar in Anspruch nehmen. Im Vorgespräch mit dem Notar sollten Sie sich dann im Einzelnen erläutern lassen, was die Eintragungen bedeuten und mit welchen Konsequenzen zu rechnen ist (⸺⸺⸥ Kapitel „Kaufvertrag und Risikoabsicherung", Seite 181 ff.).

⸺⸥ **Grundbuch** Seite 182 f.

Checkliste Wohnungs- eigentumsrecht

1. Problem

Nicht jedes Haus, das als Haus angeboten wird, ist rechtlich auch ein Haus. Vor allem bei Reihen- und Doppelhäusern ab den 1990er Jahren sind angebotene gebrauchte Häuser nicht selten rechtlich keine Häuser, sondern (Eigentums-)Wohnungen. Das liegt daran, dass sie nach dem Wohnungseigentumsgesetz (WEG) aufgeteilt wurden. Oft sind z. B. mehrere Reihenhäuser auf einer gemeinsamen Tiefgarage errichtet oder auf einer gemeinsamen Grünfläche. Die Häuser verfügen dann nicht über ein eigenes Grundstück im Sinne der Realteilung, sondern haben an der Grünfläche nur ein gemeinschaftliches Eigentum zusammen mit den Nachbarhäusern. Man kann dann den Garten nicht einfach nutzen, wie man will, sondern ist nur Miteigentümer einer Gesamtanlage. Für alle Nutzungen, Neunutzungen oder Umgestaltungen, wie z. B. den Neuanstrich von Fassaden, ist dann die sogenannte Wohnungseigentümerversammlung ggf. abstimmungsberechtigt.

2. Mögliche Konsequenzen

Die Konsequenzen daraus sind erheblich. Ein Haus kauft man oft ja auch deshalb, weil man eine gewisse Unabhängigkeit im Wohnen erreichen will. Durch das Wohnungseigentumsrecht gerät man jedoch in zahlreiche Abhängigkeiten von den Entscheidungen der Mitbewohner. Selbst das Aufstellen einer Kinderschaukel auf einer Grünfläche kann von Mehrheitsentscheidungen abhängen. Wer das nicht will, der muss vor allem bei Reihenhäusern und Doppelhäusern neuerer Baujahre, ab den 1980er/1990er Jahren, genauer hinsehen. Weiteres Problem: Meist geringerer Schallschutz. Während Reihenhäuser in Realteilung fast immer doppelte Trennwände zum Nachbarhaus und eigene Decken haben, ist dies bei Reihenhäusern nach dem Wohnungseigentumsgesetz anders. Hier gibt es häufig durchlaufende Decken und nur einfache Trennwände. Hintergrund: Es handelt sich rechtlich nicht um Häuser, sondern faktisch um mehrgeschossige Wohnungen, daher kann auch ganz anders gebaut werden.

3. Erkennungsmerkmale/Anzeichen

Ob eine Doppel- oder Reihenhausanlage auf dem Wohnungseigentumsgesetz basiert oder nicht, können Sie durch einen Blick ins Grundbuch schnell erkennen. Wenn das Haus, das Sie kaufen wollen, kein eigenes Grundbuchblatt hat, sondern dieses mit den anderen teilt und im Grundbuch nur ein Miteigentum eingetragen ist, dann handelt es sich nicht um Alleineigentum an einem Grundstück, sondern um Miteigentum nach dem Wohnungseigentumsgesetz. In sogenannten Teilungserklärungen werden dann Aufteilung sowie Rechte und Pflichten aller Miteigentümer detailliert geregelt. Bei Reihenhausanlagen, die nur leicht abgetrennte

Gärten haben, wo nirgends Grenzsteine sitzen oder die auf gemeinsamen Tiefgaragen platziert sind und die nicht über doppelte Trennwände zu den Nachbarhäusern verfügen, liegt die Vermutung nahe, dass es sich um Miteigentum nach dem Wohnungseigentumsgesetz handelt. Auch durchlaufende Regenrinnen und gemeinsame Müll- und Stellplätze können auf Miteigentum nach dem Wohnungseigentumsgesetz hindeuten. Wenn bei den Verkaufsunterlagen eine sogenannte Teilungserklärung auftaucht, deutet das ebenfalls auf Miteigentum nach dem Wohnungseigentumsgesetz hin.

Verfügt ein Reihen- oder Doppelhaus über eine doppelte Trennwand zu den Nachbargebäuden? J N

Liegt eine beglaubigte Kopie des Grundbuchs vor und finden Sie darin in der Aufschrift (dem Deckblatt) den Begriff Wohnungs- oder Teileigentumsgrundbuch? J N

Oder finden Sie in der ersten Abteilung Angaben zu „Miteigentumsanteilen"? J N

Gibt es eine schriftliche Teilungserklärung? J N

Gibt es eine zeichnerische Teilungsdarstellung? J N

4. Empfehlungen

Sind Sie sich unsicher, ob es sich um Miteigentum nach dem Wohnungseigentumsgesetz handelt oder nicht, hilft eine Frage an den bearbeitenden Notar. Handelt es sich um Miteigentum nach dem Wohnungseigentumsgesetz, sollten Sie sich die Teilungserklärung sehr sorgfältig durchlesen. Auch die Einsicht in die Protokolle der Wohnungseigentümerversammlung und die Beschlusssammlung der Wohnungseigentümergemeinschaft, meist hinterlegt beim Verwalter der Wohnungseigentümergemeinschaft, ist sinnvoll. Hieraus erfahren Sie vor allem, welche Beschlüsse gefasst wurden, welche Rücklagen gebildet sind und welche Investitionen beschlossen wurden.

Außerdem sollten Sie sich überlegen, ob Sie überhaupt ein Gebrauchthaus unter den Rahmenbedingungen des Wohnungseigentumsgesetzes kaufen und bewohnen wollen. Vor dem Kauf sollten Sie einen Blick ins Wohnungseigentumsgesetz werfen, um eine Idee davon zu erhalten, welchen gesetzlichen Regelungen Sie sich mit dem Erwerb solchen Eigentums unterwerfen. Zum Ein- bzw. Nachlesen finden Sie das jeweils aktuelle Wohnungseigentumsgesetz unter www.gesetze-im-internet.de, dem offiziellen Gesetzesportal der Bundesregierung. Es kann auch hilfreich sein, im eigenen Freundes- und Bekanntenkreis unter Wohnungsbesitzern nach ihren persönlichen Erfahrungen mit den Wohnungseigentümerversammlungen und der Wohnungseigentumsverwaltung zu fragen.

Checkliste Kaufpreis

1. Problem

Selbst wenn alle Parameter eines Hauses geradezu ideal stimmen, kann allein der Kaufpreis einen Hauskauf vollkommen unwirtschaftlich machen. Daher ist er ein entscheidender Punkt, der nötigenfalls sachgerecht überprüft werden muss.

2. Mögliche Konsequenzen

Eine hohe Überzahlung eines eigentlich angemessenen Hauspreises hat mehrere Auswirkungen. Ein höherer Hauspreis führt meist dazu, dass der Eigenkapitalanteil an der Finanzierung sinkt. Das wiederum führt meist dazu, dass das Darlehen teurer wird, weil Banken bei geringerem Eigenkapitalanteil höhere Zinsen verlangen. Mit den höheren monatlichen Belastungen steigen insgesamt die Finanzierungskosten. Das kann zu einem zusätzlichen Verlust beim Wiederverkauf des Hauses führen. Das alles trägt nicht zu einer sinnvollen Investition bei. Muss man das Haus eventuell später unter Zeitdruck verkaufen, sind mitunter noch höhere Abschläge notwendig, was zu noch höheren Verlusten führt. Es kann dann sogar fraglich sein, ob ein evtl. noch ausstehender Kredit auch wirklich abgelöst werden kann.

3. Erkennungsmerkmale/Anzeichen

Ein typisches Erkennungszeichen eines teuren oder zu teuren Hauses ist, wenn es in einer interessanten Lage mit guter Aufteilung und Ausstattung bereits sehr lange am Markt angeboten wird. Wäre der Preis in einem akzeptablen Rahmen, wäre es sicher schneller verkauft. Offensichtlich geht es aber auch anderen Interessenten so, dass sie zögern. Substanziellere Erkennungsmerkmale lassen sich von den sogenannten Gutachterausschüssen herleiten. Diese Ausschüsse werden nach gesetzlicher Vorgabe von Städten und Gemeinden eingesetzt, um die regionalen Immobilienpreise langfristig zu beobachten. Üblicherweise geben sie jährlich Dokumentationen hierzu heraus. Liegt ein Hauspreis deutlich über dem für die Lage und Größe dokumentierten Preis, sollten Sie genauer hinsehen.

Seit wann wird das Haus, das Sie besichtigen, schon angeboten? (Monat/Jahr) ☐ / ☐

Haben Sie den Hauspreis mit der Dokumentation des örtlichen Gutachterausschusses verglichen? ☐ J ☐ N

Gibt es eine Gebäudewertermittlung eines unabhängigen Sachverständigen? ☐ J ☐ N

4. Empfehlungen

Lesen Sie zunächst die Dokumentation des regionalen Gutachterausschusses. Manchmal kostet die Dokumentation etwas, manchmal nichts. Kommen Sie mit den Angaben, die darin verzeichnet sind, nicht zurecht, ist es sinnvoll, direkt bei einem Mitglied des Gutachterausschusses nachzufragen. Oft sind auch Mitarbeiter der Kommune Mitglieder des Gutachterausschusses. Falls die Preisvorstellungen zwischen Verkäufer und Käufer erheblich voneinander abweichen, gleichzeitig aber kein anderer Käufer in Sicht ist, kann auch die Einschaltung eines Sachverständigen zur Bewertung bebauter und unbebauter Grundstücke sinnvoll sein, der eine unabhängige und neutrale Bewertung vornimmt. Er sollte aber vorab eine Äußerung dazu abgeben, ob seine Wertermittlung überhaupt zu einer Korrektur nach unten führt. Eine Korrektur nach oben hilft Ihnen nicht weiter.

Möglicherweise ist auch der Verkäufer an einem solchen Gutachten interessiert. Dann sollte die Kostenübernahme vorher geklärt werden. Wenn Sie diese Kosten übernehmen sollen, dann muss Ihnen auf der anderen Seite mindestens zugesichert werden, dass das Gebäude bis zur Vorlage des Gutachtens und

Ihrer Entscheidung nicht anderweitig veräußert wird. Sonst hat die Investition keinen Sinn.

Liegt ein Gutachten vor oder Preisdokumentationen des Gutachterausschusses und bewegen sich diese deutlich unter den Preisvorstellungen des Verkäufers, kann das dazu führen, das Sie den Preis nach unten verhandeln können. Das wird aber nur dann funktionieren, wenn nicht andere Interessenten zugreifen. Häuser in guter Lage zu einem fairen Preis sind fast immer relativ zügig verkauft. Schwierig zu verkaufen sind eher Häuser in nicht guter Lage, selbst bei günstigem Preis, oder Häuser in guter Lage bei zu hohem Preis.

Die Wertermittlung eines Maklers ist uninteressant, seine Courtage hängt praktisch immer unmittelbar von der Höhe des Verkaufspreises ab und ist daher nicht unabhängig. Makler haben ein Interesse an einem hohen Verkaufspreis, nicht an einem niedrigen.

Bei einem Haus, das schon länger angeboten wird, kann es durchaus sein, dass die Verkäufer am Anfang des Verkaufsprozesses noch jede Verhandlung über den Kaufpreis abgelehnt haben, für solche Verhandlungen nach einer Weile aber offener werden, wenn sie merken, dass sie mit ihren Preisvorstellungen am Markt nicht durchgekommen sind.

┈❯ **Gutachterausschüsse** Seite 172

┈❯ **Sachverständige** Seite 93 f.

Checkliste Dachstuhl und Dach

1. Problem

Wenn nur die Dachdeckung, also die Dachziegel und evtl. die darunter befindliche Dachpappe, veraltet ist, kann sie durch jedes Dachdeckerunternehmen relativ unproblematisch ausgewechselt werden. Anders sieht es aus, wenn auch der Dachstuhl, also das Tragholz, auf dem die Dachdeckung liegt, Schäden aufweist. Vor allem Feuchtigkeit kann dem Holz zusetzen. Aber auch weitergehende Schäden, wie z. B. der Befall des Holzes mit Hausschwamm, kann ein Problem sein. Oder die Behandlung des Holzes mit Holzschutzmitteln, die die Raumluft ausgebauter Dächer belasten können. Feuchtigkeit im Holz und einen Holzschwamm (eine Art dunkler Pilz) kann man als Laie durchaus erkennen, Holzschadstoffe nicht ohne Weiteres. Ein offener Dachstuhl kann relativ einfach auf Holztrockenheit überprüft werden. Ganz anders sieht das bei einem geschlossenen, also ausgebauten Dach aus. Meist ist dies mit einer Holz- oder Gipskartonverkleidung verschalt und man kann sich das Holztragwerk nicht mehr ansehen. Man weiß dann nicht, ob Dachstuhlholz und Dämmung in Ordnung sind oder nicht.

Ist das Dach ausgebaut und wird als Wohnraum genutzt, ist wichtig, dass die baurechtlichen Voraussetzungen, vor allem aus den Landesbauordnungen, erfüllt sind, also die natürliche Belichtung, die Möglichkeit der Beheizung und die Raumhöhe. Die notwendige Raumhöhe wird bei Dachräumen meist mit einem Mindesthöhenwert über einen Mindestanteil der Grundfläche definiert, da die Raumhöhe in Dachgeschossräumen naturgemäß nicht an jeder Stelle gleich hoch ist. Das Problem ist, dass vor allem viele nachträglich und selbst ausgebaute Dächer diese Vorgaben nicht einhalten. Bei selbst ausgebauten Dachgeschossen kommt hinzu, dass die Ausbauqualität sehr unterschiedlich ist. Es gibt qualitativ gute Ausbauten, wenn sie von einem Zimmermann durchgeführt wurden, und sehr schlechte, wenn sie von einem Sachunkundigen privat durchgeführt wurden. Klassische Probleme sind hierbei immer wieder eine nicht oder nur unzureichend verlegte Dämmung und Dampfsperre bzw. Dampfbremse sowie ein nicht sachgerechter Unterbau der inneren Dachverkleidung.

Auch die Dachdämmung kann zum Problem werden. Sehr häufig wurde bis in die 1980er und 1990er Jahre hinein Mineralwolle verwendet, deren Fasern lungengängig oder nicht biolöslich, also nicht durch den Körper abbaubar, sind. Daher ist es auch aus diesem Grund wichtig, dass vor der Dämmung eine dichte Folie sitzt und die Mineralfasern nicht in ausgebaute Dachräume eindringen können.

2. Mögliche Konsequenzen

Wenn die äußere Dachdeckung undicht ist, kann von außen Wasser eindringen und den Dachstuhl und den Dachboden schädigen.

Soweit das Dach und auch die oberste Geschossdecke zwischen Obergeschoss und Dachboden nicht gedämmt sind, muss zumindest die Dämmung der obersten Geschossdecke durch den Käufer nachgeholt werden. Dies schreibt die Energieeinsparverordnung (EnEV) vor.

Ist das Dach ausgebaut, kann es trotzdem sein, dass es gar nicht die baurechtlichen Voraussetzungen erfüllt, um offiziell als Wohnraum genutzt werden zu können. Privat kann man das dann zwar tun, aber offiziell als Wohnraum vermieten kann man den Dachraum dann genauso wenig, wie ihn im Fall eines Wiederverkaufs des Hauses als Wohnfläche angeben.

Nicht sachgemäß ausgebaute Dachgeschosse können technisch so problematisch sein, dass man den Ausbau zunächst rückgängig machen muss, um ihn dann neu und sachgemäß wieder aufzubauen. Meist sind hiervon die Dämmung, die Dampfsperre bzw. Dampfbremse und die Innenverkleidung der Dachflächen sowie deren Unterbau betroffen. Die Dampfbremse ist eine dünne Folie zwischen der Innenverkleidung der Dachflächen und der dahinterliegenden Wärmedämmung. Sie verhindert, dass Raumluftfeuchte aus dem Raum in die Dachdämmung dringen kann. Dies könnte die Dachdämmung durchfeuchten, was ihr die Dämmwirkung nehmen würde. Außerdem könnte sie die Feuchte auf das Dachstuhlholz übertragen, was bis hin zu Schäden am Dachstuhl führen kann. Fehlende oder defekte Dampfbremsen können erhebliche Schäden verursachen.

Evtl. muss auch die Dämmung selbst ausgetauscht werden, wenn es sich um eine Mineralfaserdämmung mit lungengängigen Fasern handelt, die zum Innenraum hin nicht absolut dicht durch eine Folienlage getrennt ist. Beim Austausch sind wichtige Arbeitsschutzvorschriften zu beachten (vor allem wirksamer Atemschutz).

3. Erkennungsmerkmale/Anzeichen

Bei einem nicht ausgebauten Dachgeschoss sollten Sie gründlich prüfen, ob die Dachfläche, also vor allem die Dachziegel oder eine anderweitige Dachdeckung, dicht und lückenlos sitzt. In gewissem Maße geht das von außen mit dem Fernglas. Noch besser geht es von innen, wenn das Dach nicht ausgebaut und der Dachstuhl frei zugänglich ist. Dazu müssen Sie aber unbedingt auch ins Dachgeschoss steigen bzw. auf den unausgebauten Dachboden. Außerdem sollten Sie überprüfen, ob das Dach selbst oder die oberste Geschossdecke gedämmt ist.

Ist das Dach ausgebaut, sollten Sie nach Stellen im Dachstuhl suchen, an denen man hinter die Verkleidung der Dachschrägen sehen kann. Manchmal gibt es irgendwo im Kniestockbereich (Wandbereich zwischen Geschossdecke und Dachschräge) Revisionstüren, durch die Sie in den dahinterliegenden Dachaufbau sehen können. Wichtig ist, zu schauen, ob die Dachschrägenverkleidung auf einer Lattungsunterkonstruktion an die Dachbalken montiert ist und nicht einfach nur direkt auf ihnen. Ferner muss unbedingt geprüft werden, ob eine Dampfsperr- bzw. Dampfbremsfolie zwischen Dachschrägenverkleidung und dahinterliegender Dämmung montiert ist. Diese Folie muss auch an allen Abschlusspunkten, wie z. B. Dachbalken, Abluftrohren, Giebelwänden etc., absolut dicht angebracht sein. Keinesfalls sollte das mit Metallklammer-Tackerungen oder irgendeinem beliebigen Bauklebeband erfolgt sein. Dazu sind spezielle Klebebänder erforderlich. An diesen Stellen sollten Sie nachsehen, welches Klebeband verwendet wurde. Das geht, wenn z. B. ein Produktname auf dem Klebeband aufgedruckt ist. Sie können diesen dann im Internet recherchieren.

Soweit ein Dach durch eine Mineralfaserdämmung gedämmt ist, sollten Sie nach dem Einbaujahr der Mineralfaser fragen. Faserstoffe, die bis 1995 eingebaut wurden, erfüllen häufig nicht die Anforderungen, die heute an sie bezüglich Faserlängen und Biolöslichkeit (Abbaubarkeit durch den Körper) gestellt werden.

Ist die Dachdeckung dicht? ☐ J ☐ N

Bei gedämmten oder ausgebauten Dächern: Ist die Dampfbremse zwischen Innenverkleidung und Dachdämmung einsehbar? ☐ J ☐ N

Ist sie dicht?
☐ J
☐ N

Welches Baujahr hat das Haus? _____

Ist eine Mineralfaserdämmung eingebaut? ☐ J ☐ N

Wenn die Mineralfaserdämmung erst im Zuge einer späteren Modernisierung eingebaut wurde, wann war das? _____

Machen Dachdämmung und Dachstuhl einen trockenen Eindruck? ☐ J ☐ N

Gibt es Bereiche, wo sich Dachbalken oder die Innenverkleidung (häufig Gipskartonplatten) stark durchbiegen? ☐ J ☐ N

Hat die Innenverkleidung einen vernünftigen Unterbau (Lattung und Konterlattung)? ☐ J ☐ N

Oder ist sie einfach an die Dachbalken geschraubt? ☐ J ☐ N

Gibt es ggf. eine Holzinnenverkleidung? ☐ J ☐ N

Wenn ja, mit welchen Holzschutzmitteln ist diese behandelt worden (Frage an den Eigentümer)? _____

Checkliste Schallschutz

Gibt es Schrägdachfenster, an deren Laibungen Wasserspuren zu entdecken sind? J N

Machen sie einen undichten Eindruck (öffnen und schließen)? J N

4. Empfehlungen

Wenn Sie ausgebaute Dachgeschosse zur Wohnnutzung vorfinden, sollten Sie erfragen, ob das Dach von Beginn an ausgebaut war oder erst später ausgebaut wurde. Haben Sie Zweifel, ob die bautechnischen Voraussetzungen nach den Landesbauordnungen erfüllt sind, hilft nur das Nachmessen nach deren Vorgaben. Solange Sie die Räume nur privat nutzen wollen, ist das relativ gleich, relevant wird es erst im Vermietungsfall oder im Wiederverkaufsfall des Hauses.

Ferner sollten Sie sich erkundigen, wer den Ausbau vorgenommen hat – eine Fachfirma oder Privatpersonen? Ist der Dachausbau nicht professionell durchgeführt, können Sie damit rechnen, dass ein Neuausbau des Dachs notwendig sein kann. Dies bedeutet üblicherweise eine niedrige fünfstellige Investition.

Gerade bei älteren Dachgeschossausbauten aus den 1960er, 1970er und 1980er Jahren, bei denen Holzverkleidungen der Dachschrägen zum Einsatz kamen, kann es Probleme mit Schadstoffen geben.

Ferner enthält die Mineralwolledämmung aus diesen Baujahren meist noch die erwähnten lungengängigen Fasern.

Checkliste **Schadstoffe** Seite 99 ff.

1. Problem

Unzureichender Schallschutz ist ein häufig übersehenes Problem beim Hauskauf. Wenn es sich um ein freistehendes Haus handelt, relativiert sich das Problem insoweit, als Schalleinträge aus dem Innern nur durch die eigene Familie oder andere Mitbewohner erfolgen können. Das kann man in gewisser Weise beeinflussen. Etwas anders ist es aber bei Doppel- oder Reihenhäusern. Haben diese keine doppelten Trennwände, kann das Zusammenleben mit den Nachbarn sehr anstrengend werden.

Die häufigsten Probleme sind nicht schallentkoppelte Treppen, Rohrleitungen und Armaturen, nicht schallgedämmte Estriche, dünne Massivwände und schlechter Schallschutz der Fenster. Bei Doppel- und Reihenhäusern kommt das angesprochene Problem fehlender doppelter Trennwände zwischen den Häusern und mitunter auch durchlaufender Geschossdecken hinzu.

Ein weiteres Problem ist der Außenschalleintrag. Liegt das Haus an einer großen Straße, an einer Güterbahnlinie, in Gewerbenähe oder in der Einflugschneise eines Flughafens, muss man sich auch davor schützen. Das betrifft vor allem die Qualität der Fenster und den Dachausbau, soweit das Dach bewohnt wird oder werden soll. In modernen Bebauungsplänen werden die potenziellen Schalleinwirkungen von außen durch die Festlegung von Lärmpegelbereichen, für die besondere bauliche Maßnahmen gelten, berücksichtigt.

2. Mögliche Konsequenzen

Schlechter Schallschutz führt zu Beeinträchtigungen des Wohnkomforts. Sind Treppen, Rohrleitungen und Armaturen nicht schallentkoppelt montiert, kann man jeden Tritt auf der Treppe im ganzen Haus hören. Man hört das Wasser und Abwasser durch die Rohrleitungen rauschen und jedes Kurbeln an den Wasserhähnen. Fehlende sogenannte schwimmende Estriche, die nicht vollständig von der Deckenplatte und den angrenzenden Wänden entkoppelt sind, führen dazu, dass man jeden Schritt hört, im Geschoss selbst und aus dem jeweils darüberliegenden Geschoss. Dünne Massivwände, also z. B. nicht tragende Zimmertrennwände, sind ausgesprochen schlecht geeignet für einen guten Schallschutz. Fenster ohne besonderen Schallschutz lassen Außenlärm eindringen. Und fehlende doppelte Haustrennwände können dazu führen, dass man das Familienleben gleich um die Nachbarn links und rechts erweitern kann.

Fehlenden Schallschutz können Sie nur teilweise nachbessern, da er ganz erheblich mit der Baukonstruktion des Gebäudekörpers und angrenzender Bauteile zu tun hat, die nicht ohne Weiteres auswechselbar sind. Er führt aber nicht zu einem Totalausfall des Hauswertes. Häufig hat er auch kaum Einfluss auf den Kauf- oder Verkaufspreis eines Hauses.

Recht gut nachrüsten kann man Schutzmaßnahmen gegen Außenschalleintrag. Das heißt aber häufig, dass Sie zumindest die bestehenden Fenster gegen moderne Schallschutzfenster austauschen müssen. Das ist dann gleich zu Anfang eine erhebliche Investition im fünfstelligen Bereich.

3. Erkennungsmerkmale/Anzeichen

Fehlenden Schallschutz können Sie am besten am Hausbaujahr ablesen. Erst in den 1970er Jahren wurde Schallschutz ernster genommen. Immer häufiger wurden Trittschallstriche auf den Geschossdecken eingebaut. Nach wie vor waren aber einfache Trennwände bei Reihenhäusern weit verbreitet. Erst in den 1980er Jahren erlangte der Schallschutz auf dem Gebiet der damaligen Bundesrepublik eine gewisse flächendeckende Umsetzung im Hausbau. Durch den in den 1990er Jahren und danach immer stärker aufgekommenen Bauträgerbau hat sich das Problem teilweise aber wieder verschlechtert. Das liegt u. a. daran, dass verstärkt auch Doppelhäuser und Reihenhäuser nach dem Wohnungseigentumsrecht gebaut werden. Das heißt, die Häuser sind nicht wirklich eigenständige Häuser, sondern nur Gebäudeteile einer Gesamtanlage. Dadurch kann Geld gespart werden, weil z. B. Gebäudedecken durchlaufend betoniert werden können und darauf einfache Trennwände gesetzt werden.

Da man Wände und Böden nicht öffnen kann, können Sie den Schallschutz im Wesentlichen nur erfragen, selbst testen und ggf. aus den Plänen lesen. Sind beispielsweise Grundrisspläne vorhanden, können Sie bei einem Doppel- oder Reihenhaus nachsehen, ob eine doppelte Trennwand geplant war. Auch einen geplanten Trittschallschutz können Sie in den Schnittplänen der Werkplanung eines Hauses erkennen. In einem solchen Fall ist zwischen der Estrichschicht und der Rohdecke noch eine Schicht eingezeichnet, ähnlich stark wie der

Estrich. Das ist der Trittschallschutz. Er liegt wie eine Art Dämmmatte zwischen Estrich und Rohdecke, um Tritte auf den Estrich abzufedern.

Eine weitere Möglichkeit ist die Baubeschreibung, soweit sie vorliegt. Möglicherweise sind dort nähere Angaben zur Bauweise zu finden. Häufig bleibt aber nur der praktische Test vor Ort.

Probleme mit Außenschalleintrag lassen sich durch aufmerksame Wahrnehmung des Umfelds, in dem das Gebäude steht, meist gut erkennen. Große Straßen, Bahnlinien, Gewerbe oder ein Flughafen in der Nähe sind Indizien. Manchmal ist es auch hilfreich, den Verkehr in Hausnähe während der Rushhour zu prüfen.

Innenschalleintrag/Schalleintrag aus Nachbargebäuden

Welches Baujahr hat das Haus? ☐

- **Testen Sie den Trittschallschutz:** Eine Person geht ins Obergeschoss und läuft stampfend über die Decke, während die andere unten steht und hört.

- **Testen Sie den Schallschutz bei Trennwänden zu Nachbarhäusern.** Nötigenfalls klingelt eine Person kurz beim Nachbarn und klopft von dort an die Zwischenwand, während die andere Person im Haus verbleibt.

- **Betätigen Sie auch Wasserhähne und WC-Spülungen und prüfen Sie die Geräuschkulisse, vor allem aus angrenzenden Nachbarräumen.**

Außenschalleintrag

Gibt es große Straßen, Bahnlinien, Gewerbe, Autobahnen oder Flughäfen in der Nähe? J N

Gibt es einen Bebauungsplan für das Gebiet? J N

Sind dort evtl. Lärmpegelbereiche eingetragen? J N

Wenn ja, verfügt das Haus über besondere Schallschutzmaßnahmen, wie z. B. Schallschutzfenster und besondere Dachinnenverkleidungen (z. B. doppelte Gipsplattenbeplankung) bei ausgebautem Dachstuhl? J N

Wie ist der Lärmpegel während der Rushhour?
Sehr laut ☐
Laut ☐
Hörbar ☐
Nicht hörbar ☐

4. Empfehlungen

Der Erwerb eines Hauses mit schlechtem Schallschutz ist auch abhängig von der Schallsensibilität der Bewohnerinnen und Bewohner. Wird das Haus durch einen Berufsmusiker und seine Familie erworben, ist das sicher ein anderer Hintergrund, als wenn ein Paar, das sich vielleicht wechselseitig gut abstimmen kann, ein Haus erwirbt. Wieder andere Bedürfnisse kann eine Großfamilie haben.

Es ist sinnvoll, sich auf die Schalleinflüsse zu konzentrieren, die man nicht selbst oder im Rahmen einer Partnerschaft oder Familie beeinflussen kann (Straßenverkehr, Flughafen, Bahnverkehr, Gewerbe).

Bleibt das Problem der angrenzenden Nachbarn. Hier empfiehlt sich, vor dem Kauf einer Doppelhaushälfte oder eines Reihenhauses zu klingeln und sich vorzustellen, sodass Sie einen ersten Eindruck von den zukünftigen Nachbarn bekommen. Gibt es später doch erhebliche Probleme, können Sie mit sogenannten Vorsatzschalen (z. B. vor die Wand auf ein Trägersystem geschraubte Gipskartonplatten, die mit weichem Faserdämmstoff hinterfüttert werden) versuchen, den Lärm zu reduzieren. Ein wenig Grundfläche geht dabei natürlich verloren.

Falls man Ihnen im Zuge eines Hauskaufs mitteilt, der Schallschutz des Hauses sei nach DIN erfolgt, sagt dies nicht viel aus. Die betreffende DIN 4109 gilt als veraltet und schon lange nicht mehr als Stand der Technik. Auch ein erhöhter Schallschutz gemäß Beiblatt 2 zur DIN spiegelt schon lange nicht mehr das wider, was im Schallschutz möglich ist.

Checkliste Wärmedämmung

1. Problem

Fehlende Wärmedämmung an Fenstern, Fassaden und Dach bzw. oberster Geschossdecke führt zu Wärmeverlusten während der Heizperiode. Möchten Sie trotz schlechter Dämmung angenehme Raumtemperaturen haben, müssen Sie deutlich mehr heizen als in einem gedämmten Gebäude. Das hat höhere Energiekosten zur Folge. Allerdings ist eine Wärmedämmung auch nachträglich gut nachrüstbar, soweit es sich nicht um ein verklinkertes Gebäude oder um einen Altbau mit Fassadenzierwerk handelt. In solchen Fällen muss entweder eine Kerndämmung zwischen Klinkerwand und Fassade oder eine Wandinnendämmung erfolgen. Ob Sie eine Wärmedämmung anbringen oder nicht, hängt entscheidend von der Wirtschaftlichkeit der Maßnahme ab. Diese kann nur im Einzelfall beurteilt werden und hängt u. a. wiederum vom Heizverhalten der Nutzer ab.

2. Mögliche Konsequenzen

Eine umfassende Modernisierung von Wärmedämmung, Fensterwechsel, Heizungswechsel, Solarkollektorinstallation, Dachdämmung und Einbau einer Lüftungsanlage kann schnell auf 75.000 Euro und mehr steigen. Allerdings können Sie das selbst sehr gut steuern und müssen nicht alles sofort nach dem Kauf eines Hauses machen. Erwerben Sie ein Haus, müssen Sie innerhalb von zwei Jahren zwingend gemäß Energieeinsparverordnung (EnEV) nur die oberste Geschossdecke und freiliegende, warmwasserführende Rohrleitungen in unbeheizten Räumen dämmen. Beides sind aber finanziell zumutbare Nachrüstungen.

3. Erkennungsmerkmale/Anzeichen

Ob ein Haus mit einer zusätzlichen Wärmedämmung an der Fassade ausgestattet ist oder nicht, können Sie sehr einfach durch eine Klopfprüfung feststellen. Häufig ist der Sockelbereich des Kellers nicht gedämmt, sondern erst die Erdgeschossaußenwand. Diese steht dann meist etwas vor, d. h., die Dämmung sitzt auf einem sockelumlaufenden Steg auf. Oft wurden Hartschaumdämmplatten verwandt, die verputzt wurden und beim Anklopfen einen hellen Klang erzeugen.

Auch bei den Dämmmaßnahmen geben die Baujahre wichtige Hinweise. Wärmedämmung oder Energieeinsparung im Hausbau waren kein Thema, bis 1977 die erste Wärmeschutzverordnung in Kraft trat. Und das auch nur auf dem Gebiet der damaligen Bundesrepublik. Man kann also davon ausgehen, dass Häuser mit einem früheren Baujahr keine angemessene Wärmedämmung haben, wenn sie nicht zwischenzeitlich nachgerüstet wurden. Aber auch dann fragt sich, ob sie ausreichend nachgerüstet wurden. Eine nachträgliche 5 bis 10 cm starke Wärmedämmung war damals ein erster Schritt, ist aber aus heutiger Sicht ganz sicher als nicht ausreichend zu bezeichnen. Aber auch viele Häuser, die nach 1977 errichtet wurden, haben bei Weitem keine ausreichende Dämmung. Erst etwa ab den 1990er Jahren begann man, aufgrund der parallelen gesetzlichen Verschärfungen, flächendeckend mit ernstzunehmenden Gebäudedämmmaßnahmen bei Neubauten. Gebäude aus den 1980er Jahren sind im ehemaligen Westdeutschland klar noch einer Übergangsphase zuzuordnen. In Ostdeutschland spielten energetische Fragen bis zum Zusammenbruch der DDR 1989 überhaupt keine Rolle.

Ein weiteres, aber nicht wirklich sicheres Anzeichen, ob ein Gebäude ausreichend gedämmt ist, kann der Gebäudeenergieausweis sein. In ihm ist entweder der tatsächliche, zurückliegende Energieverbrauch des Gebäudes angegeben (verbrauchsorientierter Ausweis) oder der prognostizierte Energiebedarf (bedarfsorientierter Ausweis). Finden sich im Ausweis schlechte Werte, ist die Wahrscheinlichkeit hoch, dass das Haus nicht oder nicht ausreichend gedämmt ist. Ein Beispiel eines Energieausweises finden Sie im Basis-Ratgebertitel „Kauf eines gebrauchten Hauses" der Verbraucherzentralen.

Gibt es ein helles oder hohles Geräusch, wenn Sie gegen die Außenfassade klopfen? J N

Gibt es Fenster- oder Türlaibungen, an denen Sie zumindest ungefähr die Dämmstärke erkennen können? J N

Wenn ja, wie stark ist die Dämmung etwa? cm

Liegt ein Gebäudeenergieausweis vor? J N

Enthält er niedrige Verbrauchs- bzw. Bedarfswerte? J N

Enthält er hohe Verbrauchs- bzw. Bedarfswerte? J N

4. Empfehlungen

Es ist ein Trugschluss, dass ein Gebäude zwingend einen höheren Wiederverkaufswert erreicht, nur weil es gedämmt ist. Dieser wird fast ausschließlich durch die Lage, die Größe, den generellen baulichen Zustand und ggf. die Haus-Aufteilung bestimmt. Das heißt, energetische Modernisierungsmaßnahmen müssen möglichst durch die damit einzusparenden Energiekosten kompensiert werden. Noch immer sind viel zu viele Modellrechnungen auf dem Markt, die unrealistisch kurze Amortisationszeiten versprechen.

Die Amortisationszeit hängt wesentlich von den Energiekosten ab. Und diese sind nach wie vor noch lange nicht auf Höhen, die bei umfangreichen Maßnahmen Amortisationszeiten von deutlich unter 20 Jahren möglich machen.

Sie können also durchaus eine ungedämmte Immobilie erwerben und dann z. B. schrittweise Modernisierungen durchführen, je nach Kassenlage. Zunächst die ggf. gesetzlich vorgeschriebenen Maßnahmen (→ Seite 91 ff.), dann können Sie über weitere Schritte nachdenken. Eine generelle Fassaden-Wärmedämmung ist dabei eine der sinnvollsten Maßnahmen, weil sie mit das größte Einsparpotenzial hat.

Wollen Sie von vornherein Klarheit haben, was alles für eine umfangreiche energetische Modernisierung zu tun wäre, können Sie vor dem Hauskauf einen Energieberater mit einer Begutachtung beauftragen. Solche Begutachtungen sind förderfähig, wenn die Energieberater bestimmte Qualifikationen einhalten und die Förderung korrekt und rechtzeitig beantragt wird. Das Bundesamt für Wirtschaft und Ausfuhrkontrolle (BAFA) bietet dieses Förderprogramm an und führt eine Liste mit zahlreichen Energieberatern aus ganz Deutschland, deren Beratung förderfähig ist. Nähere Informationen hierzu finden Sie auf der Internetseite des BAFA: www.bafa.de. Außerdem bieten auch einige Verbraucherzentralen Vor-Ort-Energieberatungen an, so die Verbraucherzentrale Nordrhein-Westfalen (www.verbraucherzentrale.nrw).

Checkliste Trinkwasser und Abwasser

1. Problem

Als Trinkwasser bezeichnet man das Frischwasser, das aus Wasserhähnen, Duschköpfen und fast allen WC-Spülkästen entnommen wird. Hier gibt es vor allem drei typische Probleme: die Erwärmung für die Warmwassernutzung, der Zustand der Rohrleitungen und die Belastung des Wassers selbst. Die Erwärmung des Trinkwassers kann an die Heizzentrale gekoppelt sein. Das ist bei Zentralheizungen der klassische Fall. Verfügt das Haus nicht über eine Zentralheizung, kann die Wassererwärmung dezentral installiert sein, z. B. in Form von Elektroboilern oder Gasdurchlauferhitzern in der Nähe der Wasserentnahmestelle. Im Fall einer Zentralheizung ist es sinnvoll, in Erfahrung zu bringen, welchen Literinhalt der zentrale Warmwasserspeicher hat. Üblich sind 120 bis 150 Liter für eine vierköpfige Familie. Will man später auf Solarthermie umrüsten, ist das aber zu wenig. Bei dezentraler Wassererwärmung sollte man sich vor allem den Literinhalt von Elektroboilern ansehen. 5-Liter-Boiler im Küchenbereich sind eher knapp. Außerdem ist die Erwärmung von Wasser mit Strom sehr teuer.

Ein weiteres Problem im Trinkwassersystem können veraltete Rohrleitungen sein. Gerade Eisenleitungen sind rostanfällig. Daher ist die Nachfrage, aus welchem Material die Rohrleitungen sind, sinnvoll. Kupferrohrleitungen z. B. halten üblicherweise deutlich länger.

Bleirohre hingegen können wieder ein ganz anderes Problem mit sich bringen, nämlich Schadstoffe im Trinkwasser. Schadstoffbelastungen können entweder aufgrund externer Verunreinigungsprobleme entstehen oder durch Probleme im Haus selbst. Die Trinkwasserqualität wird in Deutschland fortdauernd überwacht, aber nur in den öffentlichen Zuleitungen, nicht in den privaten Trinkwasserleitungen im Haus. Hat ein altes Haus noch Trinkwasserleitungen aus Blei, kann es zu Bleibelastungen kommen.

Auch mit Legionellenbelastungen kann man konfrontiert sein. (Legionellen sind gesundheitsgefährdende Bakterien.) Sie entstehen vor allem, wenn das Warmwasser dauerhaft unter 60° C liegt. Das kann z. B. schnell in ungedämmten Rohren passieren.

Neben den Zuwasserproblemen gibt es Abwasserprobleme. Auch diese können auf veralteten Rohren basieren. Beim Abwasser verlangt der Gesetzgeber zwischenzeitlich die Überprüfung der Dichtheit der Abwasserleitungen auf dem eigenen Grundstück (u. a. durch das Wasserhaushaltsgesetz und ergänzende Länderverordnungen). Häufig führen Abwasserleitungen aus dem Haus heraus durch einen kleinen Vorgarten bis zur öffentlichen Kanalleitung unter der Straße. Im Vorgarten ist meistens der sogenannte Kontrollschacht installiert. Das ist ein Kanalzugang mit Kanaldeckel. Durch ihn lässt sich die Hauszuleitung zum öffentlichen Kanal kontrollieren. Für diese private Abwasserzuleitung zum öffentlichen Kanal müssen Hausbesitzer den Nachweis der Dichtheit erbringen.

2. Mögliche Konsequenzen

Dezentrale Wassererwärmungssysteme sind in Unterhalt und Betrieb meist teurer als zentrale Systeme. Stromgespeiste Systeme sind fast immer unwirtschaftlich. Kauft man ein Haus, das eine dezentrale Warmwasserversorgung hat, kann es sinnvoll sein, umzurüsten. Das führt allerdings meist zu relativ aufwendigen Arbeiten, da neue Warmwasserrohre von der Heizzentrale bis an die Entnahmepunkte geführt werden müssen. Ferner muss entweder überhaupt erst eine zentrale Heizungsanlage, also etwa ein Gasbrenner, installiert werden oder ein bestehender Brenner muss überprüft werden, ob er neben der Heizung auch die Warmwasserversorgung mit übernehmen kann. Es muss dann auch Platz gefunden werden für einen ausreichend dimensionierten Warmwasserspeicher.

Sind Leitungsrohre veraltet und aus Eisen, kann es zu vermehrtem Rohrbruch kommen. Das kann so weit gehen, dass man lieber gleich alle veralteten Rohrleitungen durch neue ersetzt. Auch das ist recht aufwendig und geht fast immer mit dem Aufbrechen von Wänden einher. Eisenrohre haben Haltbarkeiten bis etwa 30 Jahre. Kupferrohre halten deutlich länger, durchaus 40 und mehr Jahre. In gut gedämmten, trockenen Wänden können auch Eisenrohre relativ lange halten. In feuchten Wänden können sie hingegen sehr schnell rosten.

Schadstoffbelastetes Wasser kann zu weitgehenden Nutzungseinschränkungen führen, weshalb Sie mögliche Belastungen des Trinkwassers vorher kennen sollten.

Legionellenbelastungen bringen gesundheitliche Gefahren mit sich. Daher ist grundsätzlich bei Übernahme jeder Warmwasserbereitungsanlage Vorsicht geboten. Stand das Haus länger leer, kann es zu Legionellenbildung gekommen sein.

Eine noch nicht durchgeführte Dichtheitsprüfung des Privatkanals vor dem Haus bedeutet, dass Sie als neuer Besitzer dies durchführen lassen müssen. Das kann schnell ein vierstelliger Betrag sein. Fällt zusätzlich eine notwendige umfangreichere Sanierung an, wird es teurer.

3. Erkennungsmerkmale/Anzeichen

Die unterschiedlichen Probleme der Trinkwasser- und Abwassersysteme kann man relativ gut und einfach erkennen. Für den Rohrzustand benötigen Sie nur wenige Angaben, nämlich das Baujahr des Hauses, das Material der Rohre, ob schon einmal ein Rohrwechsel stattfand und wenn ja, wann.

Generelle Wasserbelastungen können Sie bei den regionalen Umwelt- und Wasserwirtschaftsämtern erfragen. Die Wasserlieferanten selber werden nicht unbedingt neutrale und objektive Auskünfte geben.

Trinkwasserleitungen werden zunehmend auch aus Kunststoffverbundrohren gefertigt. Diese Rohre sind gut verlegbar und relativ bruchresistent. Wirkliche Langzeiterfahrungen gibt es mit ihnen aber noch nicht, da sie flächendeckend in Westdeutschland erst seit den 1980er Jahren im Einsatz sind.

Abwasserrohre hingegen sind in Gebäuden ab den 1960er und 1970er Jahren häufig aus Kunststoff, meist PVC. PVC ist aus ökologischer Sicht kein geeigneter Baustoff. Für Zuwasserleitungen ist er sogar gänzlich ungeeignet, da er im Verdacht steht, Weichmacher abzugeben. Im Abwasserbereich ist er tolerabel und relativ bruchresistent.

Legionellenbelastungen kann man nicht ohne Weiteres erkennen. Ihre Gefahr steigt allerdings, wenn Warmwasser mit einer Temperatur von unter 60° C aus dem Warmwasserbereiter entlassen wird. Soweit im Haus eine sogenannte Zirkulationsleitung installiert ist, also eine Leitung, in der permanent warmes Wasser im Umlauf ist, darf die Warmwassertemperatur in den Leitungen nicht unter 50° C absinken, sonst besteht die Gefahr der Legionellenbildung. Hier kann als Anhaltspunkt also schon die Frage nach der eingestellten Vorlauftemperatur für das Warmwasser, nach Zirkulationsleitung und Dämmung der Warmwasserrohre helfen.

Ob das Haus im Fall einer Zentralheizung über eine Warmwasserzirkulationsleitung verfügt, kann sehr einfach überprüft werden. Wenn Brenner, Heizkessel und Warmwasserspeicher im Keller installiert sind, drehen Sie im Obergeschoss das Warmwasser an. Kommt dann nicht sofort warmes Wasser, dürfte kein Zirkulationssystem eingebaut sein.

Die Dichtheit des privaten Kanalanschlusses ist erst in den seltensten Fällen überprüft. Dazu wird auch kaum ein Hausverkäufer noch bereit sein. Insofern werden diese Kosten wohl bei Ihnen verbleiben.

Aus welchem Material sind die Trinkwasserleitungen (beim Eigentümer erfragen)? _____

Welches Baujahr hat das Haus? _____

Sind noch die ursprünglichen Trinkwasserleitungen installiert? [J] [N]

Falls das Haus eine Zentralheizung hat: Verfügt es über ein Warmwasserzirkulationssystem? [J] [N]

Auf welche Vorlauftemperatur ist das Warmwasser eingestellt (Legionellengefahr)? _____ °C

War das Warmwassersystem längere Zeit (mehr als ein bis zwei Monate) außer Betrieb? [J] [N]

Welches Volumen hat der Warmwasserspeicher (für 4 Personen sind mindestens 120 Liter erforderlich, bei Nachrüstung mit Solarkollektoren mindestens 300 Liter)? _____ l

Sind Warmwasserleitungen, die durch unbeheizte Räume laufen und nicht in der Wand liegen, gedämmt (z. B. im Keller)? [J] [N]

Liegt eine Dichtheitsprüfung des privaten Abwasserkanals vor (evtl. Rechnung der Überprüfung zeigen lassen)? [J] [N]

4. Empfehlungen

Wenn das zu kaufende Haus älter ist als 30 Jahre und mit Eisenrohrleitungen ausgestattet ist, können Sie das Thema Rohrbrüche einmal ansprechen. Wenn es glaubwürdig noch nicht allzu viele Vorfälle gab, müssen Sie keinen Rohrleitungsaustausch vornehmen. Allerdings ist es hilfreich, eine finanzielle Rücklage zu bilden, die einen schnellen Rohrwechsel möglich macht. Das sind üblicherweise Beträge im eher höheren vierstelligen Bereich.

Es gibt zwischenzeitlich auch Verfahren der Innenrohrbeschichtung, sodass ein undichtes Rohr ohne Ausbau nachträglich von innen beschichtet werden kann.

Ob eine solche Methode für Sie sinnvoll ist, können Sie nur beurteilen, wenn Sie sich Referenzobjekte, bei denen dies umgesetzt wurde, ansehen.

Spätestens beim Einzug sollten Sie das Trinkwasser auf Schadstoffe und mögliche Legionellenbelastung überprüfen. Beides dient dem Eigenschutz. Soweit Schadstoffe im Trinkwasser gefunden werden, müssen Sie die Ursache klären, bevor Sie an die Behebung des Problems gehen können.

Soweit Bleirohre verbaut sind (→ Checkliste Trinkwasser und Abwasser, Seite 122 ff.), sollten Sie überlegen, den Bleigehalt des Trinkwassers prüfen zu lassen. Über die Stiftung Warentest gibt es bereits entsprechende Angebote (www.test.de/themen/haus-garten/analyse/). Man kann die Analyse auch durch ein Trinkwasserlabor durchführen lassen, u. a. auf Bleibelastungen. Wichtig ist dabei, dass Sie die Wasserentnahme- und Aufbewahrungsvorgaben von Stiftung Warentest oder dem Analyselabor einhalten. So geben manche Trinkwasseruntersuchungsstellen auch spezielle Behältnisse aus. Wenn Sie nicht auf Anhieb ein Labor zur Trinkwasseranalyse in Ihrer Nähe finden, fragen Sie beim nächsten Gesundheitsamt nach einer Liste mit entsprechenden Laboren. Auch Regierungspräsidien oder Industrie- und Handelskammern verfügen mitunter über ein Verzeichnis zertifizierter Trinkwasseranalyselabore. Fragen Sie vor einer Beauftragung aber zunächst immer nach dem Prozedere und dem Preis einer Analyse.

Enthält das Wasser Bleirückstände, gibt es zwei Möglichkeiten: Ausbau der alten Leitungen oder Innenbeschichtung der alten Leitungen, z. B. mit einer speziellen Kunststoffbeschichtung.

Die Dichtheitsprüfung des Abwasserkanals können Sie auch noch unter Bewohnung des Hauses vornehmen. Bis dahin können Sie dafür dann auch eine Rücklage bilden. Die Überprüfung darf nur durch Fachleute erfolgen und ist nicht ohne Aufwand, weil meist eine mobile Kamera in den Kanal gesetzt werden muss, um diesen dann via Bildschirm optisch auf Dichtheit zu prüfen.

kreisläufe sehr verbreitet. Das sind Heizkreisläufe, bei denen nicht jeder Heizkörper vom Heizwasserkessel am Brenner direkt mit Heizwasser versorgt wurde, sondern das Heizwasser von einem Heizkörper zum nächsten lief. Dadurch kühlt es auf seinem langen Weg durch die Heizkörper ab. Der erste ist bei gleicher Thermostatstellung noch warm, der letzte deutlich kühler.

Daneben gibt es gesetzliche Verpflichtungen zur Nachrüstung von Heizungsanlagen. Dies betrifft vor allem Zentralheizungen und deren Brenner, die vor dem 1. Januar 1985 eingebaut wurden, aber auch ungedämmte Heizleitungen und die Ausrüstung der Heizungsanlage mit einem Außentemperaturfühler oder einer anderen Steuereinheit sowie die Nachrüstung der Heizkörper mit raumweise regulierbaren Thermostaten.

Checkliste Heizung

Für Heizungsanlagen insgesamt, aber auch für davon separat betriebene Systeme wie z. B. „Schwedenöfen", gibt es Abgasgrenzwerte, festgelegt durch die 1. Bundes-Immissionsschutzverordnung (1. BImSchV; ⇾ Energiegesetze und -verordnungen, Seite 31 ff.; 91).

Wer von einem Energiemedium auf ein anderes umsteigen will, z. B. von Öl auf Gas, muss prüfen, ob dafür die Voraussetzungen gegeben sind (mindestens öffentlicher Gasleitungsverlauf vor dem Haus).

1. Problem
Nicht mehr zeitgemäße und veraltete Heizungsanlagen, z. B. Einzelraumöfen, können einen hohen Modernisierungsbedarf haben. Sie haben zudem meist eine geringere Effizienz und Wirtschaftlichkeit und bieten wenig Komfort. Aber auch Zentralheizungssysteme können stark veraltet sein, nicht nur die Heizzentrale mit Brenner und Heizkessel, sondern auch die Leitungsstruktur. So waren noch in den 1960er und 1970er Jahren Einrohrheiz-

2. Mögliche Konsequenzen
Je nachdem, ob nur einzelne Teile einer Heizungsanlage von einer Modernisierung betroffen sind und ausgetauscht werden müssen, oder ob eine ganz neue Anlage installiert werden muss, schwanken die möglichen Inves-

titionskosten erheblich. Muss beispielsweise nur der Brenner einer Ölheizung gewechselt und kann das System ansonsten problemlos weiter genutzt werden, ist die Investition überschaubar und kann ggf. im vierstelligen Bereich bleiben. Muss allerdings auch der Heizkessel ausgewechselt werden und möglicherweise auch die Heizungspumpen und die Zu- und Ableitungen zu den Heizkörpern, sind Investitionen in fünfstelliger Höhe notwendig. Bei Heizungsmodernisierungen in Baden-Württemberg ist zu beachten, dass dort die modernisierte Heizungsanlage mindestens 10 % (für 2014 geplant: 15 %) der Wärmeenergie aus erneuerbaren Energien gewinnen muss, was das Erneuerbare-Wärme-Gesetz (EWärmeG) des Landes Baden-Württemberg auf der Basis des Erneuerbare-Energien-Wärme-Gesetzes (EEWärmeG) des Bundes vorschreibt. Bei Heizungsmodernisierungen in Baden-Württemberg fallen also zusätzliche Kosten an, wenn eine Heizung modernisiert wird, beispielsweise für die Einbindung von Solarkollektoren in die Anlage samt dann meist auch notwendig werdendem größeren Warmwasserspeicher.

3. Erkennungsmerkmale/Anzeichen

Für Laien gibt es bei der Überprüfung einer Heizungsanlage wichtige Indizien. Zunächst einmal ist das Installationsjahr der Heizung sowie möglicher Folgemodernisierungen wichtig. Heizungsanlagen, aber auch „Schwedenöfen", haben üblicherweise ein kleines Typenschild aus Metall mit dem Installationsjahr.

Bei Heizungsanlagen, die nicht älter als 20 Jahre sind, kann man davon ausgehen, dass sie noch einige Jahre ihren Dienst verrichten werden. Ein Heizkessel etwa, in dem das Heizwasser die Wärme des Brenners aufnimmt, kann problemlos 30 Jahre halten, Gusskessel noch länger. Auch Heizleitungen schaffen gut solche Zeiträume. Die Lebensdauer eines Brenners hingegen liegt im Bereich von 10 bis 20 Jahren, manchmal etwas länger. Ein Brennerwechsel ist aber relativ unproblematisch. Heizungspumpen wiederum können schon nach 10 Jahren ermüden, sind aber ebenfalls relativ leicht austauschbar. Bei Anlagen, die älter als 20 Jahre sind, kann es also vorrangig zu Problemen mit einzelnen Komponenten kommen. Außerdem kann sich der Austausch einzelner Bauteile auch wirtschaftlich schnell lohnen, z. B. der Austausch nicht effizienter oder optimal eingestellter Heizungspumpen.

Bei Häusern mit Baujahr bis in die 1970er Jahre muss man nachfragen, ob das Heizungssystem über ein Einrohr- oder ein Zweirohrsystem verfügt (---> Checkliste Erstbesichtigung, Seite 61 ff., und „Erläuterungen...", Seite 71 ff.). Bei Häusern ab den 1980er Jahren sollten Sie nachfragen, ob es sich bei der Heizungsanlage um eine Anlage mit Brennwerttechnik handelt.

Ungedämmte Heizungs- und Warmwasserleitungen in unbeheizten Räumen können Sie bei der Besichtigung gut sehen, ebenso, ob an den Heizkörpern Thermostate zur raumweisen Regulierung der Temperatur angebracht sind.

Soweit die Heizung nicht in Betrieb ist, ist es natürlich außerordentlich hilfreich, wenn sie in Betrieb genommen werden kann, damit man auch die Wärmeabgabe der Heizkörper und die Beheizbarkeit der Räume prüfen kann. Bei einer Zentralheizung, deren Brenner wegen der Warmwasserbereitung auch im Sommer läuft, sollte das ganzjährig kein Problem sein. Auch bei Einzelöfen kann man das eigentlich relativ zügig durchführen. Bevor Sie ein Haus wirklich kaufen, sollten Sie möglichst die Heizungsfunktion tatsächlich überprüfen. Bei Zentralheizungen sollten die Heizkörper nach Aufdrehen des Ventils zügig, also innerhalb von wenigen Minuten, warm werden. Dauert es sehr lange, muss geklärt werden, woran das liegt: z. B. an den Heizungspumpen, einer falschen Druckeinstellung im Heizwasserkreislauf, oder auch an sehr kalten, ungedämmten und langen Rohrwegen, evtl. sogar in der Bauart eines veralteten Einrohrsystems.

Für den Fall eines geplanten Umstiegs von einem Energiemedium auf ein anderes müssen die Voraussetzungen geprüft werden: Liegt beispielsweise überhaupt eine öffentliche Gasversorgung unter der Straße vor dem Haus? Oder eine öffentliche Fernwärmeversorgung, wenn dies gewünscht ist? Ist eine geothermische Nachrüstung der Heizungsanlage geplant, z. B. durch eine Erd-Wärmepumpe, muss überprüft werden, ob in dem Gebiet überhaupt Sonden in den Boden getrieben werden dürfen. Aufgrund von Gefahren für das Grundwasser ist dies in vielen Gebieten nicht ohne Weiteres genehmigungsfähig.

Soll eine Gasheizung durch eine Holzpelletsheizung ersetzt werden, ist es wichtig zu überprüfen, ob überhaupt ausreichender Raum für eine Pelletslagerung vorhanden ist. Hier werden Volumina benötigt, die in etwa denen von Öltanks entsprechen.

Auch die Voraussetzungen für eventuelle Nachrüstungen sollten überprüft werden. Kleine Gaszentralheizungen werden immer häufiger auch unter dem Dach montiert. Meist haben sie direkt daneben einen Warmwasserspeicher von etwa 120 Liter Inhalt. Soll dieser nun ersetzt werden durch einen großvolumigen Warmwasserspeicher für Solarbetrieb mit 300 oder mehr Litern, muss auch überprüft werden, ob für ein solches Volumen unter dem Dach Platz und die notwendige Deckentragfähigkeit gegeben ist.

Für Solarkollektoren wiederum sind Dachsüdausrichtungen mit einem Neigungswinkel von ca. 25 bis 60 Grad am besten geeignet. Das ist nicht Bedingung und man kann die Elemente sogar frei im Garten platzieren, aber wenn das Haus über eine entsprechende Dachausrichtung und Neigung verfügt, ist dies auf alle Fälle ein Vorteil, wenn man später solare Nachrüstungen vornehmen will.

Will man einen sogenannten „Schwedenofen" im zu kaufenden Haus später einmal nachrüsten, muss dafür ein geeigneter und zusätzlicher Kaminzug vorhanden sein. Können die Hauseigentümer dazu keine Auskunft geben, können Sie dafür einen Termin mit dem zuständigen Bezirksschornsteinfeger vereinbaren. Er ist später ohnehin derjenige, der den Ofen abnehmen muss. Häufig aber können die Verkäufer zumindest die vorhandenen Kaminzüge im Haus benennen und Sie können versuchen, z. B. über die Revisionsklappen im Keller, nachzusehen, ob es sich um einen einzügigen oder einen zweizügigen Kamin handelt.

Bei dezentralen Einzelöfen:
Wann wurden die Öfen eingebaut? ▢

Bei Zentralheizungsanlagen:
Wann wurden die einzelnen Komponenten der Zentralheizungsanlage installiert?

Brenner	
Heizkessel	
Heizungspumpen	
Heizungsrohre	
Heizkörper	

Ist der Brenner vor 1985 eingebaut worden? J N

Sind sichtbare Heizungswasserrohre, die nicht in der Wand laufen, gedämmt? J N

Haben die einzelnen Heizkörper Thermostatventile zur raumweisen Regulierung der Raumtemperatur? J N

Ist die Heizwasserverteilungsanlage als Einrohrsystem ausgeführt? J N

Oder als Zweirohrsystem? J N

Ist die Anlage mit solaren Elementen (z. B. Warmwassererwärmung über Solarkollektoren) erweiterbar (zunächst Hausverkäufer fragen, ansonsten Hersteller und Typ von Heizungsbrenner, Heizungskessel und Warmwasserspeicher abfragen)? J N

Falls das Energiemedium gewechselt werden soll: Gibt es eine Gasleitung vor dem Haus? J N

Verfügt das Haus schon über einen eigenen Anschluss? J N

Gibt es eine Fernwärmeleitung vor dem Haus? J N

Verfügt das Haus schon über einen eigenen Anschluss? J N

Falls „Schwedenöfen" oder Ähnliches installiert werden sollen: Gibt es für diese einen zweiten Kaminzug im Gebäudebestand? J N

4. Empfehlungen

Es kann sein, dass Sie in einem ansonsten schönen Haus auf eine veraltete Heizungsanlage treffen, z. B. noch mit Einzelraumöfen. Wenn klar ist, dass Sie diese veraltete Anlage komplett durch eine neue ersetzen wollen, müssen Sie zusätzlich zum Hauskauf noch einmal relativ viel Geld investieren. Etwa 20.000 Euro sollten in einem solchen Fall eingeplant werden. Und es kann schnell mehr werden, z. B. wenn der Einsatz von solarthermischen Systemen gewünscht ist. Nicht immer ist der Zustand einer Heizungsanlage aber so offensichtlich. Sind Sie sich bei einer Heizungsanlage und deren Zustand unsicher, können Sie sie auch präventiv prüfen lassen. Wollen Sie ein Haus sicher kaufen und nur noch zusätzlich die Information haben, ob und wenn ja, wie viel Geld ggf. für eine Heizungsmodernisierung anfällt, können Sie eine Heizungsanlagenüberprüfung, auch Heizungs-Check genannt, nach DIN EN 15378 vornehmen lassen. Dies ist ein standardisiertes Prüfverfahren, das viele Heizungsbaubetriebe anbieten. Nach einer solchen Überprüfung haben Sie einen recht guten Überblick über die Gesamtanlage und ggf. notwendige Modernisierungen. Ein Hausverkäufer wird kein Problem damit haben, wenn Sie sich über den Hauskauf ansonsten einig sind.

Checkliste Elektroinstallation/ Telefon/IT/TV

1. Problem
Das größte Problem alter Elektroinstallationen ist die mangelnde Sicherheit. Sogenannte Fehlerinduktionsschalter (FI-Schalter), auch Fehlerstromschutzschalter genannt, vor allem in Küchen und Bädern zur Vermeidung von Stromunfällen, fehlen häufig. Hinzu kommen Komfortprobleme. Meist gibt es zu wenige Elektroanschlüsse und Schalter. Außerdem kann der auf eine Sicherung aufgeschaltete Stromkreis relativ groß sein. Und schließlich sind die Leitungen bei Gebäuden bis in die 1950er Jahre nicht selten kreuz und quer über Decken und Wände verlegt.

Bei den Telefonanschlüssen sollten Sie überprüfen, wo im Haus Telefondosen sitzen, ob diese verkabelt sind oder ob es sich nur um Leerdosen handelt. In letzterem Fall wäre wichtig, dass sie zumindest vor Leerrohren sitzen, durch die man Kabel nachverlegen kann. Außerdem sollten Sie abfragen, welche Anschlussmöglichkeiten es vor Ort gibt. Ob beispielsweise ein DSL-Anschluss vorhanden ist oder installiert werden kann. DSL-Leitungen sind für viele Telefon- und Internetdienstleistungen inzwischen Standard.

Auch für die TV-Installation sollten Sie sich die im Haus vorhandenen TV-Anschlussdosen zeigen lassen. Fragen Sie hier ebenfalls, ob die Dosen auch verkabelt sind, also vom Hausanschluss bis zur Dose ein Kabel liegt, oder ob hinter der Dose nur ein Leerrohr ist. Ferner sollten Sie nachfragen, ob das Gebäude über einen Kabelanschluss verfügt. Wenn ja, sollten Sie gleich die Höhe der anfallenden Kabelgebühren abfragen.

2. Mögliche Konsequenzen
Vor allem in den Räumen, in denen Wasser und Strom häufiger parallel in Nutzung sind, also vor allem in Küchen und Bädern, kann ein nicht vorhandener FI-Schalter dramatische Folgen haben. Hier reicht es schon, wenn ein Fön aus Versehen aus der Hand gleitet und ins Badewannenwasser fällt. Wird der Stromkreis dann nicht sofort unterbrochen, hat das sofort tödliche Folgen. Vor allem wenn Kinder im Haus sind, ist das eine große Gefahr.

Auch große Stromkreise können Probleme bereiten. Muss man die Sicherung aus irgendeinem Grund vorübergehend herausnehmen, kann gleich eine ganze Reihe von Räumen betroffen sein. Schließlich können die alten Stromkreise relativ schnell überlastet sein und die Sicherung fliegt raus. Bei alten Drehsicherungen heißt das, dass sie dann jeweils ausgetauscht werden müssen.

Stromleitungen, die relativ wahllos kreuz und quer über Wände und Decken und noch nicht nach DIN verlegt wurden, können dazu führen, dass Sie beim Bohren auch an Stellen, wo Sie dies gar nicht vermuten würden, auf eine Stromleitung treffen.

Schnelle Internetverbindungen fehlen in Deutschland verbreiteter als man glaubt. Vor allem auf dem Land sind viele Gemeinden noch nicht an moderne Leitungsnetze angebunden. Je nachdem, wie intensiv Sie das Internet nutzen müssen (berufliche Selbstständigkeit, Heimarbeit, „Home-Office"), kann das durchaus ein größeres Problem sein.

Für den Telefongebrauch kann man durchaus mit einfacheren Systemen noch zurechtkommen, muss dann aber ggf. auf eine Zusatzleistung verzichten. Beim Internet ist das nur schwer möglich.

Beim Fernsehen wiederum können Sie eine fehlende Kabelverbindung meist durch die Installation einer Satellitenanlage kompensieren.

3. Erkennungsmerkmale/Anzeichen

Strominstallationen werden eher selten umfassend modernisiert. Daher lässt bereits das Baujahr eines Hauses darauf schließen, ob es sich um eine moderne oder eher veraltete Strominstallation handelt. Installationen bis in die 1950er Jahre hinein sind fast immer veraltet. Spätestens ein Blick in den Sicherungskasten macht dies klar. Sind hier noch alte Drehsicherungen eingebaut, ist die Strominstallation in jedem Fall modernisierungsbedürftig. Erst etwa bei Baujahren aus den 1970er Jahren können Sie davon ausgehen, dass vereinzelt auch FI-Schalter eingebaut wurden. Sie sollten sich darauf aber nicht verlassen und selbst bei Häusern aus den 1980er Jahren nachfragen und ggf. prüfen lassen, ob ein FI-Schalter vorhanden ist.

Anzahl und Installationspunkt von Telefon- und TV-Dosen kann man sehr gut überprüfen. Über die vorhandenen Hausanschlüsse wissen die Hausverkäufer meist Bescheid. Das geht üblicherweise auch aus den monatlichen Abrechnungen der Anbieter hervor.

Ob hinter einer Dose ein Kabel liegt und an die Dose angeschlossen ist, können Sie durch Öffnen der Dose feststellen.

Welches Baujahr hat das Haus? ☐

Ist die vorhandene Strominstallation noch die ursprüngliche? J N

Über welche Sicherungskreise verfügt die Strominstallation (also z. B. geschossweise oder zimmerweise schaltbar)? ☐

Verfügt die Strominstallation über FI-Schalter, zumindest für die Bäder? J N

Gibt es FI-Schalter auch für die Küche? J N

Verfügt das Haus über zeitgemäße Telefon- und Internetanbindungen, also z. B. über einen DSL-Anschluss? J N

Wo im Haus sitzen Telefondosen (Zimmerangaben)?

Ist bis zu diesen vom Hausanschluss auch ein Kabel verlegt? J N

Oder handelt es sich um Leerdosen? J N

Verfügt das Haus über einen TV-Kabelanschluss? J N

Wo im Haus sitzen TV-Dosen (Zimmerangaben)?

Sind bis zu diesen vom Hausanschluss auch Kabel verlegt? J N

Oder handelt es sich um Leerdosen? J N

4. Empfehlungen

Wenn Sie die komplette Strominstallation eines Hauses erneuern wollen, empfiehlt sich das vor dem Einzug, denn viele Leitungen liegen unter Putz und auch die neuen Leitungen müssen wieder unter Putz gelegt werden. Es werden also sehr viele Wände „geschlitzt", anschließend wieder verputzt und ggf. neu tapeziert und gestrichen. Eine Alternative können hier höchstens vor die Wand montierte Leitungskästen sein, die aber natürlich nicht allzu schön aussehen.

Nehmen Sie eine komplette Erneuerung der Strominstallation vor, können Sie auch darüber nachdenken, für bestimmte Stränge Leerrohre mit eingelegtem Zugdraht vorzusehen, um später zusätzlich benötigte Leitungen einfacher verlegen zu können.

Ein Muss ist zumindest die Nachrüstung von FI-Schaltern für Bäder und Küchen, ggf. auch für eine vorhandene Außensteckdose.

Soweit auch Telefon- und IT-Leitungen nachgerüstet werden sollen, empfiehlt es sich, zunächst einmal zu klären, ob die Gemeinde oder Stadt an moderne Leitungsnetze angeschlossen ist. Ist das nicht der Fall, ist eine Nachrüstung nicht ohne Weiteres möglich.

Fehlen Kabelanschlüsse vor dem Haus für den TV-Empfang, können Sie auf Satellitenübertragung ausweichen.

Checkliste Wohnflächen

1. Problem

Häufig werden Häuser unter Angabe der Wohnfläche verkauft. Eher selten basieren diese Angaben auf gültigen Normen oder Verordnungen, die zudem sehr unterschiedlich sind. Folgende gibt es im Einzelnen:

- DIN 283: veraltete DIN, nicht mehr gebräuchlich, aber häufig in alten Unterlagen noch anzutreffen.
- DIN 277: Schwesternorm der DIN 276 zur Kostenermittlung im Hochbau. Dient vor allem Planern von Neubauten zur Flächen- und damit Kostenermittlung. Nicht geeignet zur Wohnflächenermittlung.
- Zweite Berechnungsverordnung (II. BV): Wohnflächenberechnungsverordnung. Gültig bis Ende 2003.
- Wohnflächenverordnung (WoFlV): seit Anfang 2004 gültige Wohnflächenberechnungsverordnung.

Sehr häufig trifft man bei älteren Häusern noch auf Flächenberechnungen nach der veralteten DIN 283. Weit verbreitet sind auch Flächenberechnungen nach der DIN 277. Hintergrund dieser DIN-Norm ist aber nicht die Berechnung der Wohnfläche, sondern die Berechnung aller zu bauenden Flächen, um u. a. die Baukosten ermitteln zu können. Deswegen ist die DIN 277 eine Schwesternorm zur DIN 276, die sich mit den Baukosten im Hochbau auseinandersetzt. Für Hausplaner ist die DIN 277 ein sinnvolles Maßwerkzeug, für Käufer und Bewohner hingegen nicht, sie interessieren sich üblicherweise vor allem für die reine Wohnfläche.

Daher gibt es für die Wohnflächen spezielle Verordnungen: bis 2003 die Zweite Berechnungsverordnung (II. BV) und seit 2004 die Wohnflächenverordnung (WoFlV). Vor allem dann, wenn man ein gebrauchtes Bauträgerreihenhaus kauft, sollte man schauen, ob eine Wohnflächenberechnung vorliegt und auf welcher Berechnungsgrundlage sie erstellt wurde. Häufig wird gar keine Berechnungsform zugrunde gelegt, dann bleibt es der Fantasie des Erstellers überlassen, welche Flächen er in welcher Form einbezogen hat. Das kann bis hin zu nicht zulässigen Ergebnissen führen. So kann es z. B. sein, dass ein kompletter Keller oder ein Hobbykeller der Wohnfläche zugerechnet wurde, obwohl er nicht einmal die für Wohnräume notwendige Raumhöhe aufweist. Aber auch Flure, Treppenhäuser und Ähnliches können beliebig und fragwürdig berechnet sein. Daher sollte bei einer Flächenberechnung zumindest die Berechnungsgrundlage angegeben sein.

Wohnflächen können ganz grundsätzlich nur für solche Räume berechnet werden, die nach den Definitionen der Landesbauordnungen auch als Wohnräume zugelassen sind. Dazu gehört ganz wesentlich eine natürliche Belichtung durch ein Fenster mit einer Größe von mindestens ca. 10 % der Grundfläche des Raumes. Ist der Raum also 10 m² groß, sollte das Fenster etwa eine Größe von 1 m² haben. Ferner muss der Raum auf Wohntemperatur beheizbar sein, nach DIN auf 20° C. Und er muss Mindestraumhöhen haben, je nach Landesbauordnung von 2,30 m (Baden-Württemberg) über 2,40 m (alle außer Baden-Württemberg und Berlin) bis hin zu 2,50 m (Berlin).

Sind diese Voraussetzungen nicht gegeben, kann ein Raum nicht ohne Weiteres als Wohnraum ausgewiesen und seine Fläche auch nicht der Wohnfläche zugerechnet werden. Typische Beispiele hierfür sind Keller, -hobbyräume und Dachgeschossräume.

2. Mögliche Konsequenzen

Wenn der Kaufpreis eines Hauses überprüft werden soll, orientiert man sich häufig am Quadratmeterpreis für die Wohnfläche. Schon 10 m² Unterschied können sehr große Bewertungsschwankungen für den einzelnen Quadratmeter bedeuten. Je mehr Wohnquadratmeter für ein Haus ausgewiesen werden, umso preiswerter scheint es natürlich. Stecken darin aber z. B. 40 m² eines Kellerhobbyraums, der als Wohnraum nicht zulässig ist, führt das nicht zu einer objektiven Kostenbewertung. Das Haus erscheint dann deutlich günstiger, als es in Wahrheit ist. Ähnliches gilt für große Terrassen, deren Grundfläche zur Hälfte statt wie zulässig nur zu einem Viertel angerechnet wird.

Handelt es sich bei der Zusatzfläche z. B. um ein Einlieger-Apartment im Keller, das die vorgeschriebene Raumhöhe nicht hat, könnten Sie es als Wohnraum nicht ohne Weiteres vermieten. Und auch im Fall eines Wiederverkaufs des Hauses könnten Sie diese Flächen nicht einfach als Wohnraum ausweisen.

Sie selbst können die Räume Ihres Hauses selbstverständlich nutzen, wie Sie wollen. Sie können also auch einen Hobbyraum in einem nicht beheizbaren Keller mit 2,20 m Raumhöhe einrichten. Aber Sie können diesen Raum eben nicht offiziell als Wohnraum angeben, z. B. im Vermietungs- oder im Verkaufsfall.

3. Erkennungsmerkmale/Anzeichen
Wohnräume sind relativ einfach zu erkennen:

Hat der jeweilige Raum eine natürliche Außenbelichtung von mindestens etwa 10 % der Raumgrundfläche? [J] [N]

Hat der jeweilige Raum eine Mindesthöhe von 2,40 m (bzw. in Baden-Württemberg: 2,30 m, in Berlin: 2,50 m)? [J] [N]

Ist der jeweilige Raum auf Raumtemperatur beheizbar (alt nach DIN 4701, neu nach DIN EN 12831, in jedem Fall mindestens auf 20° C für Wohnräume)? [J] [N]

4. Empfehlungen
Sind Räume als Wohnräume ausgewiesen, bei denen Sie berechtigte Zweifel haben, sollten Sie Ihre Argumente an den Sachkriterien orientiert vorbringen. Denn die Erkennungsmerkmale bzw. Anzeichen, ob ein Raum als Wohnraum zulässig ist oder nicht, sind eigentlich sehr klar und auch für Laien gut erkennbar.

Auch Terrassen und Balkone sollten nur zu einem Viertel angerechnet werden, nicht zur Hälfte (Regelvorgabe der Wohnflächenverordnung).

Ein Gespräch über tatsächliche vorhandene Wohnflächen kann zu einer sachlich orientierten Preisreduktion führen, wenn die Immobilie schon länger zum Verkauf steht und weitere Kaufinteressenten nicht in Sicht sind.

Hinweis
Wenn Sie nicht nur die wesentlichen Punkte überprüfen wollen, sondern alle Details eines gebrauchten Hauses bewerten wollen, können Sie dies mit der nachfolgenden Checkliste tun. Sie ist durchgängig so aufgebaut, dass der Ankreuzpunkt „keine" eine positive Aussage zum technischen Zustand bedeutet und der Ankreuzpunkt „viele" eine negative. Sie erhalten dadurch schnell einen Überblick über den allgemeinen technischen Zustand der Immobilie. Wird häufig „keine" angekreuzt, ist der Zustand deutlich besser, als wenn häufig „viele" angekreuzt wird.

Checkliste Wohnflächen

Foto des besichtigten Objekts

Straße und Haus-Nr.:
_____
_____

PLZ und Ort:
_____
_____

Name der Kontaktperson:
_____
_____

Telefon-Nr. der Kontaktperson:
_____
_____

Teil A: Außenbesichtigung

1.0	**Außenwände**
1.1	Aus welchem Material sind die Außenwände? ☐ Holz ☐ Stein ☐ Beton
1.2	Bei Holz: Holzart und Wandaufbau: _____
1.3	Bei Stein: Steinart und Wandaufbau: _____ ☐ Isolierung/Wärmeschutz vorhanden ☐ Zweischalige Außenwand vorhanden
1.4	Bei Keller: Aus welchem Material sind die Kellerwände? ☐ Beton ☐ Stein. Und aus welcher Steinart exakt? _____
1.5	Mit welchem System sind Kellerwände und Fundamentplatte gegen Feuchtigkeit abgedichtet? ☐ Bodensperrschicht (bestehend aus Kiesschicht, Folie bzw. Schweißbahn, Betonboden) ☐ Horizontalsperrschicht (bestehend aus z. B. einer Dachpappenbahn oberhalb der ersten Steinlage, die von dort hinunter auf die Fußbodensperrschicht geführt wird) ☐ Vertikale Kelleraußenwandsperrschicht auf voller Kellerwandhöhe (bestehend aus Zementmörtel, bitumengebundenem Anstrich oder zementgebundenen Dichtungsschlämmen inklusive Hohlkehlenausbildung am Fundamentsockel, Dränschicht, Filtervlies, Kiesschüttung, umlaufendem Drainagerohr) ☐ Außensperrputz im Sockelbereich gegen Spritzwasser ☐ unbekannt, keine Angaben

	Schäden / schadhafte Teile / Probleme	keine	einige	viele
1.6	Gibt es Stellen im Sockelbereich, die feucht sind?	☐	☐	☐
1.7	Hat der Sockelbereich Risse?	☐	☐	☐
1.8	Gibt es um den Sockelbereich herum Stellen, an denen eine Drainage oder Kiesverfüllung vollkommen fehlt?	☐	☐	☐
1.9	Gibt es Stellen, an denen das Erdreich ohne Schutz direkt an die Hauswand läuft?	☐	☐	☐
1.10	Gibt es in Mauerwerk und Putz Risse?	☐	☐	☐

	Schäden / schadhafte Teile / Probleme	keine	einige	viele
1.11	Gibt es Stellen, an denen die Ziegelreihen des Außenmauerwerks nicht geradlinig verlaufen?	☐	☐	☐
1.12	Gibt es Stellen, an denen der Mörtel zwischen den Ziegelreihen porös bzw. mürbe ist (Kratztest)?	☐	☐	☐
1.13	Gibt es lose bzw. hohle Stellen unter dem Putz (Klopftest)?	☐	☐	☐
1.14	Bei Wandverkleidungen aus Holzschindeln: Gibt es verwitterte oder lose Schindeln?	☐	☐	☐
1.15	Gibt es Bereiche, wo die Unterkonstruktion der Schindeln zu sehen ist?	☐	☐	☐
1.16	Gibt es in der Unterkonstruktion morsche oder verfaulte Latten?	☐	☐	☐
1.17	Gibt es an Mauerwerksstellen unterhalb von Dachüberständen, Regenrinnen, Fenstern etc. Flecken durch Feuchtigkeit?	☐	☐	☐
1.18	Gibt es bröckelige und mürbe Wandziegel?	☐	☐	☐
1.19	Befinden sich weiße Ablagerungen an alten Mauern?	☐	☐	☐
1.20	Gibt es Lüftungsziegel und Lüftungsöffnungen, die undurchlässig oder verstopft sind?	☐	☐	☐
1.21	Gibt es Putzschienen an den Haus- und Fensterkanten etc., die nicht eingeputzt sind bzw. hervorschauen?	☐	☐	☐
1.22	Bei Gebäuden mit außenliegender Wärmedämmung: Gibt es Stellen, wo der Vollwärmeschutz durch Undichtigkeiten hinsichtlich eindringender Feuchtigkeit gefährdet ist (offene oder gerissene Fugen etc.)?	☐	☐	☐
2.0	**Türen, Fenster**			
2.1	Gibt es Türen, die schief im Rahmen sitzen oder schleifen?	☐	☐	☐
2.2	Sind Türbänder zu erkennen, die rosten oder aus dem Rahmen brechen?	☐	☐	☐
2.3	Bei Holztüren: Gibt es Stellen, die einen verwitterten Eindruck machen?	☐	☐	☐
2.4	Sind Stellen mit Anzeichen von Fäulnis erkennbar?	☐	☐	☐
2.5	Bei Kunststofftüren: Gibt es Stellen, die einen stumpfen oder vergilbten Eindruck machen?	☐	☐	☐
2.6	Bei Metalltüren: Gibt es Stellen, die verbogen sind oder rosten?	☐	☐	☐
2.7	Gibt es Fenster, die keine Isolierglasscheiben haben?	☐	☐	☐
2.8	Sind Fenster zu erkennen, die schief im Rahmen sitzen?	☐	☐	☐
2.9	Sind Fensterbänder zu erkennen, die rosten oder aus dem Rahmen brechen?	☐	☐	☐

	Schäden / schadhafte Teile / Probleme	keine	einige	viele
2.10	Bei Holzfenstern: Gibt es Stellen, die einen verwitterten Eindruck machen?	☐	☐	☐
2.11	Sind Stellen mit abplatzendem Lack erkennbar?	☐	☐	☐
2.12	Sind Stellen mit Anzeichen von Fäulnis erkennbar?	☐	☐	☐
2.13	Bei Kunststofffenstern: Gibt es Stellen, die einen stumpfen oder vergilbten Eindruck machen?	☐	☐	☐
2.14	Bei Metallfenstern: Gibt es Stellen, die verbogen sind oder rosten?	☐	☐	☐
2.15	Gibt es Fenstergläser mit Kratzern, Sprüngen oder Blindstellen?	☐	☐	☐
3.0	**Rollläden, Klappläden**			
3.1	Sind Rollläden erkennbar, die sich nicht vollständig öffnen und schließen lassen?	☐	☐	☐
3.2	Sind Rollläden erkennbar, die schief hängen?	☐	☐	☐
3.3	Gibt es Rollläden, die stark ausgebleicht sind?	☐	☐	☐
3.4	Gibt es Rollläden, deren Lamellen einen mürben Eindruck machen?	☐	☐	☐
3.5	Bei Holzrollläden: Gibt es Rollläden, die einen verwitterten Eindruck machen?	☐	☐	☐
3.6	Gibt es Rollläden, bei denen in größerem Umfang Farbe abgeplatzt ist?	☐	☐	☐
3.7	Gibt es verbogene oder beschädigte Rollladenlaufschienen?	☐	☐	☐
3.8	Gibt es Rollladenlaufschienen, die rostig sind?	☐	☐	☐
3.9	Gibt es verbogene oder rostende Rollladenlamellenklammern?	☐	☐	☐
3.10	Gibt es Rollläden, die sich nicht vollständig öffnen und schließen lassen?	☐	☐	☐
3.11	Sind Klappläden erkennbar, die schief hängen?	☐	☐	☐
3.12	Gibt es Klappläden, die stark ausgebleicht sind?	☐	☐	☐
3.13	Gibt es Klappläden, die einen verwitterten Eindruck machen?	☐	☐	☐
3.14	Gibt es Klappläden, bei denen in größerem Umfang Farbe abgeplatzt ist?	☐	☐	☐
3.15	Gibt es Klapplädenbänder (Scharniere), die verbogen oder beschädigt sind?	☐	☐	☐
3.16	Gibt es Klapplädenbänder, die rostig sind?	☐	☐	☐
4.0	**Außenbauteile (Terrassen, Balkone, Loggien, Treppen etc.)**			
4.1	Gibt es Stellen mit losem oder bröckeligem Mörtel?	☐	☐	☐
4.2	Gibt es Stellen mit losem oder bröckeligem Fliesen-/Steinbelag?	☐	☐	☐

Teil A: Außenbesichtigung

	Schäden / schadhafte Teile / Probleme	keine	einige	viele
4.3	Gibt es Schwachpunktstellen bei der Montage von Metall in Beton (z. B. Geländerfüße rostig etc.)?	☐	☐	☐
4.4	Ist das Geländer an bestimmten Stellen rostig?	☐	☐	☐
4.5	Gibt es Stellen mit problematischen Bodenanschlüssen an Außentüren (Undichtigkeiten, Feuchte etc.)?	☐	☐	☐
4.6	Haben die Terrassen, Balkone und Treppen defekte Wasserabflüsse (Gefälle, Tropfkanten, Abläufe etc.)?	☐	☐	☐
5.0	**Dach, Dacheindeckung, Regenrinnen, Kamine, Gauben**			
5.1	Gibt es Stellen, an denen die Dachfirstlinie stark von der Ideallinie einer Geraden abweicht?	☐	☐	☐
5.2	Sehen Sie lose Dachziegel oder Schieferplatten etc.?	☐	☐	☐
5.3	Gibt es Stellen mit unvollständiger Dachdeckung (fehlende Ziegel, beschädigte Ziegel)?	☐	☐	☐
5.4	Gibt es stark verwitterte, mürbe, gebrochene oder zersetzte Ziegel?	☐	☐	☐
5.5	Sind die Firstziegel gut vermörtelt (Fernglas)?	☐	☐	☐
5.6	Gibt es korrodierte oder lose Metalldächer oder Vordächer (Rütteltest)?	☐	☐	☐
5.7	Gibt es korrodierte oder gerissene Kaminverwahrungen (Übergangsbleche von Kamin auf Dachfläche) bzw. Gaubenverblechungen?	☐	☐	☐
5.8	Hat der Schornstein Schäden (Ausblühungen, Risse, schiefer Stand)?	☐	☐	☐
5.9	Sind Dachkehlen von Verstopfungen, Korrosion oder Rissen betroffen?	☐	☐	☐
5.10	Gibt es durchhängende Regenrinnen, in denen Wasser steht?	☐	☐	☐
5.11	Gibt es Undichtigkeiten an den Regenfallrohren?	☐	☐	☐
5.12	Sind an Regenrinnen Schäden erkennbar (defekt, rostig, nicht ausreichend befestigt)?	☐	☐	☐
5.13	Gibt es Verstopfungen der Regenrinnen (Blätter, Gegenstände)?	☐	☐	☐
6.0	**Zusatzbauten (Garagen, Schuppen, Gartenmauern etc.)**			
6.1	Gibt es Schäden an der Zufahrt (Schlaglöcher, keine ausreichende Befestigung des Fahrflächenbelags etc.)?	☐	☐	☐
6.2	Gibt es feuchte Stellen im Mauerwerk von Garagen?	☐	☐	☐
6.3	Gibt es undichte Stellen im Garagendach?	☐	☐	☐

	Schäden / schadhafte Teile / Probleme	keine	einige	viele
6.4	Gibt es verwitterte oder korrodierte Türen?	☐	☐	☐
6.5	Gibt es verwitterte oder korrodierte Fenster?	☐	☐	☐
6.6	Gibt es Türen, Fenster oder Tore, die nicht abschließbar sind?	☐	☐	☐
6.7	Gibt es elektrische Bedienungen (Tor-, Türöffnungen), die nicht oder nicht gut funktionieren? (Vorführen lassen!)	☐	☐	☐
6.8	Gibt es faulige Stellen bei Holz-Carports?	☐	☐	☐
7.0	**Garten**			
7.1	Gibt es Pflanzen mit sichtbaren Anzeichen von Krankheiten?	☐	☐	☐
7.2	Gibt es Gartenwege ohne ausreichende Befestigung?	☐	☐	☐
7.3	Gibt es korrodierte, verwitterte oder kaputte Zäune und Tore?	☐	☐	☐
7.4	Gibt es defekte oder korrodierte Elemente einer Gartenbeleuchtung?	☐	☐	☐

Teil B: Innenbesichtigung

	Schäden / schadhafte Teile / Probleme	keine	einige	viele
8.0	**Hausanschlussraum** (Neben den nachfolgend aufgeführten speziellen Prüfpunkten müssen in Hausanschlussräumen zusätzlich auch die allgemeinen Prüfpunkte für Kellerräume beachtet werden – siehe Punkt 11.)			
8.1	Gibt es feuchte oder undichte Stellen bei den Rohr- und Kabeldurchgängen vom öffentlichen Netz durch die Kellerwand ins Haus?	☐	☐	☐
8.2	Gibt es Rost oder Verkrustungen an Rohren (Hinweis auf undichte Stellen)?	☐	☐	☐
8.3	Gibt es Leitungen, Hähne und Ventile ohne Kennzeichnung (Reparatur, Wartung, Außerbetriebnahme, Inbetriebnahme etc.)?	☐	☐	☐
8.4	Hat der Raum Platzprobleme für Nachrüstungen (z. B. Fernwärmeanschluss etc.)?	☐	☐	☐
8.5	Gibt es Stellen mit muffigem Geruch (hohe Raumluftfeuchte, Korrosionsgefahr)?	☐	☐	☐
8.6	Gibt es Risse in den Grundmauern?	☐	☐	☐

		Schäden / schadhafte Teile / Probleme	keine	einige	viele
8.7		Gibt es Risse im Boden-Wandanschluss?	☐	☐	☐
9.0		**Heizungszentrale und Brennstofflager** (Neben den nachfolgend aufgeführten speziellen Prüfpunkten müssen in Heizungsräumen und Brennstofflagern zusätzlich auch die allgemeinen Prüfpunkte für Kellerräume beachtet werden – siehe Punkt 11.)			

9.1 Welches Heizsystem ist im betreffenden Haus installiert?
☐ Zentralheizung
☐ Raumweise Einzelfeuerungsanlagen

9.2 Welches Betriebssystem ist im Haus installiert?
☐ Gasbrenner mit Heizkessel
☐ Ölbrenner mit Heizkessel
☐ Heizkesselanlage für Festbrennstoffe
☐ Fernwärme mit Übergabestation
☐ Sonstiges:
_____

9.3 Bei Brennerheizung:
Welches Baujahr hat der Brenner? Welcher Typ welches Herstellers ist eingebaut?
_____

9.4 Welches Baujahr hat der Heizkessel? Welcher Typ welches Herstellers ist eingebaut?
_____

9.5 Bei Fernwärmeheizung:
Welches Baujahr hat die Fernwärmeübergabestation? Welcher Typ welches Herstellers ist eingebaut?
_____

9.6 Bei Festbrennstoff-Heizkesselheizung:
Welches Baujahr hat der Festbrennstoffkessel? Welcher Typ welches Herstellers ist eingebaut?
_____

9.7 Wann wurde die letzte Wartung durchgeführt und durch wen (Heizungsfachbetrieb)?
_____

9.8 Gibt es einen Wartungsvertrag? (Lassen Sie sich den Vertrag zeigen!)
_____

9.9 Ist die Heizung zum Zeitpunkt Ihrer Besichtigung in Betrieb?
_____

Die Besichtigung des Hauses

9.10 Macht sie ungewöhnliche Geräusche oder hat sie eher einen runden Lauf?

9.11 Steht die Brenneranlage mit Kessel auf einem schallgedämmten Fundament?

9.12 Bei Ölheizung: Welches Fassungsvolumen hat der Öltank?

9.13 Ist der Öltank im Keller untergebracht oder außerhalb des Hauses (z. B. unterirdisch im Gartenbereich)?

	Schäden / schadhafte Teile / Probleme	keine	einige	viele
9.14	Gibt es korrodierte oder undichte Stellen am Tank?	☐	☐	☐
9.15	Gibt es undichte Hähne oder Ventile am Tank?	☐	☐	☐
9.16	Gibt es Funktionsstörungen der Messuhr am Tank?	☐	☐	☐
9.17	Gibt es korrodierte oder undichte Stellen an den Zuleitungen zum Brenner?	☐	☐	☐
9.18	Gibt es undichte Hähne oder Ventile an den Zuleitungen zum Brenner?	☐	☐	☐
9.19	Gibt es Stellen, die stark nach Öl riechen?	☐	☐	☐
9.20	Gibt es Funktionsstörungen des Alarmsystems bei Tanklecks?	☐	☐	☐
9.21	Gibt es Funktionsstörungen der Füllstandsanzeige des Tanks?	☐	☐	☐

9.22 Wie alt ist der Tank?

9.23 Gab es Reparaturen am Tank?

9.24 Wann wurde der Tank das letzte Mal gereinigt?

9.25 Ist die Betankungsanlage von außen einfach zugänglich, aber gut sicherbar?

9.26 Ist der Tankraum ausreichend gegen auslaufendes Öl gesichert?

_____

9.27 Wie alt sind die Heizungspumpen und von welchem Hersteller sind sie?

_____

9.28 Wie alt sind die Heizungsrohre und aus welchem Material sind sie?

_____

9.29 Gibt es funktionierende Sicherheitseinrichtungen, wie ein Ausdehnungsgefäß und Sicherheitsventile?

_____

	Schäden / schadhafte Teile / Probleme	keine	einige	viele
9.30	Gibt es Risse in den Grundmauern?	☐	☐	☐
9.31	Gibt es Risse im Boden-Wandanschluss?	☐	☐	☐
9.32	Gibt es Kupferleitungen, die zusammen mit verzinkten Leitungen verbaut sind (Korrosionsgefahr)?	☐	☐	☐
9.33	Gibt es Durchlüftungsprobleme aufgrund einer zu geringen Anzahl oder zu kleiner Fenster?	☐	☐	☐
10.0	Waschküchen (Neben den nachfolgend aufgeführten speziellen Prüfpunkten müssen in Waschküchen zusätzlich auch die allgemeinen Prüfpunkte für Kellerräume beachtet werden – siehe Punkt 11.)			
10.1	Gibt es Stellen, die so beschaffen sind, dass sie keinen ausreichenden Wasserschutz bieten (ohne wasserfesten Farbanstrich, nicht gefliest etc.)?	☐	☐	☐
10.2	Gibt es Risse in den Grundmauern?	☐	☐	☐
10.3	Gibt es Risse im Boden-Wandanschluss?	☐	☐	☐
10.4	Gibt es tiefe Bodenbereiche ohne Bodenablauf?	☐	☐	☐
10.5	Gibt es Rost oder Verkrustungsspuren am Bodenablauf?	☐	☐	☐
10.6	Gibt es Probleme beim Wasserabfluss? (Gießen Sie einen Eimer Wasser über dem Bodeneinlauf aus und beobachten Sie die Abflussgeschwindigkeit!)	☐	☐	☐
10.7	Gibt es Wasseranschlussprobleme für das Stellen einer Waschmaschine?	☐	☐	☐
10.8	Gibt es ein Platzproblem für ein erhöhtes Podest als Stellplatz für die Waschmaschine (Schutz der Maschine vor auslaufendem Wasser)?	☐	☐	☐
10.9	Gibt es ein Wasseranschlussproblem für ein Handwaschbecken?	☐	☐	☐

Die Besichtigung des Hauses

	Schäden / schadhafte Teile / Probleme	keine	einige	viele
10.10	Soweit bereits vorhanden: Gibt es helle, metallische Geräusche beim Öffnen eines Hahns (Hinweis auf Druckprobleme in den Leitungen)?	☐	☐	☐
10.11	Gibt es Hähne ohne ausreichenden Wasserfluss?	☐	☐	☐
10.12	Gibt es undichte Hähne?	☐	☐	☐
10.13	Gibt es Waschbecken mit schlechtem Wasserablauf?	☐	☐	☐
10.14	Gibt es Kupferleitungen, die zusammen mit verzinkten Leitungen verbaut sind (Korrosionsgefahr)?	☐	☐	☐
10.15	Gibt es Durchlüftungsprobleme aufgrund einer zu geringen Anzahl oder zu kleiner Fenster?	☐	☐	☐
11.0	**Kellerräume allgemein**			
11.1	Gibt es Stellen, an denen der Fußboden keinen waagerechten Verlauf hat? (Wasserwaagentest)	☐	☐	☐
11.2	Gibt es Stellen, an denen Wände und Decken keinen senkrechten bzw. waagerechten Verlauf haben?	☐	☐	☐
11.3	Gibt es an Wänden und Decke Stellen mit Rissen in Mauerwerk oder Putz? (Ecken beachten!)	☐	☐	☐
11.4	Gibt es Risse in den Grundmauern?	☐	☐	☐
11.5	Gibt es Risse im Boden-Wandanschluss?	☐	☐	☐
11.6	Gibt es Stellen mit schlechter Oberflächenbeschaffenheit (Flecken, Ausblühungen)?	☐	☐	☐
11.7	Gibt es Stellen mit losem Putz und Wandauswölbungen?	☐	☐	☐
11.8	Gibt es Stellen mit einem schlechten Zustand der Bodenbeläge (Rohboden, Estrich, Fliesen)?	☐	☐	☐
11.9	Hat die Abdeckung des Kontrollschachts Risse?	☐	☐	☐
11.10	Gibt es im Fall von Holzbalkendecken angefaulte oder morsche Balken, die vom Keller aus sichtbar sind?	☐	☐	☐
11.11	Gibt es im Fall von Stahlträgerdecken rostige oder brüchige Träger, die vom Keller aus sichtbar sind?	☐	☐	☐
11.12	Riecht es in Kellerräumen muffig (Zeichen für schadhafte Isolierung)?	☐	☐	☐
11.13	Gibt es feuchte Wände oder Fußböden?	☐	☐	☐

	Schäden / schadhafte Teile / Probleme	keine	einige	viele
11.14	Gibt es Außen- bzw. Innenwände ohne eine horizontale Feuchtigkeitssperre (z. B. eingelegter Streifen Dachpappe unter- oder oberhalb der ersten Steinlage des Kellermauerwerks)?	☐	☐	☐
11.15	Gibt es Räume ohne Elektroanschluss?	☐	☐	☐
11.16	Gibt es Elektroleitungen in schlechtem Zustand (brüchig, schlecht isoliert etc.)?	☐	☐	☐
11.17	Gibt es Rohrleitungen in schlechtem Zustand (Rost, Korrosion, Undichtigkeiten)?	☐	☐	☐
11.18	Gibt es Rohrleitungen ohne ausreichende Schallisolierung (Rohrschellen ohne Gummieinlage)?	☐	☐	☐
11.19	Gibt es Räume ohne ausreichende direkte Außenbelüftung?	☐	☐	☐
11.20	Gibt es Durchlüftungsprobleme aufgrund einer zu geringen Anzahl oder zu kleiner Fenster?	☐	☐	☐
11.21	Gibt es Türen, die schief im Rahmen sitzen oder schleifen?	☐	☐	☐
11.22	Sind Türbänder zu erkennen, die rosten oder aus dem Rahmen brechen?	☐	☐	☐
11.23	Bei Holztüren: Gibt es Stellen, die einen verwitterten Eindruck machen?	☐	☐	☐
11.24	Sind Stellen mit Anzeichen von Fäulnis erkennbar?	☐	☐	☐
11.25	Bei Kunststofftüren: Gibt es Stellen, die einen stumpfen oder vergilbten Eindruck machen?	☐	☐	☐
11.26	Bei Metalltüren: Gibt es Stellen, die verbogen sind oder rosten?	☐	☐	☐
11.27	Gibt es Fenster in beheizten Räumen, die keine Isolierverglasung haben?	☐	☐	☐
11.28	Sind Fenster zu erkennen, die schief im Rahmen sitzen?	☐	☐	☐
11.29	Bei Holzfenstern: Sind Stellen mit Anzeichen von Fäulnis erkennbar?	☐	☐	☐
11.30	Gibt es Stellen, die einen verwitterten Eindruck machen?	☐	☐	☐
11.31	Sind Stellen mit abplatzendem Lack erkennbar?	☐	☐	☐
11.32	Sind Stellen mit Anzeichen von Fäulnis erkennbar?	☐	☐	☐
11.33	Sind Fensterbänder zu erkennen, die rosten oder aus dem Rahmen brechen?	☐	☐	☐
11.34	Bei Kunststofffenstern: Gibt es Stellen, die einen stumpfen oder vergilbten Eindruck machen?	☐	☐	☐
11.35	Bei Metallfenstern: Gibt es Stellen, die verbogen sind oder rosten?	☐	☐	☐
11.36	Gibt es Fenstergläser mit Kratzern, Sprüngen oder Blindstellen?	☐	☐	☐

	Schäden / schadhafte Teile / Probleme	keine	einige	viele
12.0	**Wohnräume im Keller**			
12.1	Gibt es Kellerräume, die als Wohnräume vorgeführt werden, die eine geringere lichte Raumhöhe als 2,30 m haben (damit wären sie offiziell nicht als Wohnräume zugelassen)?	☐	☐	☐
12.2	Gibt es Stellen, an denen der Fußboden keinen waagerechten Verlauf hat? (Wasserwaagentest)	☐	☐	☐
12.3	Gibt es Stellen, an denen Wände und Decken keinen senkrechten bzw. waagerechten Verlauf haben?	☐	☐	☐
12.4	Gibt es an Wänden und Decken Stellen mit Rissen im Mauerwerk oder Verputz? (Ecken beachten!)	☐	☐	☐
12.5	Gibt es Risse in den Grundmauern?	☐	☐	☐
12.6	Gibt es Risse im Boden-Wandanschluss?	☐	☐	☐
12.7	Gibt es Stellen mit schlechter Oberflächenbeschaffenheit (Flecken, Ausblühungen)?	☐	☐	☐
12.8	Gibt es Stellen mit losem Putz und Wandauswölbungen?	☐	☐	☐
12.9	Gibt es Stellen mit einem schlechten Zustand der Bodenbeläge (Teppichboden, Fliesen, Linoleum, Parkett, Dielen)?	☐	☐	☐
12.10	Gibt es Böden, die nicht wärmegedämmt sind?	☐	☐	☐
12.11	Gibt es im Fall von Holzbalkendecken angefaulte oder morsche Balken, die vom Keller aus sichtbar sind?	☐	☐	☐
12.12	Gibt es im Fall von Stahlträgerdecken rostige oder brüchige Träger, die vom Keller aus sichtbar sind?	☐	☐	☐
12.13	Riecht es in Kellerräumen muffig (Zeichen für schadhafte Isolierung)?	☐	☐	☐
12.14	Gibt es feuchte Wände oder Fußböden?	☐	☐	☐
12.15	Gibt es Wände ohne eine horizontale Feuchtigkeitssperre (z. B. eingelegter Streifen Dachpappe unter- oder oberhalb der ersten Steinlage des Kellermauerwerks)?	☐	☐	☐
12.16	Gibt es Tageslicht- oder Durchlüftungsprobleme aufgrund einer zu geringen Anzahl oder zu kleiner Fenster?	☐	☐	☐
12.17	Gibt es Türen, die schief im Rahmen sitzen oder schleifen?	☐	☐	☐
12.18	Bei Holztüren: Sind Stellen mit Anzeichen von Fäulnis erkennbar?	☐	☐	☐

	Schäden / schadhafte Teile / Probleme	keine	einige	viele
12.19	Bei Kunststofftüren: Gibt es Stellen, die einen stumpfen oder vergilbten Eindruck machen?	☐	☐	☐
12.20	Bei Metalltüren: Gibt es Stellen, die verbogen sind oder rosten?	☐	☐	☐
12.21	Sind Türbänder zu erkennen, die rosten oder aus dem Rahmen brechen?	☐	☐	☐
12.22	Gibt es Fenster, die keine Isolierverglasung haben?	☐	☐	☐
12.23	Sind Fenster zu erkennen, die schief im Rahmen sitzen?	☐	☐	☐
12.24	Bei Holzfenstern: Sind Stellen mit Anzeichen von Fäulnis erkennbar?	☐	☐	☐
12.25	Gibt es Stellen, die einen verwitterten Eindruck machen?	☐	☐	☐
12.26	Sind Stellen mit abplatzendem Lack erkennbar?	☐	☐	☐
12.27	Bei Kunststofffenstern: Gibt es Stellen, die einen stumpfen oder vergilbten Eindruck machen?	☐	☐	☐
12.28	Bei Metallfenstern: Gibt es Stellen, die verbogen sind oder rosten?	☐	☐	☐
12.29	Sind Fensterbänder zu erkennen, die rosten oder aus dem Rahmen brechen?	☐	☐	☐
12.30	Gibt es Fenstergläser mit Kratzern, Sprüngen oder Blindstellen?	☐	☐	☐
12.31	Gibt es Kellerwohnräume, die keine ausreichende Beheizungsmöglichkeit haben?	☐	☐	☐
12.32	Gibt es Rohrleitungen in schlechtem Zustand (Rost, Korrosion, Undichtigkeiten)?	☐	☐	☐
12.33	Gibt es Rohrleitungen ohne ausreichende Schallisolierung (Rohrschellen mit Gummieinlage)?	☐	☐	☐
12.34	Gibt es feuchte oder nachgearbeitete Stellen im Bereich von Unterputzrohrleitungen?	☐	☐	☐
12.35	Gibt es undichte Heizkörper?	☐	☐	☐
12.36	Gibt es Heizkörper ohne Einzelthermostatregelung?	☐	☐	☐
12.37	Gibt es korrodierte bzw. rostende Heizkörper?	☐	☐	☐
12.38	Gibt es lockere oder lose Heizkörper?	☐	☐	☐
12.39	Gibt es Heizkörper von auffallend geringer Größe oder Anzahl im Vergleich zur Größe des Raumes?	☐	☐	☐
12.40	Gibt es Einzelöfen (Gas, Öl, Kohle), die zum Zeitpunkt Ihrer Besichtigung nicht in Betrieb sind? (Lassen Sie sie anstellen!)	☐	☐	☐
12.41	Gibt es bei diesen Probleme mit dem Betrieb und der Regulierung?	☐	☐	☐

148 Die Besichtigung des Hauses

	Schäden / schadhafte Teile / Probleme	keine	einige	viele
12.42	Gibt es bei diesen Probleme mit dem Rauchabzug? (Aktuellen Schornsteinfegerbericht zeigen lassen!)	☐	☐	☐
12.43	Gibt es offene Kamine oder Kachelöfen, die zum Zeitpunkt Ihrer Besichtigung nicht in Betrieb sind? (Lassen Sie sie nach Möglichkeit in Betrieb nehmen!)	☐	☐	☐
12.44	Gibt es bei diesen Probleme mit dem Betrieb und der Regulierung?	☐	☐	☐
12.45	Gibt es bei diesen Probleme mit dem Rauchabzug? (Aktuellen Schornsteinfegerbericht zeigen lassen!)	☐	☐	☐
12.46	Gibt es Bereiche ohne Elektroanschluss?	☐	☐	☐
12.47	Gibt es Elektroleitungen in schlechtem Zustand (brüchig, schlecht isoliert etc.)?	☐	☐	☐
12.48	Gibt es Räume mit flackerndem Licht?	☐	☐	☐
12.49	Gibt es defekte Schalter und Steckdosen?	☐	☐	☐
13.0	**Küche** (Neben den nachfolgend aufgeführten speziellen Prüfpunkten müssen in Küchen zusätzlich auch die allgemeinen Prüfpunkte für Wohnräume beachtet werden – siehe Punkt 15.)			
13.1	Gibt es beschädigte oder hohl klingende Wand- und Bodenfliesen (Klopftest)?	☐	☐	☐
13.2	Gibt es poröse oder gebrochene Fugen?	☐	☐	☐
13.3	Gibt es helle, metallische Geräusche beim Öffnen eines Hahns (Wasserdruckprobleme)?	☐	☐	☐
13.4	Gibt es Hähne ohne ausreichenden Wasserfluss?	☐	☐	☐
13.5	Gibt es undichte Hähne?	☐	☐	☐
13.6	Gibt es Waschbecken mit schlechtem Wasserablauf?	☐	☐	☐
13.7	Gibt es Kupferleitungen, die zusammen mit verzinkten Leitungen verbaut sind (Korrosionsgefahr)?	☐	☐	☐
13.8	Gibt es problematische Rohranschlüsse (undichte Muffen etc.)?	☐	☐	☐
13.9	Gibt es Rohrleitungen in schlechtem Zustand (Rost, Korrosion, Undichtigkeiten)?	☐	☐	☐
13.10	Gibt es Rohrleitungen ohne ausreichende Schallisolierung (Rohrschellen ohne Gummieinlage)?	☐	☐	☐
13.11	Gibt es feuchte oder nachgearbeitete Stellen im Bereich von Unterputzrohrleitungen?	☐	☐	☐
13.12	Gibt es Bereiche ohne Elektroanschluss?	☐	☐	☐

	Schäden / schadhafte Teile / Probleme	keine	einige	viele
13.13	Gibt es Warmwasserboiler oder Gasdurchlauferhitzer, die defekt oder sehr alt sind?	☐	☐	☐
13.14	Gibt es elektrische Leitungen, die nicht ausreichend gegen Spritzwasser geschützt sind?	☐	☐	☐
13.15	Gibt es Probleme mit dem Rauchabzug? (Aktuellen Schornsteinfegerbericht zeigen lassen!)	☐	☐	☐
13.16	Werden Einbauelemente übernommen, die in schlechtem Zustand sind?	☐	☐	☐
13.17	Gibt es dabei defekte, ungewartete oder alte Elektrogeräte?	☐	☐	☐
13.18	Gibt es Möbel-Einbauelemente, die nicht aus Vollholz sind?	☐	☐	☐
13.19	Gibt es Anzeichen von Feuchtigkeit um die Spüle?	☐	☐	☐
13.20	Gibt es Anzeichen von Feuchtigkeit in den Küchenschränken?	☐	☐	☐
14.0	**Bäder** (Neben den nachfolgend aufgeführten speziellen Prüfpunkten müssen in Bädern zusätzlich auch die allgemeinen Prüfpunkte für Wohnräume beachtet werden – siehe Punkt 15.)			
14.1	Gibt es beschädigte oder hohl klingende Wand- und Bodenfliesen (Klopftest)?	☐	☐	☐
14.2	Gibt es poröse oder gebrochene Fugen?	☐	☐	☐
14.3	Gibt es beschädigte Sanitärgegenstände?	☐	☐	☐
14.4	Gibt es Sanitärgegenstände, die nicht ausreichend gegen Körperschallübertragung geschützt sind?	☐	☐	☐
14.5	Gibt es ein helles, metallisches Geräusch beim Öffnen eines Hahns (Wasserdruckprobleme)?	☐	☐	☐
14.6	Gibt es Hähne ohne ausreichenden Wasserfluss?	☐	☐	☐
14.7	Gibt es undichte Hähne?	☐	☐	☐
14.8	Gibt es Waschbecken mit schlechtem Wasserablauf?	☐	☐	☐
14.9	Gibt es Kupferleitungen, die zusammen mit verzinkten Leitungen verbaut sind (Korrosionsgefahr)?	☐	☐	☐
14.10	Gibt es problematische Rohranschlüsse (undichte Muffen etc.)?	☐	☐	☐
14.11	Gibt es Rohrleitungen in schlechtem Zustand (Rost, Korrosion, Undichtigkeiten)?	☐	☐	☐
14.12	Gibt es Rohrleitungen ohne ausreichende Schallisolierung (Rohrschellen ohne Gummieinlage)?	☐	☐	☐

	Schäden / schadhafte Teile / Probleme	keine	einige	viele
14.13	Gibt es feuchte oder nachgearbeitete Stellen im Bereich von Unterputzrohrleitungen?	☐	☐	☐
14.14	Gibt es Bereiche ohne Elektroanschluss?	☐	☐	☐
14.15	Gibt es elektrische Leitungen, die nicht ausreichend gegen Spritzwasser geschützt sind?	☐	☐	☐
14.16	Gibt es Warmwasserboiler oder Gasdurchlauferhitzer, die defekt oder sehr alt sind?	☐	☐	☐
14.17	Gibt es Probleme mit dem Rauchabzug? (Aktuellen Schornsteinfegerbericht zeigen lassen!)	☐	☐	☐
15.0	**Wohnräume**			
15.1	Gibt es Wohnräume, die eine geringere lichte Raumhöhe als 2,30 m haben (damit wären sie offiziell nicht als Wohnräume zugelassen)?	☐	☐	☐
15.2	Gibt es Stellen, an denen der Fußboden keinen waagerechten Verlauf hat? (Wasserwaagentest)	☐	☐	☐
15.3	Gibt es Stellen, an denen Wände und Decken keinen senkrechten bzw. waagerechten Verlauf haben?	☐	☐	☐
15.4	Gibt es Risse im Boden-Wandanschluss?	☐	☐	☐
15.5	Gibt es Risse in den Wänden?	☐	☐	☐
15.6	Gibt es Stellen mit schlechter Oberflächenbeschaffenheit (Flecken, Ausblühungen)?	☐	☐	☐
15.7	Gibt es Stellen mit losem Putz und Wandauswölbungen?	☐	☐	☐
15.8	Gibt es Stellen mit einem schlechten Zustand der Bodenbeläge (Teppichboden, Fliesen, Linoleum, Parkett, Dielen)?	☐	☐	☐
15.9	Gibt es Bereiche ohne ausreichenden Trittschallschutz (z. B. aufgrund fehlenden, schwimmend verlegten Estrichs)?	☐	☐	☐
15.10	Gibt es im Fall von Holzbalkendecken angefaulte oder morsche Balken, die von unten aus sichtbar sind?	☐	☐	☐
15.11	Gibt es Holzbalkendecken mit fehlendem Trittschallschutz (z. B. fehlender Trittschallschutz durch nicht eingelegte Dämmung zwischen Tragbalken und aufgelegter Bodenbohle)?	☐	☐	☐
15.12	Gibt es abgehängte Decken in schlechtem Zustand?	☐	☐	☐
15.13	Gibt es Wohnräume, in denen es muffig riecht? (Zeichen für Feuchtigkeit!)	☐	☐	☐

	Schäden / schadhafte Teile / Probleme	keine	einige	viele
15.14	Gibt es feuchte Wände oder Fußböden?	☐	☐	☐
15.15	Bei Gebäuden ohne Keller: Gibt es Erdgeschosswände ohne eine horizontale Feuchtigkeitssperre (z. B. nicht eingelegter Streifen Dachpappe unter oder oberhalb der ersten Steinlage des Kellermauerwerks)?	☐	☐	☐
15.16	Gibt es Tageslicht- oder Durchlüftungsprobleme aufgrund einer zu geringen Anzahl oder zu kleiner Fenster?	☐	☐	☐
15.17	Gibt es Türen, die schief im Rahmen sitzen oder schleifen?	☐	☐	☐
15.18	Bei Holztüren: Sind Stellen mit Anzeichen von Fäulnis erkennbar?	☐	☐	☐
15.19	Sind Türbänder zu erkennen, die rosten oder aus der Wand brechen?	☐	☐	☐
15.20	Bei Kunststofftüren: Gibt es Stellen, die einen stumpfen oder vergilbten Eindruck machen?	☐	☐	☐
15.21	Bei Metalltüren: Gibt es Stellen, die verbogen sind oder rosten?	☐	☐	☐
15.22	Gibt es Fenster, die keine Isolierverglasung haben?	☐	☐	☐
15.23	Sind Fenster zu erkennen, die schief im Rahmen sitzen?	☐	☐	☐
15.24	Bei Holzfenstern: Sind Stellen mit Anzeichen von Fäulnis erkennbar?	☐	☐	☐
15.25	Gibt es Stellen, die einen verwitterten Eindruck machen?	☐	☐	☐
15.26	Sind Stellen mit abplatzendem Lack erkennbar?	☐	☐	☐
15.27	Bei Kunststofffenstern: Gibt es Stellen, die einen stumpfen oder vergilbten Eindruck machen?	☐	☐	☐
15.28	Bei Metallfenstern: Gibt es Stellen, die verbogen sind oder rosten?	☐	☐	☐
15.29	Sind Fensterbänder zu erkennen, die rosten oder aus dem Rahmen brechen?	☐	☐	☐
15.30	Gibt es Fenstergläser mit Kratzern, Sprüngen oder Blindstellen?	☐	☐	☐
15.31	Gibt es Wohnräume, die keine ausreichende Beheizungsmöglichkeit haben?	☐	☐	☐
15.32	Gibt es Rohrleitungen in schlechtem Zustand (Rost, Korrosion, Undichtigkeiten)?	☐	☐	☐
15.33	Gibt es Rohrleitungen ohne ausreichende Schallisolierung (Rohrschellen ohne Gummieinlage)?	☐	☐	☐
15.34	Gibt es feuchte oder nachgearbeitete Stellen im Bereich von Unterputzrohrleitungen?	☐	☐	☐
15.35	Gibt es undichte Heizkörper?	☐	☐	☐
15.36	Gibt es Heizkörper ohne Einzelthermostatregelung?	☐	☐	☐

152 Die Besichtigung des Hauses

	Schäden / schadhafte Teile / Probleme	keine	einige	viele
15.37	Gibt es korrodierte oder rostende Heizkörper?	☐	☐	☐
15.38	Gibt es lockere oder lose Heizkörper?	☐	☐	☐
15.39	Gibt es Heizkörper von auffallend geringer Größe oder Anzahl im Vergleich zur Größe des Raumes?	☐	☐	☐
15.40	Gibt es Einzelöfen (Gas, Öl, Kohle), die zum Zeitpunkt Ihrer Besichtigung nicht in Betrieb sind? (Lassen Sie sie anstellen!)	☐	☐	☐
15.41	Gibt es bei diesen Probleme mit dem Betrieb und der Regulierung?	☐	☐	☐
15.42	Gibt es bei diesen Probleme mit dem Rauchabzug? (Aktuellen Schornsteinfegerbericht zeigen lassen!)	☐	☐	☐
15.43	Gibt es offene Kamine oder Kachelöfen, die zum Zeitpunkt Ihrer Besichtigung nicht in Betrieb sind? (Lassen Sie sie nach Möglichkeit in Betrieb nehmen!)	☐	☐	☐
15.44	Gibt es bei diesen Probleme mit dem Betrieb und der Regulierung?	☐	☐	☐
15.45	Gibt es bei diesen Probleme mit dem Rauchabzug? (Aktuellen Schornsteinfegerbericht zeigen lassen!)	☐	☐	☐
15.46	Gibt es Bereiche ohne Elektro-/Fernseh-/Telefonanschluss?	☐	☐	☐
15.47	Gibt es Elektroleitungen in schlechtem Zustand (brüchig, schlecht isoliert etc.)?	☐	☐	☐
15.48	Gibt es Räume mit flackerndem Licht?	☐	☐	☐
15.49	Gibt es defekte Schalter und Steckdosen?	☐	☐	☐
16.0	**Treppenhäuser** (Neben den nachfolgend aufgeführten speziellen Prüfpunkten müssen in Treppenhäusern zusätzlich auch die allgemeinen Prüfpunkte für Wohnräume beachtet werden – siehe Punkt 15.)			
16.1	Gibt es lose oder wackelige Treppengeländer?	☐	☐	☐
16.2	Gibt es Geländer ohne ausreichenden Kleinkinderschutz (Abstand der senkrechten Stäbe größer als 12 cm)?	☐	☐	☐
16.3	Gibt es unregelmäßige Steigungsverhältnisse zwischen den einzelnen Stufen?	☐	☐	☐
16.4	Gibt es unangenehm hohe Steigungsverhältnisse der Stufen?	☐	☐	☐
16.5	Gibt es Treppen ohne Zwischenabsatz, obwohl sie extrem langläufig sind?	☐	☐	☐
16.6	Gibt es Bereiche, an denen die Treppe äußerst schmal ist?	☐	☐	☐
16.7	Gibt es Stellen ohne eine ausreichende lichte Höhe über den Treppen (mindestens 2,10 m)?	☐	☐	☐

	Schäden / schadhafte Teile / Probleme	keine	einige	viele
16.8	Gibt es Treppen, an denen keine Möglichkeit zur späteren behindertengerechten Nachrüstung besteht (z. B. treppenlaufbegleitender Lifter)?	☐	☐	☐
16.9	Gibt es Treppen ohne ausreichenden Schallschutz zur treppenlaufbegleitenden Hauswand und am oberen und unteren Auflagerpunkt der Treppe?	☐	☐	☐
16.10	Bei Holztreppen: Gibt es knarrende Treppenstufen?	☐	☐	☐
16.11	Fehlen Lichtschalter am unteren bzw. oberen Ende der Treppe?	☐	☐	☐
17.0	Küchen (Siehe 13.0 Küchen Erdgeschoss und Obergeschosse, zusätzlich jedoch folgende Punkte klären)			
17.1	Sind Boden- und Wandfliesen auf Holzausbauplatten verlegt (äußerst ungünstige Verlegeart hinsichtlich Befestigungs- und Wasserschäden)?	☐	☐	☐
17.2	Gibt es undichte, schräg sitzende Dachfenster?	☐	☐	☐
18.0	Bäder (Siehe 14.0 Bäder Erdgeschoss und Obergeschosse, zusätzlich jedoch folgende Punkte klären)			
18.1	Sind Boden- und Wandfliesen auf Holzausbauplatten verlegt (äußerst ungünstige Verlegeart hinsichtlich Befestigungs- und Wasserschäden)?	☐	☐	☐
18.2	Gibt es undichte, schräg sitzende Dachfenster?	☐	☐	☐
19.0	Wohnräume im Dachgeschoss			
19.1	Gibt es Dach-Wohnräume, die eine geringere lichte Raumhöhe als 2,30 m über mehr als die Hälfte der Grundfläche haben (damit wären sie offiziell nicht als Wohnräume zugelassen)?	☐	☐	☐
19.2	Gibt es Stellen, an denen der Fußboden keinen waagerechten Verlauf hat? (Wasserwaagentest)	☐	☐	☐
19.3	Gibt es Stellen außer den Dachschrägen, an denen Decken keinen waagerechten Verlauf haben?	☐	☐	☐
19.4	Gibt es an Wänden und Decken Stellen mit Rissen im Mauerwerk oder Verputz oder in der Holzverkleidung? (Ecken beachten!)	☐	☐	☐
19.5	Gibt es Risse im Boden-Kniestock-Anschluss?	☐	☐	☐
19.6	Gibt es Stellen mit schlechter Oberflächenbeschaffenheit (Flecken, Ausblühungen)?	☐	☐	☐
19.7	Gibt es Stellen mit losem Putz und Wandauswölbungen?	☐	☐	☐
19.8	Gibt es Stellen mit einem schlechten Zustand der Bodenbeläge (Teppichboden, Fliesen, Linoleum, Parkett, Dielen)?	☐	☐	☐

Die Besichtigung des Hauses

		Schäden / schadhafte Teile / Probleme	keine	einige	viele
19.9		Gibt es Bereiche ohne ausreichenden Trittschallschutz (z. B. aufgrund fehlenden, schwimmend verlegten Estrichs)?	☐	☐	☐
19.10		Gibt es im Fall von Holzbalkenböden angefaulte oder morsche Balken?	☐	☐	☐
19.11		Fehlt im Fall von Holzbalkenböden ein ausreichender Trittschallschutz, z. B. über eingelegte Dämmungen zwischen Tragbalken und aufgelegter Bodenbohle?	☐	☐	☐
19.12		Riecht es in den Wohnräumen muffig (Zeichen für schadhafte Wärmedämmung)?	☐	☐	☐
19.13		Gibt es feuchte Wände oder Fußböden?	☐	☐	☐
19.14		Gibt es Stellen ohne ausreichende Dämmung an Wänden und Decke?	☐	☐	☐
19.15		Gibt es Tageslicht- oder Durchlüftungsprobleme aufgrund einer zu geringen Anzahl Fenster oder zu kleiner Fenster?	☐	☐	☐
19.16		Der ausgebaute Dachboden war von Anfang an geplant.	☐	☐	☐
19.17	☐	Gibt es entsprechende Prüfunterlagen, wie z. B. die Baueingabeplanung, in denen der ausgebaute Dachraum auch als Wohnfläche ausgewiesen ist? Ist die Zahl der ggf. notwendigen und vor den Behörden nachzuweisenden Stellplätze (z. B. im Fall einer Einliegerwohnung im Dach) ausreichend?			
19.18	☐	Der Dachboden ist nachträglich ausgebaut worden.			
19.19	☐	Der Dachboden ist in Eigenarbeit ausgebaut worden.			
19.20	☐	Der Dachboden ist von einer Fachfirma ausgebaut worden.			
19.21	☐	Gibt es Türen, die schief im Rahmen sitzen oder schleifen?			
19.22		Bei Holztüren: Sind Stellen mit Anzeichen von Fäulnis erkennbar?	☐	☐	☐
19.23		Bei Kunststofftüren: Gibt es Stellen, die einen stumpfen oder vergilbten Eindruck machen?	☐	☐	☐
19.24		Bei Metalltüren: Gibt es Stellen, die verbogen sind oder rosten?	☐	☐	☐
19.25		Sind Türbänder zu erkennen, die rosten oder aus dem Rahmen brechen?	☐	☐	☐
19.26		Gibt es Fenster, die keine Isolierglasscheiben haben?	☐	☐	☐
19.27		Sind Fenster zu erkennen, die schief im Rahmen sitzen?	☐	☐	☐
19.28		Bei Holzfenstern: Sind Stellen mit Anzeichen von Fäulnis erkennbar?	☐	☐	☐
19.29		Gibt es Stellen, die einen verwitterten Eindruck machen?	☐	☐	☐
19.30		Sind Stellen mit abplatzendem Lack erkennbar?	☐	☐	☐

	Schäden / schadhafte Teile / Probleme	keine	einige	viele
19.31	Bei Kunststofffenstern: Gibt es Stellen, die einen stumpfen oder vergilbten Eindruck machen?	☐	☐	☐
19.32	Bei Metallfenstern: Gibt es Stellen, die verbogen sind oder rosten?	☐	☐	☐
19.33	Sind Fensterbänder zu erkennen, die rosten oder aus der Wand brechen?	☐	☐	☐
19.34	Gibt es Fenstergläser mit Kratzern, Sprüngen oder Blindstellen?	☐	☐	☐
19.35	Gibt es Feuchtigkeitsspuren um die Fenster herum?	☐	☐	☐
19.36	Gibt es Schrägdachfenster, die einen schlechten/undichten Eindruck machen?	☐	☐	☐
19.37	Gibt es Schrägdachsüd- oder -westfenster ohne außenliegende Verschattungssysteme?	☐	☐	☐
19.38	Fehlen Schornsteinfegerausstiege unabhängig von Dach-Wohnraumfenstern?	☐	☐	☐
19.39	Gibt es Wohnräume, die keine ausreichende Beheizungsmöglichkeit haben?	☐	☐	☐
19.40	Gibt es undichte Heizkörper?	☐	☐	☐
19.41	Gibt es Rohrleitungen in schlechtem Zustand (Rost, Korrosion, Undichtigkeiten)?	☐	☐	☐
19.42	Gibt es Rohrleitungen ohne ausreichende Schallisolierung (Rohrschellen ohne Gummieinlage)?	☐	☐	☐
19.43	Gibt es feuchte oder nachgearbeitete Stellen im Bereich von Unterputzrohrleitungen?	☐	☐	☐
19.44	Gibt es Heizkörper ohne Einzelthermostatregelung?	☐	☐	☐
19.45	Gibt es korrodierte oder rostende Heizkörper?	☐	☐	☐
19.46	Gibt es lockere oder lose Heizkörper?	☐	☐	☐
19.47	Gibt es Heizkörper von auffallend geringer Größe oder Anzahl im Vergleich zur Größe des Raumes?	☐	☐	☐
19.48	Gibt es Bereiche ohne Elektroanschluss?	☐	☐	☐
19.49	Gibt es Elektroleitungen in schlechtem Zustand (brüchig, schlecht isoliert etc.)?	☐	☐	☐
19.50	Gibt es flackerndes Licht?	☐	☐	☐
19.51	Gibt es defekte Schalter und Steckdosen?	☐	☐	☐
20.0	**Speicherboden**			
20.1	Gibt es Dachbalken, Sparren und Dachlatten in schlechtem Zustand (Fäulnis, brüchig etc.)?	☐	☐	☐

Die Besichtigung des Hauses

	Schäden / schadhafte Teile / Probleme	keine	einige	viele
20.2	Hat der Dachboden feuchte Stellen?	☐	☐	☐
20.3	Hat der Dachstuhl Anzeichen von Fäulnis oder Schädlingsbefall?	☐	☐	☐
20.4	Gibt es Feuchtigkeit an Mauerwerk, Unterseite von Dachkehlen, Schornstein und Dachfenstern?	☐	☐	☐
20.5	Fällt Licht zwischen den Dachpfannen durch?	☐	☐	☐
20.6	Fehlen Schornsteinfegerausstiege?	☐	☐	☐
20.7	Fehlen Schornsteinfegerlaufgitter auf dem Dach?	☐	☐	☐
20.8	Gibt es Schornsteinköpfe ohne ausreichende Befestigung?	☐	☐	☐
20.9	Gibt es brüchige Schornsteinfugen?	☐	☐	☐
20.10	Gibt es Bereiche, in denen der Schornstein nicht lotrecht verläuft?	☐	☐	☐
20.11	Gibt es undichte oder korrodierte Stellen an der Blechverwahrung (Blecheinfassung) des Schornsteins?	☐	☐	☐
20.12	Gibt es eine Unterspannbahn unter der Dachdeckung?	☐	☐	☐
21.0	**Flachdächer** (Eine Besichtigung empfiehlt sich hier kurz nach einem starken Regen.)			
21.1	Hat das Flachdach Risse in der Dachpappe?	☐	☐	☐
21.2	Gibt es Stellen, an denen die Dachpappe mürbe und stark ausgebleicht scheint?	☐	☐	☐
21.3	Gibt es Grünwuchs auf dem Flachdach?	☐	☐	☐
21.4	Gibt es bei kiesbedeckten Flachdächern Stellen ohne ausreichenden Kiesbelag?	☐	☐	☐
21.5	Steht Wasser auf dem Flachdach (Pfützen)?	☐	☐	☐
21.6	Gibt es Undichtigkeiten der Flachdachanschlüsse an die umlaufende Attika?	☐	☐	☐
21.7	Gibt es Rost oder Korrosion an der umlaufenden Attika?	☐	☐	☐
21.8	Gibt es Undichtigkeiten der Flachdachanschlüsse an den Kamin und an die Entlüftungsrohre?	☐	☐	☐

Sie haben es gemerkt, die Checklisten sind sehr detailliert und umfangreich. Durch das einfache Ankreuz- und Bewertungssystem können Sie aber trotzdem relativ zügig einen Überblick erhalten, ob „keine", „einige" oder „viele" Probleme vorliegen. Selbst wenn Sie die Checklisten nicht anwenden, können sie Ihnen ein Gefühl dafür vermitteln, wie eine intensive Hausbesichtigung erfolgt. Und mit den Checklisten ab Seite 95 haben Sie in jedem Fall Checklisten, die Ihnen helfen, zumindest bei den wichtigsten Punkten einer Gebäudeüberprüfung nichts zu vergessen.

Einschätzung des Sanierungs- und Modernisierungsbedarfs

Der Kauf eines gebrauchten Hauses stellt oft einen Kompromiss dar, weil man das rundum perfekte, in jeder Hinsicht den eigenen Wünschen entsprechende Haus einfach nicht findet. Umso wichtiger ist es deswegen, frühzeitig einzuschätzen, mit welchen Investitionen es sich auf das von Ihnen gewünschte Niveau bringen lässt.

Hinsichtlich der Grundriss- und Gestaltungsfragen kann dies z. B. bedeuten, dass Sie einen An- oder Umbau in Erwägung ziehen, hinsichtlich der Haustechnik betrifft dies vor allem den Sanierungsbedarf von Heizungs-, Sanitär- und Elektroausstattung. Hinsichtlich der Bausubstanz kann dies Rohbau-Ausbesserungen oder auch Verbesserungen von Wärme- und Schallschutz betreffen. Es ist sinnvoll und wichtig, dass Sie den Sanierungsbedarf relativ zügig einschätzen können, um auf dieser Grundlage dann eine schnelle Kaufentscheidung treffen zu können.

Bei Anbauten ist entscheidend, ob das betreffende Grundstück überhaupt weiter bebaut werden darf; daher sollten Sie ggf. in Bebauungspläne Einsicht nehmen.

Arbeiten, die nötig werden können

An einem Haus können die unterschiedlichsten Reparatur- oder Sanierungsarbeiten notwendig werden. Aber nicht alles, was kaputtgehen kann, lässt sich auch reparieren. So kann man zwar versuchen, eine gerissene Bodenplatte wieder instand zu setzen, ob es gelingt, hängt aber von der Schwere der Beschädigung ab. Gleiches gilt z. B. für große Risse in der Fassade. Solche Schäden sind aber eher Ausnahmen, häufig kommen hingegen Schäden oder Defekte an anderen Bauteilen vor. So gibt es „Gebrauchsgewerke", wie z. B. Außenjalousien, Rollläden, Türen, Fenster, Schalter, Armaturen etc., die einer ständigen Bedienung ausgesetzt sind und schon allein dadurch einen hohen Verschleiß haben.

Dann wieder gibt es Gewerke, die ständigen Wasserkontakt haben, wie z. B. Heizungsleitun-

Defekter Rolladen

Veralteter Gasdurchlauferhitzer

Stark verrostetes Gussrohr einer Regenrinne

Veralteter Holzdielenbelag

gen, Wasserleitungen oder Regenrinnen etc., was naturgemäß zu Korrosion führt.

Des Weiteren gibt es technische Betriebssysteme, wie z. B. die Heizungs- oder Warmwasserbereitungsanlagen, die fortdauernden mechanischen und thermischen Belastungen ausgesetzt sind.

Und schließlich gibt es Gewerke, deren Oberflächen extremen Beanspruchungen ausgesetzt sind, wie z. B. Bodenbeläge (Stoßbeanspruchungen) oder Dacheinkleidungen (Witterungsbeanspruchungen).

Alle Bauteile, die im Alltag sozusagen „aktiv" eingesetzt werden, sind über die Zeit natürlich sehr viel höheren Belastungen ausgesetzt als eher „passiv" wirkende Teile wie z. B. Deckenverkleidungen.

Man wird in einem Haus also grundsätzlich eher mit Problemen aus „aktiv" genutzten Bauteilen konfrontiert werden. Trotzdem können natürlich auch andere Bauteile verschleißen. Zur Einschätzung eines Hauses ist es aber wichtiger, dass Sie sich im Schwerpunkt mit den verschleißanfälligen und teuren Gewerken auseinandersetzen.

In der nachfolgenden Liste finden Sie einen Überblick, welche Elemente eines Hauses dazugehören und welche typischen Sanierungserfordernisse sich daraus ergeben:

Übersicht über besonders teure Sanierungsmaßnahmen

- Dränarbeiten und Abdichtungsarbeiten, z. B. im Sockelbereich, gegen Wasser und eindringende Feuchtigkeit von außen
- Maurerarbeiten, z. B. zur Ausbesserung von altem Mauerwerk
- Beton- und Stahlbetonarbeiten, z. B. zur statischen Sicherung oder Nachbesserung
- Natur-, Betonwerksteinarbeiten, z. B. zur Fassadensanierung durch einen Steinmetz
- Zimmer- und Holzbauarbeiten, z. B. bei notwendig werdenden Geschossdeckensanierungen oder Dachstuhlreparaturen
- Dachdeckungs- und Dachabdichtungsarbeiten, z. B. aufgrund der Neueindeckung des Daches
- Klempnerarbeiten, z. B. zur Ausbesserung zerstörter Blechanschlüsse
- Metallbau- und Schlosserarbeiten, z. B. zur Instandsetzung defekter Zäune und Geländer
- Putz- und Stuckarbeiten, z. B. für das Verputzen und Spachteln von Fassadenflächen
- Fliesen- und Plattenarbeiten, z. B. aufgrund einer notwendigen Badsanierung
- Estricharbeiten, z. B. aufgrund des Einbringens von schwimmendem Estrich zur Verbesserung des Trittschallschutzes
- Tischlerarbeiten, z. B. zur Instandsetzung von Innentüren
- Parkettarbeiten, Holzpflasterarbeiten, z. B. im Fall des Schleifens und der Neuversiegelung von altem Parkett
- Rollladenarbeiten; Sonnenschutz- und Verdunkelungsanlagen, z. B. aufgrund notwendiger Reparatur von defekten Rollläden
- Verglasungsarbeiten, z. B. zur Reparatur zerbrochener Scheiben oder Austausch alter Verglasung gegen Isolierglasscheiben
- Maler- und Lackierarbeiten, z. B. für das Tapezieren und Streichen von Innenwänden und -decken
- Bodenbelagsarbeiten, z. B. zum Austausch von veraltetem Bodenbelag
- Heizungs- und Sanitärarbeiten, z. B. zum Austausch veralteter Leitungssysteme oder Sanitärgegenstände oder zur Dämmung von Leitungssystemen
- Wärmedämmarbeiten, z. B. zur Verringerung des Wärmedurchlasses durch Außenwand und Dach
- Feuerlöschanlagen, Feuerlöschgeräte, z. B. zur Verbesserung des Brandschutzes
- Blitzschutz- und Erdungsanlagen, z. B. zum Austausch veralteter Anlagen
- Elektroarbeiten inklusive Kabel- und Antennenarbeiten, z. B. beim Einbau von neuen Daten- oder Kabelfernsehleitungen
- Instandsetzung von Terrassen

Nachdem Sie den Zustand einzelner Hauselemente und Baudetails eingeschätzt haben, benötigen Sie nun möglichst exakte Kostenkennwerte der sanierungsbedürftigen Gebäudeteile. Dies hilft Ihnen, einzuschätzen, zu welchem Preis sich unter diesen Voraussetzungen der Hauskauf für Sie lohnt.

Die Sanierungsbedürftigkeit einzelner Bauteile

Durch die Hausbesichtigung und die Bewertungen, die Sie mit den Checklisten angelegt haben, können Sie durchaus schon eine erste Einschätzung des Sanierungsbedarfs eines Hauses vornehmen. Beim Sanierungsbedarf eines Hauses kann man von Kleinsanierungen und Großsanierungen sprechen. Kleinere Sanierungsmaßnahmen sind z. B. der Austausch des Bodenbelags oder der Austausch von Sanitärgegenständen oder auch ein Neuverputz in Teilen des Innen- oder Außenbereichs. Großsanierungen bedeuten oft einen fundamentalen Eingriff in ganze Bauteile eines Hauses, z. B. das Aufbringen eines kompletten Vollwärmeschutzes auf die Fassade, die Installation einer neuen Wasserleitungsversorgung oder eine komplette Dachsanierung.

So ist es beispielsweise sehr viel schwieriger, im kompletten Haus sämtliche Heizungs- und Wasserrohre sowie die gesamte Elektroverkabelung auszutauschen und evtl. neue Hausanschlüsse zu legen, als sämtliche Bodenbeläge zu wechseln. Das heißt, aus den Checklisten der von Ihnen durchgeführten Hausbesichtigung sollte unbedingt eine Zustandseinschätzung insbesondere auch der verdeckten Gewerke (wie z. B. Sanitärinstallationen) hervorgehen. Daher ist es so wichtig, dass Sie alle Rohre, die Sie sehen, genau in Augenschein nehmen und auch „Nebenräume" wie den Heizungskeller oder den Hausanschlussraum etc. begehen. Genauso, wie Sie den Haussicherungskasten und die Zähleruhren etc. genau ansehen sollten. Diese Gewerke sind es, die hohe Kosten verursachen können.

Während man die Sanierungsbedürftigkeit eines Daches meist recht gut sieht und einschätzen kann, ist dies bei den verdeckten Gewerken schwieriger.

Dabei ist es gar nicht so schwer, hier eine Übersicht zu gewinnen. Wichtig ist, dass Sie die Rahmendaten haben, also Baujahr des Hauses und zwischenzeitlich erfolgte Sanierungen. Diese können Sie zugrunde legen, um sie mit den durchschnittlichen Lebensdauern der wichtigsten Bauteile zu vergleichen. Sie können grundsätzlich von folgenden Lebensdauern wichtiger Bauteile ausgehen:

Lebensdauer von wichtigen Bauteilen	
Heizung	
Heizbrenner	10 – 20 Jahre
Heizkessel (Stahl)	20 – 30 Jahre
Heizkessel (Guss)	30 – 40 Jahre
Heizkörper (Stahl)	25 – 40 Jahre
Heizkörper (Guss)	30 – 50 Jahre
Heizleitungen (Stahl)	25 – 30 Jahre
Heizleitungen (Kupfer)	30 – 40 Jahre

Die Sanierungsbedürftigkeit einzelner Bauteile

Lebensdauer von wichtigen Bauteilen

Sanitär	
Wasserleitungen (Kunststoff)	25 – 30 Jahre
Wasserleitungen (Stahl)	25 – 30 Jahre
Wasserleitungen (Blei)	25 – 30 Jahre
Wasserleitungen (Kupfer)	30 – 40 Jahre
Sanitärgegenstände	25 – 40 Jahre
Armaturen	15 – 30 Jahre
Elektro	
Elektroleitungen	30 – 50 Jahre
Elektroschalter und -dosen	20 – 40 Jahre
Elektrodurchlauferhitzer	10 – 20 Jahre
Elektroheizgeräte	10 – 20 Jahre
Türen	
Innentüren (Vollholz)	bis zu 80 und mehr Jahre
Innentüren (Pressholz)	20 – 30 Jahre
Außentüren (Hartvollholz)	je nach Pflege 10 – 50 Jahre, bei sehr guter Pflege auch länger
Außentüren (Schichtholz)	15 – 20 Jahre
Außentüren (Kunststoff)	15 – 30 Jahre
Fenster	
Kunststofffenster	15 – 25 Jahre
Holzfenster (Hartholz)	je nach Pflege 10 – 50 Jahre, bei sehr guter Pflege auch länger
Fassade	
Außenwandputz	30 – 40 Jahre
Außenanstrich	10 – 15 Jahre
Klinkerverkleidungen	bis zu 100 Jahre und darüber hinaus
Sockelplatten	je nach Ausführung 10 – 30 Jahre

Lebensdauer von wichtigen Bauteilen

Fensterbänke (Aluminium)	30 – 40 Jahre
Fensterbänke (Hartvollholz)	je nach Pflege 10 – 50 Jahre, bei sehr guter Pflege auch länger
Fensterbänke (Naturstein)	bis zu 100 Jahre und darüber hinaus
Vordächer, Geländer (Hartvollholz)	je nach Pflege 10 – 50 Jahre, bei sehr guter Pflege auch länger
Vordächer, Geländer (Stahl)	10 – 25 Jahre
Vordächer, Geländer (Verzinkt)	25 – 40 Jahre
Vordächer, Geländer (Aluminium)	30 – 45 Jahre
Dacheindeckung	
Tonziegel	40 – 60 Jahre
Zinkblech	30 – 40 Jahre
Titanzink/Kupfer	40 – 60 Jahre
Betondachsteine	30 – 45 Jahre
Foliendächer mit Kiesauffüllung	25 – 35 Jahre
Schiefereindeckung	50 – 80 Jahre
Pappbahneneindeckung	20 – 30 Jahre
Dachrinnen	
Stahl (verzinkt)	20 – 30 Jahre
Zink	30 – 40 Jahre
Aluminium	35 – 45 Jahre
Kupfer	40 – 50 Jahre
Kellerabdichtung	
Mit einfachem Bitumenanstrich	25 – 40 Jahre
Mit aufwendiger Abdichtung, Kiesverfüllung und Drainage	40 – 60 Jahre

In einem zweiten Schritt sollten Sie dann einschätzen, ob aufgrund der gemachten Beobachtungen eine Klein- oder eine Großsanierung erfolgen muss. Wenn Sie sich hierüber im Klaren sind, können Sie einmal Kopien der Pläne an ein Handwerksunternehmen faxen (z. B. Heizungsbauer oder Dachdecker) und um eine allererste, sehr grobe Einschätzung bitten, was das jeweilige Gewerk im Fall der Vollsanierung für diesen Haustyp ca. kosten würde. Sie können auch um die Angabe einer Referenz eines bereits durchgeführten Sanierungsvorhabens gleicher Größenordnung bitten. Dadurch ist es Ihnen ganz einfach möglich, sich auch bei den Auftraggebern des Handwerkers nach Kosten und Qualität der durchgeführten Sanierungsarbeiten zu erkundigen. Fragen Sie beispielsweise bei zwei oder drei Handwerksunternehmen telefonisch an, legen Sie die Pläne vor und geben Sie mit einigen Stichworten an, welchen Standard Sie wünschen. Die betreffenden Unternehmen finden Sie nach Gewerken sortiert in Ihrem regionalen Branchen-Fernsprechbuch (Gelbe Seiten). Fragen Sie Handwerker unbedingt nach den Grundlagen ihrer Kalkulation, also auf welchem Weg sie zu ihren Einschätzungen kommen (also z. B. über Erfahrungswerte gleich großer Vorhaben oder über eine überschlägige Material- und Arbeitskostenberechnung).

Es ist in diesem Zusammenhang übrigens sehr ratsam, sich, schon bevor man auf die Haussuche geht, einen Pool von Handwerkern zusammenzustellen, deren Beratung man dann zügig abfragen kann. So können Sie beispielsweise einen Heizungsbaufachbetrieb schon im Vorhinein ansprechen und berichten, dass Sie momentan auf der Suche nach einem gebrauchten Haus sind und im Fall des Falles von einem Fachbetrieb eventuell eine rasche Sanierungseinschätzung dieses Gewerks bräuchten. Wenn Sie dort dann direkt nach der Besichtigung Pläne und Bilder vorlegen, kann man Ihnen eventuell sehr rasch eine grobe Einschätzung geben. Wichtig ist in dieser Hinsicht insbesondere ein Sanitär- und Heizungsfachbetrieb, ein Elektrofachbetrieb, ein Abdichtungsunternehmen (Bautenabdichtung im Kellerbereich), ein Estrich- bzw. Bodenlegerbetrieb, ein Dachdeckerbetrieb sowie ein Fensterbaubetrieb.

Wenn diese Betriebe darauf vorbereitet sind, von Ihnen im Fall des Falles Unterlagen zugesandt zu bekommen mit der Bitte um rasche Einschätzung, können Sie trotz dieser Prüfung doch rasch entscheiden, ob Sie kaufen oder nicht. Dann haben Sie im Fall des Kaufs des Objekts den großen Vorteil, dass Sie ungefähr einschätzen können, was an Sanierungskosten durch die kostenintensiven Gewerke auf Sie zukommen kann.

Was bei der Haustechnik beachtet werden muss

Bei der Sanierung der Gebäudetechnik müssen verschiedene Aspekte beachtet werden und nicht alles, was Sie sich vielleicht wünschen, wird machbar sein. So kann z. B. nicht jede Art von Heizsystem überall eingebaut werden (z. B. eine Fußbodenheizung) oder es können auch bestimmte Heizmedien nicht eingesetzt werden (z. B. Gas, weil es keinen Gasanschluss gibt).

Grundsätzlich gehören zur Gebäudetechnik drei Bereiche: Heiztechnik, Wasser- und Abwassertechnik sowie Elektrotechnik. Was sie kennzeichnet und was bei Modernisierungen beachtet werden muss, erfahren Sie nachfolgend.

Heizungs- und Sanitärtechnik

Sowohl bei der Heizungstechnik als auch bei der Sanitärtechnik geht es im Grunde nur um das Aufheizen des Mediums Wasser, zum einen zur indirekten Nutzung des Wassers als Wärmespeichermedium, z. B. in Heizkörpern, und zum anderen zur direkten Nutzung als Warmwasser, z. B. zum Duschen. Die eigentliche Heizanlage, der sogenannte Brenner, ist das Gerät, in dem (meist) Erdöl oder Erdgas, immer öfter aber auch pflanzliche Öle (z. B. Rapsöl) oder Holzschnitzel verbrannt werden, um mit dieser Hitze das Speicher- und Trägermedium (Wasser) zu erwärmen.

Interessant für Sie ist neben den peripheren Einrichtungen, wie Rohrleitungen und -materialien, Heizkörperarten und -formen, also insbesondere das „technische Herz" Ihrer Wärmeversorgung im Haus, in dem die Wärmeerzeugung und Wärmeabgabe an das Trägermedium Wasser geschieht.

Bei den Überlegungen zu einer Sanierung sollten Sie in jedem Fall drei Dinge beachten:

- die ökologische Seite der Anlage (z. B. die Frage, ob Erdöl noch zeitgemäß ist),
- die ökonomische Seite der Anlage (z. B. wie teuer und wie sparsam welche Anlage ist) und
- die lokalen Gegebenheiten (z. B. ob ein Fernwärmeanschluss möglich ist).

Bei der Frage, ob Sie eine Heizanlage nur teilweise oder komplett ersetzen müssen, ist es zunächst wichtig, zu klären, welche Möglichkeiten Sie in technischer Hinsicht überhaupt haben. Gibt es z. B. einen Gasanschluss oder einen Fernwärmeanschluss? Wenn Sie an einem Fernwärmeanschluss partizipieren können, ist dies unter dem Gesichtspunkt der Ökologie eine erstrebenswerte Lösung. Kombiniert mit einer Brauchwassererwärmungsanlage auf dem Dach ist dies auch für ein ansonsten altes Haus eine moderne Heizungs- und Warmwasserausstattung.

Möglicherweise ist Fernwärme nicht vorhanden, dafür aber eine öffentliche Gasleitung direkt vor dem Haus. Sie können dann z. B. einen modernen Gasbrenner einbauen.

Wenn beides nicht möglich ist, könnten Sie z. B. überlegen, ob Sie eine moderne Holzpelletsanlage einbauen.

Wichtig ist zu wissen, dass man auch in sehr alte Häuser sehr moderne Heizanlagen einbauen kann und dass auch auf sehr alten Dächern die Installation von Brauchwassererwärmungs- und Fotovoltaikelementen grundsätzlich möglich ist.

Das größte Problem wird für Sie aber sein, sich einen Überblick über die Angebote am Markt zu verschaffen. Der Ratgeber „Heizung und Warmwasser" der Verbraucherzentralen behandelt dieses Thema ausführlich. Beratung zur Heizungstechnik und Informationen zur Förderung bieten die Energieberatungen der Verbraucherzentralen an. Adressen von Energieberatern finden Sie auch unter **www.energie-effizienz-experten.de**. Sie können dort auch sehen, für welche Art von Beratung diese zugelassen sind.

Weitere Informationsmöglichkeiten sind Fachmessen. Auf diesen gibt es neben den Tagen für das Fachpublikum häufig auch einen oder zwei Tage für die Allgemeinheit, die Sie nutzen können, um sich zu informieren. Die Internationale Leitmesse für Haus- und Gebäudetechnik ISH in Frankfurt ist die diesbezüglich größte Messe in Deutschland. Die Messetermine erfahren Sie im Internet unter **www.ish.messefrankfurt.com**. Der Besuch einer solchen Messe lohnt sich vor der Installation einer neuen Heizungsanlage in jedem Fall auch für Laien. Man erhält einen sehr interessanten Überblick über den aktuellen Stand der Technik und die Auswahlmöglichkeiten. Wenn Sie schnell eine Kaufentscheidung für ein Haus treffen müssen, können Sie sich im Anschluss immer noch in Ruhe über moderne Heizanlagen informieren. Wichtig ist nur, dass Ihnen schon beim Kauf bewusst ist, dass Sie eine alte Anlage eventuell spätestens nach dem nächsten Winter wechseln müssen.

Elektrotechnik

Im Elektrobereich gibt es ebenfalls eine ungeheure Variationsbreite an Ausstattungsmöglichkeiten.

Grundsätzlich gibt es zum einen die einfachen, herkömmlichen Elektroausstattungsvarianten und zum anderen sogenannte BUS-Systeme, die Ihnen eine integrative Elektroschaltung ermöglichen, bei der die verschiedenen Geräte z. B. auch in Abhängigkeit voneinander bzw. Zuordnung zueinander gesteuert werden können. Dies kann vorteilhaft sein, wenn Sie z. B. eine zentrale Schaltstelle für verschiedene Geräte haben wollen oder komplexe Elektroeinrichtungen planen. Diese Anlagen sind jedoch für durchschnittliche Ansprüche nicht notwendig.

Die Elektroausstattung alter Häuser kann in zweierlei Hinsicht problematisch sein: Zum einen kann sie zu einem Sicherheitsrisiko werden, wenn Leitungen nicht gut verlegt oder brüchig sind, zum anderen kann sie schnell überlastet werden, z. B. durch den gleichzeitigen Betrieb vieler moderner Elektrobetriebsgeräte, wie Tiefkühltruhe, Kühlschrank, Geschirrspüler, Waschmaschine, Stereoanlage, Computer etc.

Darüber hinaus ist die Elektroausstattung eines Hauses aber vor allem eine Komfortfrage. Wie viele Steckdosen will man z. B. pro Zimmer? Wie viele Lichtschalter will man in langen Fluren? Wie viele Wand- und Deckenauslässe für Beleuchtungen benötigt man? Will man eine Alarmanlage? Benötigt man elektrische Rollläden? Hier sind die persönlichen Bedürfnisse einfach sehr verschieden und man kann keine generellen Tipps geben.

Wichtig für Sie ist zu wissen, dass man auch in sehr alten Häusern sehr moderne Elektroanlagen installieren kann und dass die wirklich wichtige Frage hinsichtlich der elektrotechnischen Ausstattung lautet: Ist die vorhandene Elektroinstallation in allen Punkten wirklich sicher und vor allem auch kindersicher? Sind also z. B. FI-Schutzschalter im Bad vorhanden, damit sofort der Stromfluss unterbrochen wird, wenn z. B. der Fön in die Badewanne fällt? Sind alle Elektroleitungen gut isoliert und nicht brüchig und sind Sicherungskästen außer Reichweite von Kindern?

Zustand der Bausubstanz

Die am häufigsten verwendeten Baustoffe im privaten Einfamilienhausbau sind Stein, Holz und Beton, und zwar in dieser Reihenfolge. Innerhalb dieser Stoffgruppen gibt es jedoch riesige Unterschiede, z.B. in Bezug auf die Materialfestigkeit, die Materialbearbeitung oder den Materialpreis, vom Kalksandstein bis zum Ziegel, vom Fichten- bis zum Buchenholz, vom Leichtbeton bis zum B25-Beton. Darüber hinaus gibt es natürlich auch häufig die Kombinationen mehrerer Baustoffe, z.B. Gebäude mit einem Betonkeller, mit Obergeschossen aus Mauerwerk und einem Dachstuhl aus Holz. Es ist daher sinnvoll, sich intensiv mit den Baustoffen auseinanderzusetzen, weil sie sozusagen die wesentlichen und praktisch nicht änderbaren Grundelemente Ihres Hauses bilden. Die wirkliche Bauqualität eines Hauses erkennen Sie oft eben nicht an seinen Oberflächenbauteilen, sondern an seinen verdeckten Bauteilen. Hier verstecken sich z.B. Informationen über die Dämmqualität der Wände und mit welchen Mitteln sie erreicht wird genauso wie Informationen über den Schallschutz, die Abdichtung des Kellers gegen eindringendes Wasser oder die Dämmqualität des Dachaufbaus. Das heißt für Sie ganz konkret, dass Sie Informationen über diese Bauteile haben sollten. Auskunft hierüber kann die Ausführungsplanung des Hauses geben, soweit sie noch vorhanden ist. Ist dies nicht mehr der Fall, kann es im Einzelfall notwendig werden, eine Wand oder eine Decke auch einmal sehr kleinteilig an einer unauffälligen Stelle zu öffnen. Ein Energieberater wird dies in jedem Fall tun müssen, um sich einen Überblick über die Baustoffe und die Dämmqualität des Hauses zu verschaffen.

Drei wichtige Felder sollten Sie hierbei unbedingt beachten:

- den Feuchtigkeitsschutz im Fundament- und Kellerbereich sowie im Dachbereich,
- die Wärmedämmung aller Außenwände und des Dachgeschosses bzw. der obersten Geschossdecke und der Kellerdecke sowie
- die Schalldämmung in Bezug auf Körperschall- und Trittschalldämmung, vor allem bei den Geschosszwischendecken und im Treppenhaus.

Das Einbringen neuer Feuchtigkeitssperren im Außenbereich eines Kellers oder Fundaments kann sehr teuer werden. Hier muss mitunter nachträglich eine Horizontalsperre in die Wände gerammt werden bzw. eine Injektion von feuchtesperrendem Material in die Wände erfolgen. Darüber hinaus kann es notwendig werden, den gesamten Kellerbereich aufzugraben, um ihn nachträglich von außen abzudichten.

Auch die Sanierung eines defekten Daches kann aufwendig und teuer werden, wenn sie auch durchführungstechnisch weit weniger kompliziert ist als das nachträgliche Trockenlegen eines Kellers.

Bei fehlender Wärmedämmung eines Altbaus kann das Aufbringen einer komplett neuen Wärmedämmung notwendig werden, um die Heizkosten deutlich zu senken.

Fragen Sie daher bei Ihrem Hauskauf unbedingt danach, ob das Gebäude einen Gebäudeenergieausweis hat, auch wenn dieser noch wenig verbreitet ist. Wichtig ist in jedem Fall aber, den exakten Wandaufbau und die verwendeten Materialien zu kennen. Fragen Sie auch nach dem jährlichen Energieverbrauch. Haben Sie außerdem ungefähre Angaben zur Grundfläche des Hauses, können Sie den Quadratmeterverbrauch errechnen. Wenn Sie sich zu einer Wärmeschutzsanierung entschließen, muss Ihnen beim Kauf eines Altbaus klar sein, dass Sie hier möglicherweise keinen Vollwärmeschutz von außen aufbringen können, weil dieser auf kunstvoll verzierten Fassaden nicht anzubringen ist und auch deren Optik zerstören würde. Sie müssen dann mit einer bauphysikalisch nicht so günstigen Innendämmung vorliebnehmen, die in jedem Fall die Wohnfläche reduzieren wird.

Ihnen wird bei der Hausdämmung immer wieder der Begriff des sogenannten U-Werts begegnen. Was ist das? Der U-Wert ist der sogenannte Wärmedurchgangskoeffizient (···❯ Glossar, rechts). Er gibt an, wie viel Wärme unter bestimmten Bedingungen durch ein Bauteil gelangt. Dies hängt wesentlich von der Dicke des Bauteils und seiner spezifischen Wärmeleitfähigkeit ab. Dämmstoffe haben eine sehr geringe Wärmeleitfähigkeit, normaler Beton ohne wärmedämmende Zuschläge oder Metall hat beispielsweise eine hohe Wärmeleitfähigkeit. Je kleiner der U-Wert, desto besser die Wärmedämmeigenschaft. Die ungedämmte Außenwand eines 1970er-Jahre-Reihenhauses kann einen U-Wert von ca. 1,6 haben, der sich durch Anbringen eines Wärmedämm-Verbundsystems an der Außenfassade erheblich verbessern lässt. Ein guter U-Wert für eine Außenwand liegt bei 0,28 bis 0,25, ein sehr guter bei 0,2 bis 0,1.

Glossar

Wärmedurchgangskoeffizient

Um die Wärme in einem Körper zu halten, muss sein beheiztes Volumen gegen die unbeheizte Umgebung möglichst optimal gedämmt werden. Dies gilt für eine Thermoskanne genauso wie für ein Gebäude.

Der Wärmedurchgangskoeffizient, der **sogenannte U-Wert, heißt vollständig Umkehr-Wert.** Er gibt den Wärmedurchgang durch ein Bauteil an, den sogenannten Wärmedurchgangskoeffizienten, d. h., wie viel Wärme unter bestimmten Bedingungen durch ein Bauteil gelangt. Er ist der Umkehr-Wert (früher k-Wert von Kehrwert) des Wärmedurchlasswiderstandes. Der Wärmedurchlasswiderstand wiederum beschreibt, wie viel Widerstand ein Bauteil dem Wärmedurchgang entgegensetzt.

Berechnung des U-Werts

Der U-Wert wird berechnet, indem man die Zahl 1 dividiert durch die Summe der Wärmeleitfähigkeit der einzelnen Schichten des Bauteils sowie der beiden Wärmeübergangskoeffizienten „a" zu beiden Seiten des Bauteils a_i (innen) und a_a (außen).

Die **Wärmeleitfähigkeit** von Bauteilen wird mit dem Begriff „klein Lambda", „λ", angegeben. Sie besagt, welche Wärmemenge „Q" (Einheit Ws) pro Sekunde (s) und pro Quadratmeter (m²) durch eine ein Meter dicke Schicht (m) eines Stoffes hindurchgeht, wenn der Wärmeunterschied zwischen beiden Temperaturflächen, also Innenfläche und Außenfläche, 1 Kelvin (K) beträgt.

Die beiden **Wärmeübergangskoeffizienten** a_i (innen) und a_a (außen) beschreiben den Wärmeübergang vom beheizten Innenraum in das Außenbauteil und vom Außenbauteil in den kühlen Außenraum. Sie sind festgelegte Konstanten.

Viele Gebäude mit Baujahren bis hin zu den 1970er Jahren haben eine nicht ausreichende Schalldämmung. Bei der Schallerzeugung unterscheidet man zwischen Körperschalleintrag und Luftschalleintrag. Beim Körperschalleintrag wird über einen direkten Körperkontakt zwischen einem Gegenstand und dem Gebäudekörper an sich eine Schwingung in Letzteren eingetragen. Dies passiert z. B., wenn man über eine Decke läuft und sogenannten Trittschall einbringt. Beim Luftschall ist die Luft das Zwischenmedium, das zum Schwingen gebracht wird und diese Schwingung in den Gebäudekörper einträgt. So kann es z. B. sein, dass Ihr Nachbar ein Blasinstrument spielt. Die Luftschwingung, die er damit erzeugt, überträgt sich auf die Gebäudesubstanz und kann sehr störend wirken.

Beim Körperschall wirken meist der Trittschall und Fließgeräusche von Leitungen am störendsten. Besserer Trittschallschutz ist nur zu erreichen, indem man alte Estriche entweder herausnimmt und durch neue, sogenannte schwimmende Estriche ersetzt, oder indem man auf alte Estriche eine neue Bodenlage einbringt. Dies ist aber praktisch kaum möglich, da sich hierdurch Raum- und Türdurchgangshöhen verringern. Der Schalleintrag aus Rohrleitungen hingegen kann durch das Dekontakten von Wandbauteilen und das Montieren der Rohre mit sogenannten Schallschutzschellen verbessert werden.

Beim Luftschall werden vor Zwischenwände oft sogenannte Vorsatzschalen gesetzt. Das heißt, vor die eigentliche Wand wird eine leichte, biegeweiche Schale montiert, z. B. aus Gipskarton. Wird diese z. B. noch mit einem weichen Faserdämmstoff hinterfüllt, kann dies den Schallschutz wesentlich verbessern, führt aber natürlich zu einer Reduzierung der Wohnflächen.

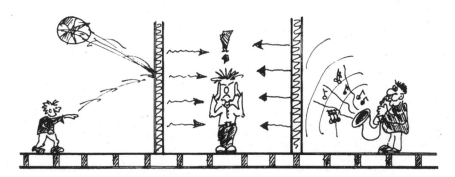

Unterschied zwischen Körperschall- und Luftschallübertragung

Hilfen für die Beurteilung des Kaufpreises

Um zu ermitteln, ob der Kaufpreis eines Hauses, das Sie gerne erwerben möchten, angemessen ist, müssen Sie den Pauschalpreis, der Ihnen von der Verkäuferseite genannt wird, in seine Einzelteile zerlegen, um ihn transparent zu machen. Parallel hierzu sollten Sie Vergleichspreise aus dem Umfeld der Immobilie einholen und dann die einzelnen Preiskomponenten abgleichen.

Nur so können Sie feststellen, ob der Preis angemessen ist oder nicht. Immobilienpreise sind immer Preise, bei denen nicht noch zusätzlich eine Mehrwertsteuer anfällt. Es gibt Options-Ausnahmen im Bereich gewerblicher Immobilien und dortiger Verkäufe, die für Verbraucher aber nicht von Relevanz sind.

Die Berechnung der Wohnfläche

Für die Ermittlung der Angemessenheit des Kaufpreises ist es zunächst wichtig, dass Sie die exakten Quadratmeterpreise der Wohnfläche des betreffenden Hauses kennen. Es ist durchaus möglich, dass der Verkäufer die Gesamtfläche „aufrundet", um das Objekt in besserem Licht erscheinen zu lassen. Daher sollten Sie sich eine Flächenberechnung vorlegen lassen. Im Baugesuch ist beispielsweise in der Regel eine Flächenberechnung enthalten. Je nach Baujahr des Hauses können Sie auf unterschiedliche Berechnungsarten stoßen:

- Berechnung nach der Wohnflächenverordnung (WoFlV), die seit dem 01.01.2004 in Kraft getreten ist.
- Berechnung nach der Zweiten Berechnungsverordnung (II. BV.), die mittlerweile außer Kraft getreten ist und durch die Wohnflächenverordnung ersetzt wurde.
- Berechnung nach DIN 277, die jedoch keine Wohnflächen ermittelt, sondern eine Flächenberechnung zur Zuordnung von Kostengruppen bei der Baukostenberechnung eines Gebäudes ist.
- Berechnung nach DIN 283, deren Blatt 1 1998 und Blatt 2 1983 zurückgezogen wurden.

Diese Berechnungsansätze unterscheiden sich leicht, sodass bei ein und demselben Gebäude als Ergebnis unterschiedliche Gesamtflächenangaben herauskommen können. Trotzdem erhalten Sie mit der vorgelegten Flächenberechnung (mit Rechenweg und inklusive Aufmaßplänen zu der Berechnung) eine Flächenangabe, die Sie nachvollziehen und stichprobenweise überprüfen können. Sie können hierzu z. B. die Länge und Breite mehrerer Räume vor Ort nachmessen und mit den Angaben der Flächenberechnung vergleichen.

Es ist jedoch durchaus möglich, dass es gerade bei älteren Gebäuden keine Flächenberechnung und auch keine Pläne mehr gibt. In diesem Fall ist zu überlegen, von einer Fachperson eine Flächenberechnung nach der neuen Wohnflächenverordnung durchführen zu lassen. Wohnflächenaufmaße fertigen z. B. Vermessungs- oder Architekturbüros an. Die Kosten hierfür können sich Käufer und Verkäufer beispielsweise teilen.

Lassen sich die Flächenangaben des Verkäufers nicht prüfen, können Sie eine Sicherheitsregelung in den Vertrag einbauen. Wird das Haus zu einem Pauschalpreis veräußert, könnte z. B. ein Passus in den Kaufvertrag mit aufgenommen werden, der bei wesentlichen Abweichungen (z. B. 10 % von der im Vertrag benannten Wohnflächenangabe) einer Wohnflächenvermessung nach der Wohnflächenverordnung eine Reduktion des Kaufpreises gemäß einer festen Summe pro geringerer Quadratmeterfläche ermöglicht. Errechnet sich der Verkaufspreis eines Hauses hingegen vertraglich exakt aus einem Quadratmeterpreis und dessen Aufsummierung auf die Gesamtfläche des Gebäudes, können schon geringere Flächenabweichungen zu berechtigten Änderungen des Kaufpreises führen.

Gutachterausschüsse

Sie können die Angemessenheit eines Gebäudepreises gut ermitteln, indem Sie zunächst, angelehnt an die Bodenwerte des Gutachterausschusses, den Grundstückswert ermitteln. Der verbleibende Betrag entspricht dann den reinen Kosten für das Haus selbst. Das ist der sicherste Weg, um zu erfahren, welche Kosten auf Grundstück und Haus jeweils entfallen. Sie können anhand des ermittelten reinen Preises für das Gebäude auch sehen, ob der Preis überzogen ist, wenn Sie ihn mit Neubaukosten vergleichen. Ganz grob schwanken niedrige Neubaukosten zwischen 1.000 und 1.400 Euro pro Quadratmeter Wohnfläche, mittlere zwischen 1.500 und 2.300 Euro und höhere liegen ab 2.400 Euro pro Quadratmeter. Errechnet sich bei Ihnen nach Abzug des Grundstückspreises (gemäß Vergleichspreisen des Gutachterausschusses für die Lage) vom geforderten Gesamtpreis also ein Wohnflächenpreis von über 3.000 Euro pro Quadratmeter, sollte das Haus über eine gehobene Ausstattung verfügen (hochwertige Bäder, Bodenbeläge, Treppen, Türen, Fenster etc.).

Beim Quadratmeterpreis dürfen immer nur die wirklichen Wohnflächen gemäß Landesbauordnung mit eingerechnet werden. Grundflächen, z. B. von Kellern, die den Wohnraum-Kriterien nicht entsprechen, dürfen nicht eingerechnet werden. Auf den Seiten 173 f. und 177 finden Sie das Beispiel einer solchen Kaufpreiseinschätzung eines Hauses.

Individuelle Wertermittlung

Für den Vergleich von Grundstückspreisen können Sie auf die Dokumentationsunterlagen der örtlichen Gutachterausschüsse zurückgreifen. In diesen Gutachterausschüssen sind auf gesetzlicher Grundlage Vertreter unterschiedlicher, regionaler Marktbeobachter vertreten – teilweise Mitglieder der Kommunalverwaltung, teilweise Sachverständige für die Bewertung bebauter und unbebauter Grundstücke –, die fortlaufend alle örtlichen Verkaufsdaten verfolgen. Gutachterausschüsse erhalten von praktisch allen örtlichen Immobilienkaufverträgen Abschriften und können so die örtliche Immobilienpreisentwicklung sehr genau verfolgen und dokumentieren.

Die Dokumentationsunterlagen der Ausschüsse sind üblicherweise gegen eine Schutzgebühr in Form von Broschüren zu erwerben.

Die Gutachterausschüsse sind meist bei Amtsstellen der Kommunen angesiedelt, z. B. beim Liegenschafts- oder Bauamt, wo die genauen Ansprechpartner und Kontaktdaten erfragt werden können.

Viele Ausschüsse haben sich unter einem gemeinsamen Internetportal zusammengefunden. Es ist mit Links zu regionalen Ausschüssen zu finden unter:
www.gutachterausschuesse-online.de

Alternativ können Sie auch über eine Internetsuchmaschine den Namen des eigenen Ortes, Landkreises oder der Stadt in Kombination mit dem Begriff „Gutachterausschuss" eingeben.

Wenn Sie eine umfassende und detaillierte Wertermittlung der Immobilie haben wollen, die Sie kaufen möchten, kann eine individuelle Bewertung durch einen Sachverständigen für die Bewertung bebauter und unbebauter Grundstücke erfolgen. Solche Gutachten haben allerdings ihren Preis und sind eigentlich nur dann sinnvoll, wenn Sie sie in den Kaufverhandlungen wirksam einsetzen können, um beispielsweise den Preis damit nach unten zu verhandeln. Ist klar, dass der Verkäufer von seinen Preisvorstellungen auf gar keinen Fall abweichen will, ist die Investition in ein solches Gutachten sinnlos, denn dann werden Sie damit nicht weiterkommen. Es ist normalerweise auch eher so, dass die Verkäuferseite eine detaillierte Wertermittlung der zu verkaufenden Immobilie vornimmt, um sicher zu sein, beim Verkauf nicht unnötig Geld zu verlieren.

Wer ungeachtet dessen trotzdem eine individuelle Wertermittlung für die zu kaufende Immobilie vornehmen lassen will, kann sich hierfür an Sachverständige für die Wertermittlung bebauter und unbebauter Grundstücke wenden. Auch in diesem Fall ist es so, dass der Titel „Sachverständiger" nicht geschützt ist. Ein öffentlich bestellter und vereidigter Sachverständiger (öbv) ist auf diesem Gebiet einer besonderen Sorgfaltspflicht unterworfen und kann erste Wahl sein. Diese Sachverständigen finden Sie entweder im regionalen Branchenfernsprechbuch „Gelbe Seiten" oder bei den regionalen Industrie- und Handelskammern bzw. in deren Online-Verzeichnis www.svv.ihk.de.

Eine Gebäudewertermittlung kann einige Tage bis zu einigen Wochen dauern. Es ist also wichtig, dass das Haus in dieser Zeit nicht anderweitig verkauft wird, sonst lohnt sich die individuelle Wertermittlung natürlich nicht.

Beleihungswert

Auch die finanzierende Bank wird eine Werteinschätzung des Kaufobjekts einholen. In einigen Fällen zahlt das sogar der Kunde. Banken nehmen dafür mitunter eine Pauschale von bis zu 500 Euro. Dazu sind Banken nach neuerer Rechtsprechung allerdings nicht berechtigt (siehe u. a. Landgericht Stuttgart, AZ 20 O 9/07). Denn durch diese Gutachten wird ausschließlich das Sicherungsinteresse der Bank bedient. Das sollten Sie daher auch klar ablehnen.

Die Wertermittlungen der Banken sind meist aber nicht so umfangreich, wie dies bei der Wertermittlung durch einen öffentlich bestellten und vereidigten Sachverständigen der Fall ist, es sei denn, die Bank beauftragt diesen mit einem umfassenden Gutachten. Das ist aber bei Ein- und Zweifamilienhäusern fast nie der Fall.

Die eigene Wertermittlung der Bank ist die Grundlage für die Festlegung des Beleihungswertes. Er liegt grundsätzlich unter dem Objektwert. Er ist derjenige Wert, den die Bank über einen Kredit finanzieren wird. Über diesen Wert hinaus wird sie üblicherweise keinen Kredit geben. Das liegt daran, dass die Bank für ihren Kredit maximale Sicherheit will. Am sichersten fährt sie, wenn sie mit dem erzielbaren Immobilienpreis sehr vorsichtig agiert. Wird der Kredit notleidend, können Sie ihn also nicht mehr bedienen bzw. zurückzahlen, kommt es möglicherweise zur Zwangsversteigerung der Immobilie. Die dabei zu erzielenden Preise sind meist deutlich geringer als üblicherweise am Markt zu erzielende Preise. Um hier nicht von vornherein mit einem zu hohen Verlustrisiko kalkulieren zu müssen, setzt die Bank den Beleihungswert deutlich unter dem Objektwert an. Er liegt häufig zwischen 70 und 75 % des eigentlichen Objektwertes, je nach Lage und Immobilie. Der fehlende Kapitalbedarf muss dann entweder mit Eigenkapital oder anderen Finanzierungsformen, wie z. B. einem Bausparvertrag, gedeckt werden. Es ist daher bei jedem Immobilienkauf ganz grundsätzlich anzuraten, möglichst viel Eigenkapital mitzubringen. 25 % sollten es nach Möglichkeit immer sein, bei einem Gebäudepreis von 280.000 Euro also etwa 70.000 Euro. Je mehr Eigenkapital man mitbringt, desto bessere Kreditangebote erhält man üblicherweise auch, weil das Risiko der Banken sinkt und sie eine andere Bewertung vornehmen können.

Der von der finanzierenden Bank geschätzte Immobilienwert und der sich daraus ergebende Beleihungswert sind üblicherweise eher vorsichtige Annahmen. Es ist nicht außergewöhnlich, wenn es eine Differenz zwischen den dokumentierten Immobilienwerten des Gutachterausschusses und der Schätzung der Bank gibt.

Wichtig ist, dass man bei gebrauchten Immobilien fast immer noch eine zusätzliche Rücklage benötigt. Sei es nur, dass im ersten Winter der Heizungsbrenner plötzlich versagt und ein neuer installiert werden muss. Beim Erwerb einer gebrauchten Immobilie sollte man eigentlich Rücklagen von etwa 10.000 bis 15.000 Euro haben, um auch etwas aufwendigeren Reparaturfällen sicher begegnen zu können. Muss das Haus saniert werden, können sehr schnell ganz andere Summen fällig werden.

Die einzelnen Preiskomponenten

Nachdem Sie so eine erste Übersicht über die Vergleichspreise in Ihrer Region gewonnen haben, müssen Sie nun Ihr eigenes Wunschobjekt in seine einzelnen Preiskomponenten zerlegen. Wichtig ist hierbei vor allem die Trennung in Grundstück und Gebäude. Da Sie anhand der Dokumentationen der Gutachterausschüsse die Grundstücks-Quadratmeterpreise der Umgebung in Erfahrung bringen, können Sie den verbleibenden Restbetrag als die tatsächlichen Gebäudekosten ansetzen.

Um diese realistisch einzuschätzen, müssen Sie den Kaufpreis nun auf die Quadratmeterpreise Ihres Gebäudes umrechnen. Anhand der Dokumentationen der Gutachterausschüsse über die Gebäude-Quadratmeterpreise vergleichbarer Häuser in Ihrer Region können Sie dann sehen, ob der Preis für das Haus, das Sie interessiert, angemessen ist oder nicht. Sehr wichtig ist hierbei aber, dass Sie in die Gebäude-Quadratmeterpreise Ihres Wunsch-Hauses auch die zusätzlich anfallenden überschlägigen Sanierungskosten einrechnen.

Auf den Seiten 173 f. und 177 finden Sie das Beispiel der Aufschlüsselung eines Kaufpreises in seine Bestandteile, wobei die Kosten notwendiger Sanierungsmaßnahmen im Vergleich zu den Kosten eines Neubaus in identischer Größe berücksichtigt sind.

Indem Sie die Gesamtkosten zerlegen, dadurch die Gebäudekosten an sich ermitteln, die voraussichtlichen Sanierungskosten einrechnen und schließlich das Ergebnis mit den Werten der regional ansässigen Gutachterausschüsse abgleichen, können Sie sich relativ rasch ein gutes Urteil über die Angemessenheit des Kaufpreises bilden.

Insoweit Sie einen Umbau des Hauses anstreben, weil Ihnen z. B. die Grundrissaufteilung nicht zusagt, sollten Sie diese allerdings nicht mit in die Vergleichsrechnung aufnehmen. Denn dies würde sie verfälschen, da es sich bei einem Verschönerungsumbau nicht um eine notwendige Maßnahme handelt, die dazu dient, den Wert der Bausubstanz an sich zu sichern.

Beispiel

Einschätzung des Kaufpreises für ein Einfamilienhaus

Freistehendes Einfamilienhaus, Baujahr 1973
Wohngebiet am Stadtrand, ruhige Lage

Grundstücksgröße	ca. 565 m²
Wohnfläche	ca. 185 m²

Keller, Erdgeschoss, Dachgeschoss ausgebaut
einfache bis mittlere Ausstattung

Geforderter Kaufpreis	390.000,– Euro

1.0 Aufsplittung des Kaufpreises

1.1 Grundstückswertanteil
(Durchschnittlicher m²-Preis
Bauland im betreffenden
Wohngebiet 250 Euro/m²)   141.250,– Euro

1.2 Gebäudewertanteil
(Kaufpreis minus
Grundstückswertanteil)   248.750,– Euro

2.0 Kosten pro m² Wohnfläche

Wohnfläche des Hauses	185 m²
Gebäudewertanteil	248.750,– Euro
(Gebäudewertanteil geteilt durch Wohnfläche)	**1.345,– Euro/m²**

3.0 Geschätzter Sanierungsaufwand

Teilsanierung Kelleraußenwand	20.000,– Euro
Einbau neuer Fenster	18.000,– Euro
Einbau einer neuen Haustür	2.500,– Euro
Putzausbesserung der Fassade	3.300,– Euro
Außenanstrich erneuern	6.400,– Euro
Dachdeckung in Teilbereichen ausbessern	2.800,– Euro
Einbau eines neuen Heizungsbrenners	2.500,– Euro
Austausch defekter Heizkörper	1.800,– Euro
Erweiterung der Elektroinstallation	2.800,– Euro
Erneuerung der Fliesen in Bad und WC	3.100,– Euro
Austausch der Sanitärgegenstände	2.800,– Euro
Parkettboden abschleifen und versiegeln	1.300,– Euro
Teppichbodenverlegung im Dachgeschoss	2.300,– Euro
Maler- und Tapezierarbeiten innen	6.400,– Euro
	76.000,– Euro

Kosten pro m² Wohnfläche saniert

(Gebäudewertanteil plus
Sanierungskosten geteilt durch
Wohnfläche):   **1.755,– Euro/m²**

4.0 Vergleich der Kosten pro m² zu einem gleichwertigen Neubau (inkl. Architektenkosten, Erschließungskosten usw.)

Neubau einfache Ausstattung	bis 1.280,– Euro/m²
Neubau mittlere Ausstattung	bis 1.800,– Euro/m²
Neubau gehobene Ausstattung	bis 2.300,– Euro/m²
Neubau hochwertige Ausstattung	über 2.300,– Euro/m²

Ergebnis:

Das Haus ist nach Sanierung fast so teuer wie ein gleichwertiger Neubau!

Die aktuelle Marktsituation

Unabhängig von den Marktbeobachtungen und -beurteilungen der Gutachter können sich natürlich kurzfristige Verschiebungen am Markt ergeben. Dies kann von den verschiedensten Umständen abhängig sein. Plötzliche Firmenpleiten können eine hohe Arbeitslosigkeit nach sich ziehen und in der Folge den Immobilienpreisspiegel ganzer Regionen verändern. Aber auch natürliche Katastrophen wie Stürme oder Überflutungen können der Bausubstanz einen derartigen Schaden zufügen, dass Immobilienpreise in den Keller rutschen. Umgekehrt kann die Ansiedlung eines erfolgreichen Betriebs, die Ausweisung der Umgebung als Naturschutzgebiet oder die Entlastung durch eine Umgehungsstraße die Immobilienpreise steigen lassen.

Zumeist sind es aber doch kleinere Ereignisse, die zu verschiedenen Auf- und Abbewegungen von Immobilienpreisen führen. So kann z. B. die Anbindung einer S-Bahn-Haltestelle in der Nähe einer Siedlung den Wert der dort befindlichen Häuser steigern, ein plötzliches Überangebot an Wohnungen bzw. Grundstücken, z. B. aufgrund der Umnutzung von größeren militärischen Anlagen für zivile Zwecke, kann zum Verfall von Immobilienpreisen führen.

Es ist daher sehr wichtig, dass Sie die Immobilienpreise in Ihrer Region auch unabhängig von den Dokumentationen der Gutachterausschüsse beobachten, um neue Entwicklungen möglichst früh zu erkennen. Hierbei kann Ihnen eine regionale Tageszeitung helfen, in der Sie zum einen Samstag für Samstag ein reichhaltiges Immobilienangebot finden, sehr oft mit direkten Preisangeboten und Quadratmeterangaben. Zum anderen finden Sie in den regionalen Tageszeitungen auch häufig Berichte über neu auszuweisendes Bauland und folgende Bauträgerprojekte etc. Auch über Aktivitäten der Kommunen hinsichtlich der Förderung von Wohneigentum oder die Initiativen unabhängiger Käufergruppen werden Sie hier unterrichtet, genauso wie über Informationen der Haus- und Grundbesitzervereine.

Die aktuelle Marktsituation kann Ihnen durchaus ein Schnäppchen bescheren, von dem Sie gar nicht zu träumen wagten, aber hierzu müssen Sie in der Regel gut und früh informiert sein.

Auch bei Zwangsversteigerungen lassen sich gebrauchte Häuser erwerben. Hier ist allerdings Vorsicht geboten, da ein ersteigertes Objekt häufig vorher gar nicht oder nicht ausreichend zu besichtigen ist. Ferner handelt man bei Versteigerungen aus der Natur der Sache heraus unter Zeitdruck und schließlich gelten für Ersteigerungen nicht die rechtlichen Bedingungen wie bei einem Immobilienkauf. So ist die Wandlung eines im Versteigerungsverfahren erteilten Zuschlags beispielsweise nicht möglich.

Zusätzliche Kosten

Neben den reinen Haus- und Grundstückskosten gibt es auch noch eine ganze Reihe zusätzlicher Kosten, die Sie in Ihrem Finanzierungsplan unbedingt berücksichtigen müssen. Hier kommen zusätzliche Beträge zusammen, die Sie von vornherein einkalkulieren müssen und die sich im fünfstelligen Bereich bewegen.

Makler
Die Maklerprovision fällt an, falls Sie die Dienste eines Maklers beansprucht haben und er Ihnen erfolgreich ein Haus vermittelt hat. Sie liegt in der Regel zwischen 3 % und 6 % zzgl. MwSt. des Kaufpreises eines Hauses.

Grunderwerbsteuer
Die Grunderwerbsteuer wird fällig, wenn Sie Grund und Boden erwerben. Sie orientiert sich am Kaufpreis und beträgt je nach Bundesland zur Zeit 3,5 bis 6 %.

Notargebühren

Diese fallen bei allen Beurkundungen im Rahmen des Kaufs der Immobilie an (Kaufvertrag, Auflassungsvormerkung, Grundschuldeintragung). Sie orientieren sich am Kaufpreis der Immobilie. Erfragen Sie die Sätze rechtzeitig bei einem zuständigen Notariat. Werden Zahlungen über ein Notaranderkonto abgewickelt, richtet sich die Gebühr nach der Höhe dieser Summe. Detailinformationen hierzu erhalten Sie ab Seite 214.

Grundbuchamt

Im Grundbuchamt müssen die notwendigen Formalien zur Eintragung des neuen Besitzers und der Löschung des alten Besitzers vorgenommen werden. Auch hierfür fallen Gebühren an. Informationen über deren exakte Höhe können Sie bei den Grundbuchämtern erfragen.

Wertermittlung

Die Wertermittlung einer Immobilie ist die Voraussetzung für eine Beleihung des Gebäudes. Die Wertermittlung erfolgt in der Regel durch die finanzierende Bank oder einen staatlich vereidigten Sachverständigen für Grund- und Gebäudewertermittlung. Die finanzierende Bank hat selbst ein Interesse an einer möglichst exakten Wertermittlung. Diese Wertermittlung darf Ihnen die Bank übrigens nicht in Rechnung stellen.

Honorare für Architekten oder Fachingenieure

Falls Sie sich doch sehr unsicher sind, ob Sie eine spezielle Immobilie kaufen wollen oder nicht, und nochmals fachlichen Rat brauchen, z. B. von einem Architekten oder Fachingenieur, müssen die entsprechenden Honorare mit einkalkuliert werden. Siehe auch unter „Sachverständige" (Seite 93 f.).

Erschließungskosten

Bei abseits gelegenen Häusern sollten Sie unbedingt darauf achten, dass Sie nicht plötzlich mit anstehenden hohen Erschließungskosten konfrontiert werden, die Ihnen beim Erwerb der Immobilie verschwiegen wurden. Dies kann passieren, wenn Sie ein Haus erwerben, das gerade mit einer Anbindung an die städtische Infrastruktur versehen wurde, die Rechnungen hierfür aber noch nicht gestellt und vor allem noch nicht bezahlt sind. Achten Sie daher darauf, dass die Immobilie nicht nur eine gesicherte Zufahrtsstraße hat, Gehwege, Straßenbeleuchtung, Entwässerung und Kanalisation, sondern achten Sie auch darauf, dass alle hierfür anfallenden Erschließungskosten zum Zeitpunkt Ihres Kaufs schon bezahlt sind. Nimmt Sie Ihre Kommune später hierfür in Anspruch, kann das sehr teuer werden. Auch bei einem vollständig erschlossenen Haus ist es sinnvoll, bei der Gemeinde nachzufragen, ob alle Erschließungsbeiträge bereits in Rechnung gestellt und bezahlt wurden.

Zusätzliche Kosten 179

Beispiel

Gesamtkosten beim Hauskauf

Freistehendes Einfamilienhaus, Baujahr 1973
Wohngebiet am Stadtrand, ruhige Lage

Grundstücksgröße	ca. 565 m²
Wohnfläche	ca. 185 m²

Keller, Erdgeschoss, Dachgeschoss ausgebaut
einfache bis mittlere Ausstattung

Geforderter Kaufpreis	390.000,– €
Grunderwerbsteuer 5 %	19.500,– €

Notargebühren

Beurkundung	ca. 1.310,– €

nachstehende Gebühren nur im Einzelfall:

Vorkaufsrechtsverzichtserklärung	(ca. 165,– €)
Gebühr Fälligkeitsüberwachung	(ca. 120,– €)
Umschreibungsüberwachung (entfällt bei Notaranderkonto)	(ca. 120,– €)
Kosten Notaranderkonto	(ca. 1.015,– €)

Gerichtskosten

Auflassungsvormerkung	ca. 330,– €
Eigentumsumschreibung	ca. 655,– €
Löschung Auflassungsvormerkung	ca. 165,– €
Grundschuldeintragung (z. B. 200.000,– Euro)	ca. 360,– €
je Grundbuchauszug beglaubigt	ca. 18,– €
Zwischensumme	**ca. 412.338,– Euro**

Eventuell zusätzliche Kosten

Kosten für Makler 3,57 %	13.923,– Euro
Erschließungsbeiträge der Stadt (längst ausgeführte Arbeiten an Straßen, Fußwegen, Straßenbeleuchtung, die jedoch noch nicht in Rechnung gestellt wurden)	z. B. 10.000,– Euro
Anwaltskosten (Beratung, Kaufvertrag usw.)	z. B. 1.000,– Euro
Honorar Sachverständiger Sanierungskosten	z. B. 1.000,– Euro
Untersuchung von Boden-, Wasserproben usw.	z. B. 500,– Euro
Zwischensumme	**ca. 26.423,– Euro**

Weitere mögliche Aufwendungen

Sanierungskosten in diesem Beispiel	ca. 76.000,– Euro
Umzugskosten	ca. 3.500,– Euro
Einbau neuer Küche	ca. 20.000,– Euro
Vorhänge, Möbel usw.	ca. 10.000,– Euro
Unvorhergesehenes	ca. 10.000,– Euro
Zwischensumme	**ca. 119.500,– Euro**

Gesamtkosten in diesem Beispiel	**ca. 558.261,– Euro**
Geforderter Kaufpreis	390.000,– Euro
Differenz zum Kaufpreis	ca. 168.261,– Euro

Der ergänzende Ratgeber „Immobilienkauf: Kosten- und Vertragsfallen" enthält ausführliche Informationen zu typischen Kostenrisiken beim Kauf von Immobilien (⟶ www.vz-ratgeber.de).

Kaufvertrag und Risikoabsicherung

Kaufverträge über den Kauf von Grundstücken samt den dazugehörigen Immobilien müssen in Deutschland zwingend vor einem Notar abgeschlossen werden. Der Gesetzgeber möchte damit u. a. erreichen, dass Kaufwillige diese folgenschwere Handlung sorgsam überdenken.

Grundlage der notariellen Beurkundung durch den Notar ist das Beurkundungsgesetz. Dort heißt es unter § 17 wörtlich:

> **„Auszug aus dem Beurkundungsgesetz"**
>
> § 17 „Der Notar soll den Willen der Beteiligten erforschen, den Sachverhalt klären, die Beteiligten über die rechtliche Tragweite des Geschäfts belehren und ihre Erklärungen klar und unzweideutig in der Niederschrift wiedergeben."

In der Praxis sieht dies aber mitunter etwas anders aus. Der Notar ist seit 2013 durch eine Novellierung das Beurkundungsgesetz zwar verpflichtet, Ihnen den Kaufvertrag direkt zukommen zu lassen (also nicht indirekt über Makler oder Verkäufer). Doch der Vertrag ist dann meist trotzdem schon ein fertig formulierter Kaufvertragsentwurf, ohne dass Sie den Notar zuvor auch nur ein einziges Mal zu Gesicht bekamen. Also bleibt Ihnen nichts anderes übrig, als die Sache selber in die Hand zu nehmen und den Kaufvertragsentwurf dahingehend zu prüfen, ob er Ihre Interessen wahrt. Wichtig zu wissen ist, dass der Notar darauf hinzuwirken hat, dass Verbrauchern der zur Beurkundung beabsichtigte Vertragstext, also der letzte Stand des Vertragstextes, der so auch beurkundet werden soll – und nicht irgendein Entwurf –, 14 Tage vor dem Beurkundungstermin vorliegt. Dies wird geregelt durch § 17 Absatz 2a Satz 2 des Beurkundungsgesetzes:

> **„Auszug aus dem Beurkundungsgesetz"**
>
> § 17 Absatz 2a Satz 2
>
> „Der Notar soll das Beurkundungsverfahren so gestalten, dass die Einhaltung der Pflichten nach den Absätzen 1 und 2 gewährleistet ist. Bei Verbraucherverträgen soll der Notar darauf hinwirken, dass (...)
>
> 2. der Verbraucher ausreichend Gelegenheit erhält, sich vorab mit dem Gegenstand der Beurkundung auseinanderzusetzen; bei Verbraucherverträgen, die der Beurkundungspflicht nach § 311b Absatz 1 Satz 1 und Absatz 3 des Bürgerlichen Gesetzbuchs unterliegen, soll dem Verbrau-

> cher der beabsichtigte Text des Rechtsgeschäfts vom beurkundenden Notar oder einem Notar, mit dem sich der beurkundende Notar zur gemeinsamen Berufsausübung verbunden hat, zur Verfügung gestellt werden. Dies soll im Regelfall zwei Wochen vor der Beurkundung erfolgen. Wird diese Frist unterschritten, sollen die Gründe hierfür in der Niederschrift angegeben werden."

Sie werden dabei allerdings schnell feststellen, dass ein solcher Kaufvertrag für einen Laien nur sehr schwer zu lesen und vor allem einzuschätzen ist. Das ist ein großes Problem, denn dadurch kann es passieren, dass Ihnen kritische Regelungen nicht auffallen. Daher ist es wichtig, dass Sie einen Kaufvertragsentwurf sehr langsam und konzentriert durchlesen und sich überall dort Vermerke machen, wo Sie etwas nicht verstehen.

Es ist kein Problem, etwas nicht zu verstehen, es ist nur ein Problem, es sich dann nicht erklären zu lassen. Erklären lassen können Sie sich alles vom Notar. Er ist nach dem Beurkundungsgesetz verpflichtet, Sie über den Vertragsinhalt umfassend aufzuklären.

Davon wird leider nur sehr selten Gebrauch gemacht. Sie sollten dies aber unbedingt tun, indem Sie eine Vorberatung beim Notar mit ausreichend Zeit vor dem Beurkundungstermin (→ Seite 227 f.) vereinbaren. Bei diesem Termin können Sie sich Dinge, die Sie nicht verstehen, erläutern lassen und alle Fragen, die Sie haben, stellen. Sie sollten dabei keinerlei Angst haben, etwa ungebildet zu wirken. Es ist völlig normal, dass für jemanden, der ein solches Vertragswerk das erste Mal liest, Fragen aufkommen.

Zumal bei einem so verklausulierten Juristendeutsch. Damit Sie ein wenig Übung im kritischen Hinterfragen erhalten, finden Sie ab Seite 185 zwei Kaufvertrags-Entwürfe als Beispiele mit Erläuterungen.

Ein notariell geschlossener Kaufvertrag ist praktisch nicht mehr rückgängig zu machen. Daher ist es so wichtig, ihn sorgsam zu prüfen, um später nicht problematischen Konsequenzen ausgesetzt zu sein.

Wie der Kaufvertrag gestaltet wird, bestimmen Sie zu einem erheblichen Teil mit. Ein Kaufvertrag, der Ihnen überreicht wird, ist grundsätzlich nur ein Vorschlag. Auf dieser Grundlage sind dann Sie an der Reihe und bringen Ihre Vorstellungen ein.

Kaufverträge richten sich nach dem Kaufvertragsrecht des BGB, §§ 433–453. Es ist sinnvoll, sich diese Paragraphen aufmerksam durchzulesen, damit Sie wissen, auf welcher Rechtsbasis ein solcher Kauf stattfindet **(www.gesetze-im-internet.de)**.

Grundbuch

Für alle Grundstücke in Deutschland wird ein sogenanntes Grundbuchblatt in einem Grundbuch geführt. Darin sind die Eigentumsverhältnisse ebenso festgehalten wie eventuell eingetragene Belastungen wie Grundpfandrechte. Grundstücke, auf denen mehrere Häuser gemeinsam stehen, z. B. manche Reihenhäuser oder Doppelhäuser, haben auch ein gemeinsames Grundbuchblatt. Dann hat man es mit sogenanntem gemeinschaftlichem Grundeigentum zu tun. Viele Reihen- und Doppelhäuser stehen aber auf real getrennten Grundstücken, dann spricht man von einer Realteilung. Jedes Haus hat sein eigenes Grundstück mit Grenzsteinen und eigenem Grundbuchblatt.

Grundbücher werden in Deutschland überwiegend bei den Amtsgerichten geführt, Ausnahme ist Baden-Württemberg. Hier werden im badischen Landesteil die Grundbücher entweder bei staatlichen Grundbuchämtern, die in den Kommunen angesiedelt sind, geführt oder direkt bei den staatlichen Notariaten. Im württembergischen Landesteil werden die Grundbücher von den Bezirksnotaren geführt. Diese Besonderheiten im Südwesten Deutschlands sind geschichtlich bedingt und sollen erst ab 2018 flächendeckend revidiert sein. Grundbücher sind für Privatpersonen nur bei berechtigtem Interesse und mit dem Einverständnis des Eigentümers einsehbar. Für Notare ist eine Einsichtnahme aber kein Problem. Viele Grundbücher werden bereits elektronisch geführt, sodass eine Einsichtnahme für Notare noch leichter ist.

Jedes Grundbuchblatt besteht aus der Aufschrift, dem Bestandsverzeichnis und drei sogenannten Abteilungen. Es handelt sich insgesamt um eine Blattfolge, wobei in den unterschiedlichen Blättern unterschiedliche Dinge eingetragen werden.

Die **Aufschrift** ist eine Art Deckblatt. Auf ihm werden Amtsgericht und Grundbuchbezirk bzw. Grundbuchamt oder Notariat (Baden-Württemberg) und Blattnummer verzeichnet. Ferner ein Vermerk, ob es sich um ein Erbpachtgrundbuch oder ein Wohnungs- bzw. Teileigentumsgrundbuch handelt.

Im **Bestandsverzeichnis** werden im Wesentlichen die Flurstücknummer, die Lage und die Größe des Grundstücks eingetragen.

In **Abteilung I** werden die Eigentümer eingetragen, in **Abteilung II** Lasten und Beschränkungen, also etwa Grunddienstbarkeiten. Das sind z. B. Leitungsrechte für die Kommune oder für Nachbargrundstücke wie eine Abwasserleitungsführung, die unter dem Grundstück liegt und die der jeweilige Eigentümer dulden muss. Außerdem können Wegerechte für Grundstücke in zweiter Reihe eingetragen sein.

In **Abteilung III** schließlich werden vor allem Grundpfandrechte wie Hypotheken oder Grundschulden verzeichnet. Sie werden in ihrer Höhe und mit ihrem Rang eingetragen. Der Rang besagt, in welcher Reihenfolge z. B. im Fall einer Zwangsversteigerung die Gläubiger bedient werden. Daher sind sogenannte „nachrangige" Kredite immer teurer, weil das Risiko des Ausfalls für die Bank höher ist. Ältere Grundbuch-Eintragungen haben übrigens nach wie vor Deutsche-Mark-Einträge. Das hat etwas mit dem Datum der Eintragung zu tun. Neuere Eintragungen sind Euro-Eintragungen.

Direkt bei den Hypotheken oder Grundschulden sind auch die sogenannten Grundschuldzinsen eingetragen, die häufig 15 bis 20 % betragen. Diese Eintragungen sollen die Bank zusätzlich absichern, falls es z. B. zur Zwangsversteigerung einer Immobilie kommt und diese Zwangsversteigerung möglicherweise mehr als den besicherten Wert der Immobilie erzielt. Dann müsste ggf. der überschüssige Betrag an den Kreditnehmer ausgezahlt werden. Banken wollen in einem solchen und in anderen speziellen Fällen aber meist mehr als nur den besicherten Betrag haben. Sie wollen z. B. auch Entschädigung für Dienstleistungen rund um den Kredit. So entstehen Zinsforderungen von bis zu 20 %. Diese Forderungen können den eigentlich beliehenen Wert der Immobilie in relativ kurzer Zeit sogar übersteigen. Es ist glücklicherweise nur ein Zinssatz für eine sehr spezielle und eher sehr seltene Konstellation, aber sie darf einen nachdenklich machen über den Vertragspartner, die Bank.

Nicht im Grundbuch geführt werden die sogenannten Baulasten. Diese werden in einem separaten Verzeichnis, dem Baulastenverzeichnis, geführt (---> Baulastenverzeichnis, siehe rechts).

Grundbucheinträge verändern sich immer wieder, durch Eigentümerwechsel oder durch Löschungen oder Eintragungen von Grundlasten oder Grundpfandrechten. Daher ist es wichtig, immer aktuelle Grundbuchauszüge vorliegen zu haben. Die Veränderungen selbst können Sie aber gut nachverfolgen. Tritt eine Änderung ein, wird die Löschung des alten Sachstandes so vorgenommen, dass die Historie des Grundstücks nachvollziehbar bleibt. Änderungen erfolgen nämlich in Form von sichtbaren Streichungen.

Aufgrund der enormen Bedeutung der Informationen, die das Grundbuch enthält, ist es sehr wichtig, dass eine aktuelle Grundbucheinsicht durch den Notar selbst vorgenommen und der aktuelle Grundbuchstand im Kaufvertrag durch ihn vermerkt wird.

Mögliche Probleme, die sich aus Grundbucheintragungen ergeben, müssen detailliert besprochen werden, das gilt vor allem für Belastungen und Grundpfandrechten. Sollen Grundpfandrechte übernommen werden, muss das durch die begleitenden Banken sehr sorgsam erfolgen und die bisherigen Gläubiger müssen komplett forderungslos gegenüber dem Käufer gestellt werden.

Baulastenverzeichnis

Das Baulastenverzeichnis ist ein bei den örtlichen Liegenschafts- oder Bauämtern geführtes eigenes Verzeichnis, das außerhalb des Grundbuchs nur die Baulasten dokumentiert. Dies betrifft nicht etwa Altlasten oder Ähnliches, sondern die rechtlichen Lasten aus der Art und Weise der Grundstücksüberbauung.

Wurde beispielsweise von der ursprünglich vorgeschriebenen Art der Bebauung abgewichen, kann es sein, dass dafür rechtliche Kompensationen verlangt wurden. Das kann bedeuten, dass ein Nachbar mit seinem Gebäude sehr viel dichter an die Grundstücksgrenze gebaut hat als eigentlich zulässig. Der Eigentümer des Hauses, das Sie erwerben, hat dafür möglicherweise eine Zusicherung gegeben, mit seinem Gebäude und auch späteren Anbauten von der Grundstücksgrenze entsprechend weiter weg zu bleiben. Er gewährt sozusagen Ausgleichsflächen auf seinem Grundstück. Diese Ausgleichsfläche kann dann nicht ohne Weiteres bebaut werden, selbst wenn dies nach dem vorliegenden Bebauungsplan oder vorliegendem Baurecht ggf. möglich wäre. In einem solchen Fall läge dann eine Baulast auf dem Grundstück, das Sie erwerben wollen.

Solche Baulasten können vor allem dann einschränkend wirken, wenn man bauliche Veränderungen plant.

Das Baulastenverzeichnis können Sie entweder selbst einsehen oder der Notar sieht es ein, wozu er allerdings von sich aus nicht verpflichtet ist. Ein Kompromiss ist beispielsweise, dass Sie es einsehen, um festzustellen, ob überhaupt irgendwelche Eintragungen vorhanden sind. Verstehen Sie diese nicht, ist es sinnvoll, dass der Notar Einblick nimmt und über die eingetragenen Baulasten aufklärt.

Der Kaufvertrag – 2 Beispiele mit Erläuterungen

Einige Hinweise vorab
Nachfolgend werden zwei Beispiele von Kaufvertragsentwürfen vorgestellt, um zu verdeutlichen, wie unterschiedlich diese aussehen können. Für Verträge gilt eigentlich immer: So einfach wie möglich und nur so kompliziert wie nötig.

Mit Ihrem bereits erworbenen Wissen werden Sie einige problematische Regelungen erkennen. Andere Regelungen werden Sie möglicherweise gar nicht verstehen. Das muss Ihnen aber keine Sorgen machen, denn an diese juristischen Texte muss man sich erst einmal gewöhnen und sich einlesen. Fast immer bleibt dann eine ganze Reihe von Fragen offen.

Um Sie beim Lesen und Verstehen zu unterstützen, werden die einzelnen Paragrafen der Vertragsbeispiele begleitend erläutert. Damit können Sie sich ein eigenes, kritisches Bild von den vertraglich getroffenen Regelungen machen.

Anschließend erfahren Sie, wie man mit diesen Fragen umgehen kann, sie vor Unterzeichnung eines so weitreichenden Vertrags sorgsam klärt und nötigenfalls auch neu regelt.

Die beiden nachfolgenden Beispiele sind bewusst keine Musterentwürfe idealer Kaufverträge, sondern Beispiele notarieller Kaufvertragsentwürfe, wie sie in unterschiedlichsten Varianten in der Praxis Verwendung finden und die Sie so oder in ähnlicher Form antreffen können.

Kaufvertrag Beispiel 1

§ 1 Grundbesitz und Grundbuchstand

Herr Max Mustermann und Frau Maria Mustermann sind Eigentümer folgenden Grundbesitzes der Gemarkung Musterhausen:

Flurstücknummer 1234, Musterstraße 1, Musterhausen, Gebäude und Freifläche zu 700 Quadratmeter.

Dieser Grundbesitz ist eingetragen im Grundbuch von Musterhausen, Blatt Nr. 5678.

Er ist nach dem aktuellen Grundbuchauszug belastet wie folgt:

Abteilung II: Keine Eintragungen

Abteilung III: 48.000 DM Briefgrundschuld für die Musterbank, Musterhausen
25.000 DM für die Beispielbank, Beispielhausen

Erläuterung

Hier werden übliche Angaben aus dem Grundbuch festgehalten. Wichtig ist, dass der Notar nicht schriftlich darauf hinweist, dass er das Grundbuch nicht eingesehen hat. Dazu ist er nämlich im Gegensatz zum Baulastverzeichnis nach dem Beurkundungsgesetz verpflichtet. Sieht er es nicht ein, muss er explizit schriftlich darauf hinweisen. Die Käufer können also davon ausgehen, dass er es eingesehen hat. Wenn der Eintrag alt ist, gibt es noch oft DM-Angaben.

§ 2 Verkauf

Herr Max Mustermann und Frau Maria Mustermann, nachfolgend als Verkäufer bezeichnet, verkaufen an Leo Kaufmann und Lea Kaufmann, nachfolgend als Käufer bezeichnet, zum Miteigentum zu gleichen Teilen den in § 1 dieser Urkunde näher bezeichneten Grundbesitz.

Der Verkauf erfolgt mit allen Bestandteilen, dem Zubehör sowie allen Rechten und Pflichten.

Mitverkauft sind eine Einbauküche und ein Gartengerätehaus.

Erläuterung

Auch hier sind keine ungewöhnlichen Regelungen vorgenommen. Festgehalten wird hier, dass das Haus als Miteigentum zu gleichen Teilen verkauft wird, die Käufer also jeweils mit der Hälfte am gemeinsamen Eigentum beteiligt sein werden. Ferner werden eine Einbauküche und ein Gartengerätehaus mitverkauft. Dies wird deshalb festgehalten, weil nicht davon auszugehen ist, dass beides zur Immobilie gehört. Ein Wintergarten etwa gilt üblicherweise als mitverkauft, da er zur Immobilie gehört, ein separates Gartenhäuschen nicht.

§ 3 Auflassungsvormerkung

Zur Sicherung des Anspruchs der Käufer auf Übertragung des Eigentums bewilligt der Verkäufer und beantragen die Käufer die Eintragung einer Vormerkung am Vertragsobjekt zugunsten der Käufer im Erwerbsverhältnis im Grundbuch.

Die Käufer beantragen schon jetzt, diese Vormerkung mit Eintragung des Eigentumsübergangs wieder zu löschen, sofern zwischenzeitlich keine nachrangigen Rechte im Grundbuch eingetragen worden sind.

Vollzugsmitteilung an den Notar wird erbeten.

Erläuterung

Die Eintragung einer Vormerkung im Grundbuch wird fast immer beantragt, da sie eine sinnvolle Schutzwirkung für den Käufer hat. Da die eigentliche Grundbuchumtragung mit Streichung des bisherigen Eigentümers und der Eintragung des neuen einige Zeit dauern kann, mitunter mehrere Monate, wird temporär eine sogenannte Vormerkung eingetragen, die in Abteilung II des Grundbuchs schriftlich festgehalten wird und besagt, dass in unserem Beispiel Leo und Lea Kaufmann die Immobilie erworben haben. Würde man dies nicht tun, könnte die Immobilie sonst theoretisch mehrfach veräußert werden, da ein Notar bei Grundbucheinsicht vor Umtragung nicht erkennen könnte, ob die Immobilie wirklich noch im Eigentum des Verkäufers ist.

§ 4 Auflassung und Eigentumsübergang

Die Beteiligten sind über den Übergang des Eigentums am Grundbesitz vom Verkäufer auf die Käufer im angegebenen Erwerbsverhältnis einig. Der Verkäufer stellt klar, dass diese Einigung die Eintragsbewilligung nicht enthält, sodass aufgrund der Auflassung alleine das Eigentum nicht umgeschrieben werden kann.

Der Verkäufer ermächtigt den Notar, die Eintragungsbewilligung gegenüber dem Grundbuchamt abzugeben.

Der Notar wird angewiesen, von der Ermächtigung nur Gebrauch zu machen, wenn ihm der Verkäufer die Kaufpreiszahlung schriftlich bestätigt hat. Der Verkäufer verpflichtet sich, dem Notar sofort nach Zahlung des Kaufpreises die Bestätigung zu übersenden. Die Verkäufer bevollmächtigen sich gegenseitig zur Abgabe dieser Bestätigung.

Die Ermächtigung gilt über den Tod hinaus.

Der Käufer beantragt bereits heute, den Eigentumsübergang in das Grundbuch einzutragen.

Die Vertragsteile sind darüber einig, dass das Eigentum an den mitverkauften beweglichen Sachen mit der Kaufpreiszahlung auf die Käufer im angegebenen Anteilsverhältnis übergeht.

Erläuterung

Hier werden wichtige Details zum Übergang des Eigentums geregelt. Der Verkäufer lässt feststellen, dass nur mit der Eintragung der Auflassungsvormerkung allein das Eigentum noch nicht umgeschrieben ist. Dies geschieht erst dann, wenn der Verkäufer dem Notar mitteilt, dass bei ihm die Kaufsumme, gezahlt durch den Käufer, eingegangen ist und die Eintragung der neuen Eigentümer erfolgen kann. Zur sofortigen Mitteilung über den Eingang der Summe verpflichtet sich der Verkäufer. Ferner ermächtigt er den Notar, die Eintragungsbewilligung nach Eingang der Kaufsumme auch abzugeben. Der Käufer wiederum beantragt die Eigentumsumtragung im Grundbuch. Dadurch liegen alle wichtigen Fäden auf dem Schreibtisch des Notars. Zahlt der Käufer die Kaufsumme, ist der Verkäufer verpflichtet, dies dem Notar zu melden. Der Notar kann dann, ohne weitere Zustimmung des Verkäufers, die Umschreibung des Eigentums beim Grundbuchamt beantragen. Der Verkäufer kann diesen Vorgang also nicht mehr aufhalten und der Käufer kommt als Eigentümer ins Grundbuch. Auf diese Weise werden Grundstückskäufe abgesichert, ohne dass unbedingt ein Notaranderkonto notwendig wäre.

§ 5 Kaufpreis

Der Kaufpreis beträgt 250.000 Euro, in Worten Zweihundertfünfzigtausend Euro.

Auf die mitverkauften Gegenstände nach § 2 dieser Urkunde entfällt ein Teilbetrag in Höhe von 25.000 Euro.

Der Kaufpreis ist am … (Datum) zu zahlen, vorausgesetzt, das Vertragsobjekt ist geräumt.

Weitere Voraussetzung für die Fälligkeit des Kaufpreises ist der Zugang einer Mitteilung des Notars beim Käufer, wonach

- diese Urkunde mit dem Antrag auf Eintragung der Vormerkung zugunsten des Käufers dem Grundbuchamt vorgelegt worden ist und dort keine Anträge vorliegen, die den vertragsgemäßen Eigentumserwerb des Käufers beeinträchtigen könnten,
- ferner die Unterlagen zur Löschung der eingetragenen Grundpfandrechte vorliegen.

Fehlt zur Löschung eines Grundpfandrechts nur der Grundschuldbrief, so ist der Kaufpreis trotzdem fällig. Der Käufer ist in diesem Falle aber berechtigt, einen Teilbetrag des Kaufpreises in Höhe des Nennbetrages der Grundschuld, zuzüglich 20 %, so lange zinslos zurückzuhalten, bis der Grundschuldbrief vorliegt oder für kraftlos erklärt oder dem Käufer eine entsprechende Bankbürgschaft übergeben worden ist.

Der Notar wird mit der Einholung der Löschungsunterlagen beauftragt.

Sollten die Berechtigten die Verwendung der Löschungsunterlagen von der Rückzahlung geschuldeter Beträge abhängig machen, ist der Käufer berechtigt und verpflichtet, die geforderten Beträge in Anrechnung auf den Kaufpreis unmittelbar an die Berechtigten zu überweisen.

Im Übrigen sind Kaufpreiszahlungen auf das Konto des Verkäufers Kto.-Nr. 1234567 bei der Musterbank in Musterhausen zu leisten.

Zahlt der Käufer bei Fälligkeit nicht, kommt er ohne Mahnung in Verzug. Er hat dann insbesondere die gesetzlichen Verzugszinsen zu zahlen.

Der Käufer unterwirft sich wegen seiner Verpflichtung zur Zahlung des Kaufpreises der sofortigen Zwangsvollstreckung aus dieser Urkunde. Vollstreckbare Ausfertigung darf ohne weitere Nachweise erteilt werden. Mehrere Käufer haften als Gesamtschuldner.

Erläuterung

In § 5 werden weitere Maßnahmen zur Durchführung geregelt. Sie betreffen die Voraussetzungen für die Fälligkeit der Kaufpreiszahlung durch den Käufer und den Umgang mit der Löschung eingetragener Grundpfandrechte des bisherigen Eigentümers. Der Kaufpreis muss durch den Käufer zu einem festgelegten Datum überwiesen werden, allerdings nur, wenn zu diesem Zeitpunkt auch drei Voraussetzungen erfüllt sind: Das Objekt muss durch den Verkäufer geräumt sein, der Antrag zur Eintragung der Vormerkung der Käufer im Grundbuch muss vom Notar dem Grundbuchamt vorgelegt worden sein, dieser Eintragung dürfen keine anderweitigen Anträge entgegenstehen und schließlich müssen die Grundpfandrechte des Verkäufers aus dem Grundbuch gelöscht sein. Dies ist wichtig, damit der Käufer diese Grundpfandrechte nicht vom Verkäufer übernimmt und Banken plötzlich Forderungen gegenüber ihm, dem Käufer, geltend machen können.

§ 6 Finanzierungsgrundpfandrechte

Der Verkäufer verpflichtet sich, auf Verlangen des Käufers Grundpfandrechte am Vertragsobjekt zu bestellen und im Grundbuch eintragen zu lassen, wenn diese nachweisbar der Finanzierung des Kaufpreises dienen.

Die Ansprüche der Auszahlung aller Darlehen, die bis zur Kaufpreiszahlung am Vertragsobjekt durch Grundpfandrechte gesichert werden, tritt der Käufer schon heute im Rahmen der Kaufpreisfälligkeit an den Verkäufer ab.

Zur Übernahme einer persönlichen Haftung für Verbindlichkeiten des Käufers ist der Verkäufer nicht verpflichtet.

Erläuterung

Hier ist geregelt, dass der Verkäufer Grundpfandrechte des Käufers bestellt und im Grundbuch eintragen lässt, wenn der Käufer dies wünscht. Hintergrund ist, dass die Bank des Käufers für das Geld, das sie ihm gibt, also den Kredit, auch eine Sicherheit haben will, und zwar nicht erst, wenn der Käufer Eigentümer des Grundstücks wird, sondern bereits vorher, spätestens dann, wenn sie das Geld an den Verkäufer überweist. Zu diesem Zeitpunkt kann der Käufer aber rein rechtlich noch nicht über Einträge ins Grundbuch verfügen. Dies geht nur mit Einwilligung des Eigentümers und dies ist zu diesem Zeitpunkt noch der Verkäufer. Damit dieser sich in diesem Punkt nicht sperren kann, wird dies gleich im Kaufvertrag geregelt.

§ 7 Vollmacht

Der Verkäufer erteilt hiermit jedem der Käufer Vollmacht zu seiner uneingeschränkten Vertretung bei der Bestellung von Grundpfandrechten am Vertragsobjekt sowie zu dessen Unterwerfung unter die sofortige Zwangsvollstreckung gemäß § 800 Zivilprozessordnung (ZPO).

Aufgrund der Vollmacht dürfen nur Grundpfandrechte zugunsten deutscher Kreditinstitute, Versicherungen und Bausparkassen bestellt werden.

Von der Vollmacht darf nur Gebrauch gemacht werden, wenn in die Bestellungsurkunde ein Hinweis auf die Abtretung der Auszahlungsansprüche an den Verkäufer sowie eine Bestimmung aufgenommen wird, wonach das Grundpfandrecht bis zur Kaufpreiszahlung nur als Sicherheit für Darlehensbeiträge dient, die an den Verkäufer ausbezahlt worden sind, ohne Disagio, Zinsen und Bereitstellungszinsen.

Die Käufer erteilen sich gegenseitig Vollmacht zur uneingeschränkten Vertretung bei der Bestellung von Grundpfandrechten am Vertragsobjekt, zur Abgabe von Schuldanerkenntnissen, Erklärungen der Zwangsvollstreckungsunterwerfung sowie zum Rücktritt mit der Vormerkung.

Erläuterung

Der Notar wählt hier einen zusätzlichen Paragrafen, um weitere Details zu den Grundpfandrechten zu regeln. Er hätte diese Details genauso gut in den vorhergehenden Paragrafen mit aufnehmen können, so wie er generell den Vertragsentwurf auch anders hätte aufbauen können.

Geregelt wird hier, dass der Verkäufer dem Käufer Vollmacht erteilt, Grundpfandrechte in das Grundbuch eintragen zu lassen. Allerdings mit Einschränkungen. Es dürfen nur Grundpfandrechte zugunsten deutscher Banken sein. Wollte also etwa eine Schweizer oder eine niederländische Bank Grundpfandrechte absichern, ginge das nach diesem Vertragsvorschlag nicht. Außerdem darf eine solche Eintragung nur erfolgen, wenn die Auszahlungsansprüche des Kredits an den Verkäufer abgetreten werden. Das heißt, der Käufer tritt seine Ansprüche zur Auszahlung des Geldes aus dem Bankkredit ab. Er wird es also gar nicht mehr direkt erhalten. Dieser Anspruch liegt nun allein beim Verkäufer. Ferner darf von dieser Vollmacht des Verkäufers zur Eintragung von Grundpfandrechten nur Gebrauch gemacht werden, wenn der Grundschuldeintrag nur den Betrag umfasst, der dem Verkäufer als Kaufpreis ausgezahlt wird, ohne dass weitere Lasten eingetragen werden können. Dies schützt den Verkäufer im Fall des Falles gegen Bankforderungen, die den an ihn ausbezahlten Betrag übersteigen.

§ 8 Besitz- und Gefahrübergang

Besitz, Nutzen und alle öffentlichen Lasten und Abgaben des Vertragsobjektes sowie die Gefahr und die Verkehrssicherungspflicht gehen mit Wirkung vom Tag der Kaufpreiszahlung an den Käufer über.

Der Verkäufer verpflichtet sich, das Vertragsobjekt bis spätestens zum … (Datum) zu räumen. Wegen seiner Verpflichtung zur Räumung unterwirft sich der Verkäufer der sofortigen Zwangsvollstreckung aus dieser Urkunde.

Erläuterung

Hier wird geregelt, dass öffentliche Lasten und Abgaben – das betrifft etwa Grundsteuern und kommunale Gebühren – nicht erst mit dem Eigentumsübergang des Grundstücks auf den Käufer übergehen, sondern bereits deutlich vorher, nämlich mit dem Tag der Kaufpreiszahlung.

Des Weiteren wird geregelt, dass sich der Verkäufer zur Räumung des Vertragsobjekts bis zu einem festgelegten Datum verpflichtet. Tut er dies nicht, kann der Käufer sofort eine Zwangsvollstreckung der Regelung umsetzen lassen, in diesem Fall also etwa eine Zwangsräumung. Das ist für Käufer eine wichtige Regelung. Steht von vornherein fest, dass der Verkäufer nach dem Notartermin noch eine Weile im Haus wohnen bleiben wird, sollten Zeiträume und Entgelt dafür schon im notariellen Kaufvertrag klar festgelegt werden. Es muss dazu auch kein Mietverhältnis begründet werden, sondern es kann eine zeitlich befristete Nutzung gegen Entgelt vereinbart werden. Das kann sinnvoller sein, als ein Mietrecht mit allen Rechten und Pflichten für Vermieter und Mieter zu begründen.

§ 9 Sach- und Rechtsmängel

Der Verkäufer hat dem Käufer das Eigentum frei von im Grundbuch eingetragenen Belastungen, Besitzrechten Dritter und von Rückständen an Steuern und sonstigen öffentlichen Abgaben zu verschaffen, soweit in dieser Urkunde nicht ausdrücklich etwas anderes vereinbart ist.

Im Übrigen ist das Vertragsobjekt im heutigen Zustand verkauft. Alle Ansprüche und Rechte des Käufers wegen Mängeln des Vertragsobjektes, insbesondere wegen des Bauzustandes, der Bodenbeschaffenheit und Flächengröße, werden ausgeschlossen. Der Verkäufer versichert, dass ihm keine versteckten Mängel bekannt sind.

Die Gefahr von Brandschäden und Elementarschäden bleibt bis zum Besitzübergang beim Verkäufer. Bis dahin ist der Verkäufer verpflichtet, das Vertragsobjekt ordnungsgemäß zu verwalten.

Erläuterung

In § 9 werden die sogenannten Rechts- und Sachmängel geklärt. Es wird festgehalten, dass der Verkäufer das Grundstück frei von Rechten Dritter verkauft, seien es nun Besitzrechte oder Belastungen irgendwelcher Art oder Steuern und Abgaben. Für die öffentlichen Abgaben gilt dies aber nur für die dem Verkäufer bereits in Rechnung gestellten Abgaben. Noch nicht in Rechnung gestellte Abgaben, soweit diese existieren, fallen nicht darunter. Denn mit dem Tag des Notartermins geht die Zahlungspflicht für solche Abgaben auf den Käufer über.

Neben den Rechtsmängeln werden auch die Sachmängel geregelt. Zunächst wird festgehalten, dass das Gebäude in dem Zustand verkauft wird, in dem es sich am Tag des Notartermins befindet. Blättert beispielsweise großflächig Putz von einer Fassade, ist dies kein Sachmangel, sondern das Objekt wird in diesem Zustand verkauft. Daher ist es so wichtig, den Zustand einer Immobilie genau zu prüfen, denn fast alle notariellen Kaufverträge enthalten entsprechende Formulierungen. Das ist in gewisser Weise verständlich, denn der Verkäufer bietet ja an, das Objekt zu besichtigen und sich ein Bild davon zu machen, um entscheiden zu können, ob man es in diesem Zustand erwerben möchte. Für den Käufer liegen darin aber auch Gefahren, weswegen eine genaue Besichtigung erfolgen muss. Nötigenfalls auch mit einem Sachverständigen und der Öffnung des ein oder anderen Bauteils.

Neben dem Gebäudezustand gilt der Haftungsausschluss für den Verkäufer aber auch für die Bodenbeschaffenheit des Grundstücks und für dessen Größe. Wird Ihnen also ein 400 m² großes Grundstück in einer Verkaufsanzeige angeboten, so wird Ihnen dies hier vertraglich nicht garantiert. Auch diese Regelungen sind üblich. Deswegen ist es wichtig, auch solche Dinge zu überprüfen. Die Grundstücksgröße sollte zumindest grob mit den vom Verkäufer gemachten Angaben übereinstimmen und bei der Bodenbeschaffenheit müssen zumindest offensichtliche Verdachtsmomente von Bodenkontamination oder Setzungsgefahren ausgeschlossen werden (→ Checklisten, Seite 106 und Seite 97). Will man solche Ausschlüsse nicht im Kaufvertrag haben, muss man mit Notar und Verkäufer darüber reden. Die Wahrscheinlichkeit, dass der Verkäufer einer Streichung zustimmt, ist aber eher gering, weil er damit über Jahre für Unwägbarkeiten haftbar bliebe. Sind Sachmängel bekannt und will man das Haus trotzdem kaufen, sollte zunächst beurteilt werden, ob es sich um Mängel handelt,

die bei den Checklisten mit der roten Ampel gekennzeichnet sind. Bei diesen Mängeln kann es zum Totalausfall des Vermögens kommen, daher sollte vorher ein Sachverständiger eine genauere Beurteilung zum Mangel abgeben. Nur wenn der Mangel wirtschaftlich tragbar zu beheben ist, kann ein Kauf erfolgen. Die Kosten zur Behebung sollten dann gegebenenfalls vorher kaufpreismindernd verhandelt werden. Gleiches gilt für Mängel, die mit der gelben Ampel gekennzeichnet sind. Sie sind behebbar, aber auch das ist natürlich mit Kosten verbunden.

§ 10 Freistellungsverpflichtung

Der Verkäufer verpflichtet sich, für die Freistellung des Vertragsobjektes von allen im Grundbuch eingetragenen Rechten zu sorgen.

Allen zur Freistellung geeigneten Erklärungen stimmen die Beteiligten zu und beantragen deren Vollzug im Grundbuch.

Erläuterung

Hier ist geregelt, dass sich der Verkäufer darum kümmern wird, dass das Haus von allen im Grundbuch eingetragenen Rechten freigestellt wird. Das können vielfältige Rechte Dritter sein, von Banken bis zu Privatpersonen, von Vorkaufsrechten bis zu Wohnrechten. Das heißt, dass z. B. ein Dauerwohnrecht oder Ähnliches eingetragen ist und ein gegenwärtiger Bewohner gar nicht ohne Weiteres das Haus verlassen muss, auch im Verkaufsfall nicht, sondern ein Wohnrecht hat. Es wird weiter geregelt, dass alle Beteiligten diesem Vorgehen zustimmen. Eine ähnliche Regelung ist bereits an anderer Stelle getroffen.

§ 11 Erschließungsbeiträge und Anliegerleistungen

Alle das Vertragsobjekt betreffenden Erschließungsbeiträge und Anliegerleistungen für Maßnahmen, die bis zum heutigen Tage durchgeführt worden sind, treffen den Verkäufer.

Alle Erschließungsbeiträge und Anliegerleistungen für Maßnahmen, die vom heutigen Tage an noch durchgeführt werden sollen, gehen zu Lasten des Käufers.

Erläuterung

Die hier getroffenen Regelungen legen fest, wann die Bezahlung von Erschließungs- und Anliegerbeiträgen vom bisherigen Eigentümer auf den zukünftigen Eigentümer übergeht. In der hier vorliegenden Regelung wird weder der Tag der Kaufpreiszahlung noch der Tag der Eigentumsumschreibung im Grundbuch als Stichtag gewählt, sondern Stichtag ist der Notartermin selbst.

Gerade bei Gebäuden, die noch nicht allzu alt sind, ist es wichtig, bei der betreffenden Kommune nachzufragen, ob bereits alle Erschließungsbeiträge entrichtet wurden. Erschließungsbeiträge sind z. B. Beiträge für Kanalbau, Straßenbau, Gehwegbau, Straßenbeleuchtung. Hier können ganz schnell fünfstellige Summen zusammenkommen. Ist dann noch etwas offen, müssten Leo und Lea Kaufmann alle Erschließungsrechnungen zahlen, die beim Verkäufer nach dem Notartermin im Briefkasten landen, obwohl sie zu diesem Zeitpunkt weder bereits Eigentümer der Immobilie sind noch darin wohnen.

§ 12 Maklerprovision

Die Vertragsteile erklären übereinstimmend, dass dieser Vertrag infolge Nachweis/Vermittlung des Maklers Markus Muster, Musterhausen, zustande gekommen ist.

Der Käufer erklärt, vom benannten Makler darauf hingewiesen worden zu sein, dass die objektbezogenen Angaben im Verkaufsprospekt ausschließlich vom Verkäufer stammen. Der Makler Markus Muster hat diese Angaben nicht überprüft und übernimmt für deren Richtigkeit und Vollständigkeit keine Haftung.

Der Verkäufer verpflichtet sich, eine Provision in Höhe von 3 % des Kaufpreises, zuzüglich der gesetzlichen Mehrwertsteuer, an den benannten Makler zu zahlen.

Der Käufer verpflichtet sich, eine Provision in Höhe von 3 % des Kaufpreises, zuzüglich der gesetzlichen Mehrwertsteuer, an den benannten Makler zu zahlen.

Die Provisionsansprüche gegen den Verkäufer und Käufer aus dieser Urkunde sind sofort zur Zahlung fällig.

Der Makler Markus Muster, Musterhausen, erlangt einen eigenen, direkten, unmittelbaren Zahlungsanspruch gegen die Parteien dieses Vertrages.

Der Verkäufer und der Käufer unterwerfen sich je hinsichtlich der Ansprüche des Maklers Markus Muster gegen den jeweiligen Vertragsteil der sofortigen Zwangsvollstreckung aus dieser Urkunde. Der Makler Markus Muster ist berechtigt, sich ohne weitere Nachweise eine vollstreckbare Ausfertigung dieser Urkunde erteilen zu lassen. Die Beweislast in einem gerichtlichen Verfahren bleibt unberührt.

Erläuterung

Hier lässt sich der Makler mit seinen Ansprüchen in den Kaufvertrag aufnehmen, obwohl der Makler kein Kaufvertragspartner ist und die Regelungen zur Zusammenarbeit mit dem Makler und seine Vergütung nicht vom Notar beurkundet werden müssen. Ganz sicher haben dies auch weder Verkäufer noch Käufer des Hauses so gewünscht, sondern hier tritt eine Unsitte des Beratungsalltags zutage: Offensichtlich hat nur der Makler mit dem Notar seines Vertrauens über den Kaufvertrag gesprochen und sich dann den Vertrag in diesem Punkt so formulieren lassen, wie er dies zu seinem Vorteil für sinnvoll erachtete.

Zunächst lässt der Makler also feststellen, dass die Vermittlung über ihn zustande kam. Dann lässt er feststellen, dass er für keinerlei Angaben in seinem Prospekt haftet. Er lässt dann die Höhe der Maklerprovision feststellen. Anschließend lässt er feststellen, dass eine Provision sofort fällig ist, und schließlich lässt er sich die Ausfertigung und die Unterwerfung von Verkäufer und Käufer in die sofortige Zwangsvollstreckung sichern.

Notare, die solche Dinge für Makler ernsthaft in Kaufverträge zwischen einem Verkäufer und einem Käufer einer Immobilie aufnehmen, sollten sowohl vom Verkäufer wie vom Käufer einer Immobilie sofort zur ersatzlosen Streichung aufgefordert werden. Dem Makler stehen genügend Rechtswerkzeuge außerhalb eines Notarvertrags zur Verfügung. Ist der Notar zur Streichung solcher Passagen nicht bereit, sollten Verkäufer und Käufer umgehend einen anderen Notar mit der Beurkundung beauftragen. Hier hat sich offensichtlich eine geräuschlose Zusammenarbeit zwischen Makler und Notar eingeschlichen, vor der nur gewarnt werden kann. Je nach der Ausgestaltung einer Maklerklausel kann diese auch zu einer Erhöhung der Notarkosten führen.

Es ist Aufgabe des Notars, sich neutral um den Interessensausgleich zwischen Verkäufer und Käufer zu kümmern, es ist nicht seine Aufgabe, sich um die Interessen des Maklers zu kümmern. Darum hat dieser sich außerhalb des Notarvertrags selber zu kümmern, es sei denn, Verkäufer und Käufer wünschen dies ausdrücklich, was aber kaum der Fall sein dürfte und wovon dringend abzuraten ist.

§ 13 Vorkaufsrechte

Die Beteiligten wurden auf die Bestimmungen des Baugesetzbuches über gesetzliche Vorkaufsrechte der Gemeinde hingewiesen.

Der Notar wird beauftragt, eine Äußerung der Vorkaufsberechtigten hinsichtlich der gesetzlichen Vorkaufsrechte herbeizuführen.

Erläuterung

Gemeinden haben gemäß § 24 des Baugesetzbuchs (BauGB) ein allgemeines Vorkaufsrecht für Grundstücke, die in ihren Gemarkungsgrenzen liegen. Sie können es wahrnehmen, wenn das Wohl der Allgemeinheit dies rechtfertigt. Nur sehr selten auch tun sie dies. Wichtig ist eine Verzichtserklärung der Gemeinde. Hier wird geregelt, dass der Notar sie einholt.

§ 14 Hinweise

Die Vertragsbeteiligten wurden außerdem hingewiesen:

- Auf den Zeitpunkt und die Voraussetzungen des Eigentumsübergangs des Vertragsobjektes.
- Darauf, dass in diesem Vertrag alle Vereinbarungen enthalten sein müssen.
- Auf die Haftung des Vertragsobjektes für etwaige Rückstände an Steuern und sonstigen öffentlichen Lasten und Abgaben.
- Auf die gesamtschuldnerische Haftung der Beteiligten für die Kosten der Grunderwerbsteuer.

Erläuterung

In § 14 weist der Notar schon im Vertragsentwurf auf die Dinge hin, auf die er offensichtlich im Beurkundungstermin noch einmal hinweisen will. Unter dem ersten Spiegelstrich finden sich Hinweise, die an anderer Stelle schon dargelegt wurden.

Der Hinweis auf die gesamtschuldnerische Haftung von Verkäufer und Käufer für die Begleichung der Grunderwerbsteuer besagt, dass beide dafür einstehen, falls es dort zu Zahlungsproblemen kommt. Üblicherweise erfolgt ohne grünes Licht vom Finanzamt aber ohnehin keine Umschreibung im Grundbuch. Die Kosten für die Grunderwerbsteuer trägt, wie der Name der Steuer schon sagt, der Erwerber des Grundes. Sie bemisst sich nach der Höhe des Kaufpreises und wird, je nach Bundesland, mit 3,5 % bis 6 % des Kaufpreises angesetzt.

§ 15 Kosten und Steuern

fehlt?

Alle mit diesem Vertrag und seiner Durchführung zusammenhängenden Kosten und die anfallende Grunderwerbsteuer hat der Käufer zu tragen. Die Kosten der Lastenfreistellung trägt der Verkäufer.

Der Käufer bittet das zuständige Finanzamt, bezüglich des auf die mitverkauften Gegenstände entfallenden Teilkaufpreises von 25.000 Euro keine Grunderwerbsteuer zu erheben.

Sollte eine Ermittlung der mitverkauften Gegenstände zu einem abweichenden Ergebnis führen, ändert sich dadurch die Höhe des Gesamtkaufpreises nicht.

Erläuterung

Hier wird das Thema der Grunderwerbsteuer noch einmal aufgegriffen. Geregelt wird, dass diese der Käufer trägt, während die Kosten für die Austragung von Grundbuchlasten der Verkäufer trägt. Auch dies ist üblich. Ferner wird geregelt, dass auf die mitverkauften Gegenstände, in diesem Fall eine Einbauküche und ein Gartenhäuschen, keine Grunderwerbsteuer entfällt. Auch dies ist üblich. Und schließlich wird geregelt, dass sich der Gesamtkaufpreis nicht ändert, sollte sich herausstellen, dass die mitverkaufte Küche und das mitverkaufte Gartenhäuschen einen niedrigeren Wert haben. Die Folge in einem solchen Fall wäre nur, dass die Grunderwerbsteuer auf einen höheren Betrag angerechnet würde, da sich der grunderwerbsteuerfreie Betrag für Küche und Gartenhäuschen reduzieren würde.

§ 16 Ausfertigungen und Abschriften

Von dieser Urkunde erhalten

Ausfertigungen:
- Die Verkäufer
- Die Käufer
- Das Grundbuchamt beim Amtsgericht Musterhausen

Abschriften:
- Der Gutachterausschuss der Gemeinde Musterhausen
- Das Finanzamt, Grunderwerbsteuerstelle Musterhausen
- Die Gemeinde Musterhausen als gesetzlich Vorkaufsberechtigte
- Die im Grundbuch eingetragenen Grundpfandrechtsgläubiger
- Der Makler Markus Muster
- Die Käufer

Vorgelesen, genehmigt und eigenhändig unterschrieben:

_____
Notar   Verkäufer   Käufer

Sie können auch erkennen, dass sowohl das Finanzamt wie auch der Gutachterausschuss der Gemeinde eine Kopie des Vertrags erhalten. Dies ist üblich und auch der Weg, über den der Gutachterausschuss in Kenntnis der Verkaufspreise von Immobilien gelangt und so die regionale Preisentwicklung beobachten kann.

Fazit

Insgesamt zeichnet sich dieses Vertragsbeispiel nicht durch eine allzu stringente Ordnung aus. Es wird häufiger zwischen Themengebieten hin- und hergesprungen, die man auch übersichtlicher zusammenfassen könnte. Notarverträge unterscheiden sich in solchen Herangehensweisen, weshalb Sie nachfolgend auch ein zweites Vertragsbeispiel finden. Hier geht der Notar deutlich strukturierter vor. Dadurch entsteht insgesamt zwar mehr Übersicht, aber ideal für den Käufer ist auch dieser Vertrag keinesfalls.

Erläuterung

§ 16 regelt nur noch abschließende Verwaltungsvorgänge, vor allem, wer ein Originaldokument und wer Kopien erhält. Beim Verteiler der Kopien taucht wiederum der Makler auf. Es ist völlig unnötig, dass er eine Kopie eines solchen Vertrags erhält. Im vorliegenden Fall ist dies nur notwendig, weil er sich eigene Rechte in den Kaufvertrag setzen ließ. Wenn diese ersatzlos gestrichen werden, benötigt er auch keine Kopie des Kaufvertrags.

Kaufvertrag Beispiel 2

Vorbemerkungen

Anwesend sind

Als Verkäufer:

- Herr Paul Althaus, geboren am …, wohnhaft Althausstraße 1, Althausen
- Frau Paula Althaus, geboren am …, wohnhaft Althausstraße 1, Althausen

nachfolgend Verkäufer genannt

Als Käufer:

- Herr Alexander Neuhaus, geboren am …, wohnhaft Neuhausstraße 1, Neuhausen
- Frau Alexandra Neuhaus geboren am …, wohnhaft Neuhausstraße 1, Neuhausen

nachfolgend Käufer genannt

Alle Beteiligten ausgewiesen durch gültigen Lichtbildausweis und unbedenklich geschäftsfähig.

Erläuterung

Zunächst erfolgen übliche Vorklärungen des Notars, vor allem die Erwähnung, dass sich alle Anwesenden mit Lichtbildausweis ausgewiesen haben, was sehr wichtig ist. Manchmal sind bestimmte Personen dem Notar auch persönlich bekannt, dann wird dies vermerkt. Vertragliche Geschäfte von Verwandten hingegen darf der Notar nicht beurkunden, dies untersagt ihm aus gutem Grund das Beurkundungsgesetz.

§ 1 Vertragsgegenstand

(1) Gegenstand der heutigen Urkunde ist folgender Grundbesitz

 Grundbuch des Amtsgerichts Musterhausen, Blatt Nr. 5678, Flurstück-Nr. 1011, Althausstraße 1, Althausen

(2) Der Grundbesitz ist wie folgt belastet:

 Abteilung II:
 - Lastenfrei

 Abteilung III:
 - Nr. 1: 70.000 Euro Grundschuld, Gläubiger: Altbank, Althausen
 - Nr. 2: 20.000 Euro Grundschuld, Gläubiger: Hausbank, Hausen
 - Nr. 3: gelöscht

 Die Pfandlasten in Abteilung III Nummern 1 und 2 sollen vom Käufer zur Kaufpreisfinanzierung übernommen werden.

(3) Der Notar hat das Grundbuch nicht eingesehen. Nach Belehrung durch die damit verbundenen Risiken verzichten die Beteiligten auf Grundbucheinsicht.

→ meres evt

Erläuterung

Absatz 1, 2 und 3: Hier benennt der Notar den Vertragsgegenstand, also das zu verkaufende Grundstück mit allen Angaben. Wichtig ist seine Anmerkung unter Absatz 3, dass er das Grundbuch nicht selbst eingesehen, aber alle Anwesenden auf die damit verbundenen Risiken hingewiesen hat und alle Beteiligten trotzdem auf Grundbucheinsicht verzichten. Dieses Risiko allerdings ist so hoch, dass man nur dringend davon abraten kann, auf notarielle Einsicht zu verzichten. Aus gutem Grund soll der Notar gemäß Beurkundungsgesetz das

Grundbuch einsehen. Er kann dafür auch nur die Mindestgebühr erheben. Sie beträgt 10 Euro. Verzichten Sie darauf auf gar keinen Fall. Ist der Notar dazu nicht bereit oder hält er es nicht für nötig, ist er für Sie sicher der falsche Notar.

§ 2 Verkauf und Kauf

(1) Der Verkäufer verkauft den in § 1 genannten Grundbesitz an den Käufer. Mehrere Käufer haften als Gesamtschuldner. Sie erwerben Miteigentum zu gleichen Teilen.

(2) Der Kaufpreis beträgt 300.000,00 Euro
In Worten: Dreihunderttausend Euro

(3) Der Kaufpreis ist bis zum ... (Datum) zu zahlen. Zuvor müssen jedoch folgende Voraussetzungen erfüllt sein:

Erklärung der bisherigen Gläubiger der durch den Käufer übernommenen Pfandlasten, auf seine Rechte aus der bisherigen Zweckerklärung (Sicherungsvertrag) zu verzichten.

Die erfolgte Räumung des Objektes durch die Verkäufer.

Vorliegen des Negativtests der zuständigen Gemeinde oder Stadt zum gesetzlichen Vorkaufsrecht.

Ausdrücklich keine Fälligkeitsvoraussetzung ist das Vorliegen der Unbedenklichkeitsbescheinigung durch das Finanzamt. Über die Bedeutung der Unbedenklichkeitsbescheinigung für den Vollzug des Eigentumswechsels im Grundbuch hat der Notar belehrt.

Die Zahlung erfolgt auf folgende Bankverbindung: ...

(4) Die Käufer je einzeln und als Gesamtschuldner unterwerfen sich wegen der Kaufpreisforderung nebst anfallenden Zinsen gegenüber dem Verkäufer der sofortigen Zwangsvollstreckung aus der vorliegenden Urkunde in ihr gesamtes Vermögen. Jeder Verkäufer ist vom Nachweis der Fälligkeit des Verzugs befreit und kann jederzeit auf Kosten der Käufer vollstreckbare Ausfertigung der Urkunde verlangen.

(5) Jeder Verkäufer ist verpflichtet, dem jeweiligen Käufer den Grundbesitz zwecks Belastung mit Grundpfandrechten zur Verfügung zu stellen, allerdings übernimmt der Verkäufer weder persönliche Haftung noch andere Kosten. Außerdem wird die Zweckbestimmung der Grundpfandrechte wie folgt eingeschränkt:

Verkäufer und Käufer weisen den Grundpfandgläubiger unwiderruflich an, bis zur vollständigen Zahlung des Kaufpreises Auszahlungen nur gemäß den Bestimmungen dieses Kaufvertrages zu leisten.

Bis zur vollständigen Kaufpreiszahlung dient die Grundpfandlast nur zur Sicherung der tatsächlich an den Verkäufer auszuzahlenden Beträge.

Der Grundpfandgläubiger darf die Grundpfandlast bis zur vollständigen Kaufpreiszahlung nur insoweit behalten und verwerten, als er tatsächlich Zahlung mit Tilgungswirkung auf die Kaufpreisforderung geleistet hat.

Dem Grundpfandgläubiger ist eine Ausfertigung des Kaufvertrages auszuhändigen.

(6) Der Verkäufer erteilt dem Käufer unter Befreiung von den Beschränkungen des § 181 BGB die Vollmacht, den Kaufgegenstand gemäß vorstehenden Bedingungen mit Grundpfandlasten zugunsten inländischer

Bank- und Kreditinstitute zu belasten und die Unterwerfung in die sofortige Zwangsvollstreckung nach § 800 ZPO zu erklären. Die Darlehensansprüche des Käufers gegen den finanzierenden Gläubiger werden hiermit bis zur Höhe des Kaufpreises an den Verkäufer abgetreten.

(7) Wird der Kaufpreis nicht innerhalb von 10 Tagen nach dem Eintritt der Fälligkeit gezahlt, tritt ohne weitere Mahnung Verzug ein und es sind für rückständige Beträge Zinsen in Höhe von 5 % über dem jeweils gültigen Basiszinssatz der EZB jährlich ab dem Tag der Fälligkeit zu bezahlen. Für die Fälligkeit der Zahlung kommt es auf den Eingang des fälligen Betrages beim Verkäufer an.

Die weiteren Rechte der Parteien im Falle des Verzugs gemäß §§ 286 ff BGB bleiben unberührt.

Sofern der Betrag auch 14 Tage nach Fälligkeit nicht auf dem Konto des Verkäufers eingegangen ist, kann dieser vom Vertrag zurücktreten.

Erläuterung

Absatz 1 und 2: Die ersten beiden Absätze regeln zunächst, dass die Käufer das Grundstück mit der Immobilie zu gleichen Teilen erwerben und welchen Preis das Vertragsobjekt hat.

Absatz 3: Hier wird dann geregelt, bis wann der Kaufpreis zu zahlen ist und welche Fälligkeitsvoraussetzungen gegeben sein müssen: So müssen die Gläubiger des bisherigen Eigentümers auf ihre Rechte aus der Sicherungszweckerklärung an den Pfandlasten, die der Käufer übernehmen soll, verzichten. Das ist ein sehr wichtiger Punkt. Was heißt das? Im vorliegenden Fall übernimmt der Käufer offensichtlich vom Verkäufer Pfandlasten, die im Grundbuch eingetragen sind. Das wird manchmal gemacht, damit man Pfandlasten aus dem Grundbuch nicht austragen und dann wieder eintragen muss, was mit Kosten verbunden ist (→ s. Notarkosten, Seite 214). Würde nun die Bank des Verkäufers auf diesen Sicherungsvertrag nicht verzichten, könnte sie daraus theoretisch Ansprüche gegenüber dem Käufer geltend machen, obwohl längst ein anderes Bankhaus, nämlich das des Käufers, die Grundpfandrechte hält. Um dies zu vermeiden, erklären die bisherigen Gläubiger ihren Verzicht (→ s. Kreditvertragssicherung, Seite 221).

Vor Zahlung des Kaufpreises muss das Haus durch den Verkäufer geräumt sein.

Die Gemeinde oder Stadt muss auf das ihr gesetzlich zustehende Vorkaufsrecht verzichtet haben.

Keine Voraussetzung für die Fälligkeit des Kaufpreises ist hingegen die Unbedenklichkeitsbescheinigung des Finanzamtes. Erteilt das Finanzamt diese nicht, kann eine Grundbuchumtragung nicht erfolgen. Trotzdem müsste der Kaufpreis gezahlt werden. Man sollte sich gut überlegen, ob man eine solche Regelung will.

Absatz 4: Kann der Kaufpreis nicht gezahlt werden, unterwerfen sich die Käufer der sofortigen Zwangsvollstreckung in ihr gesamtes Vermögen. Man könnte sich natürlich fragen, warum eigentlich? Wenn der Kaufpreis nicht gezahlt wird, kommt es ja ohnehin nicht zu einer Eigentumsumtragung im Grundbuch. Wo sollte also das Risiko für den Verkäufer liegen? Das Risiko für den Verkäufer liegt darin, dass er dem Käufer in der Regel eine Vollmacht erteilt, dass er Grundpfandrechte ins Grundbuch eintragen lassen darf, noch bevor eine Eigentumsumtragung im Grundbuch erfolgt ist. Ohne diese Möglichkeit würde der Käufer sonst gar keine finanzierende Bank finden. Dieser Vorgang ist natürlich ein gewisses Risiko für den Verkäufer, dem er mit dieser Regelung begegnet. Trotzdem ist die Lösung für den Verkäufer nicht ideal, denn es ist ja fraglich, wie viel Geld überhaupt beim Käufer durch Zwangsvollstreckung zu holen wäre. Daher wird in den Vertrag unter § 2 Absatz 6 eine weitere und wirksame Sicherung eingebaut (siehe Erläuterung dort).

Absatz 5: Er regelt im Wesentlichen, dass der Verkäufer dem Käufer den Grundbesitz zur Belastung mit Grundpfandrechten zur Verfügung stellt, sowie die Zweckbestimmung der Grundpfandrechte. Hierzu wird vor allem geregelt, dass die Grundpfandlast ausschließlich der Sicherung der an den Verkäufer auszuzahlenden Beträge dient.

Absatz 6: Hier wird eine weitere Sicherheit für den Verkäufer eingebaut. Er gewährt dem Käufer die Möglichkeit, Grundpfandlasten in das Grundbuch eintragen zu lassen zugunsten der Bank des Käufers, inklusive der Unterwerfung des Käufers daraus in die sofortige Zwangsvollstreckung durch die Bank des Käufers. Dafür lässt sich der Verkäufer die Darlehensansprüche des Kredits abtreten. Das heißt, nicht mehr der Käufer hat Anspruch auf Auszahlung seines Kredits von seiner Bank, sondern der Verkäufer hat diesen Anspruch. Mit diesem Anspruch sichert er sich gegen mögliche Forderungen der Bank des Käufers ab.

Absatz 7: In § 2 Absatz 7 werden weitere Sicherungsregelungen für den Verkäufer aufgenommen. Es wird dezidiert die Frist bis zur Fälligkeit des Kaufpreises geregelt, dass diese ohne weitere Mahnung eintritt und Verzugszinsen zu zahlen sind. Ferner wird geregelt, dass, wenn der Betrag nicht binnen spätestens 14 Tagen auf dem Konto des Empfängers ist, der Empfänger vom Vertrag zurücktreten kann.

§ 3 Übergabe

(1) Die Übergabe des Objektes erfolgt am ... (Datum). Dies ist zugleich der Zeitpunkt, zu dem Nutzen und Lasten des Kaufgegenstandes auf den Käufer übergehen, ebenso die Gefahr des zufälligen Untergangs sowie die Verkehrssicherungspflicht.

(2) Der Kaufgegenstand muss bis zu diesem Datum geräumt sein. Auf Sicherung der Räumung wurde trotz Belehrung durch den Notar verzichtet.

(3) Die anteilige Grundsteuer trägt der Käufer ab dem Tag der Übergabe.

(4) Alle öffentlichen Lasten und Abgaben wie Erschließungsbeiträge, Anliegerbeiträge etc. trägt der Käufer ab dem Zeitpunkt des Kaufvertragsabschlusses. Der Notar hat darauf hingewiesen, dass er keine Auskünfte zur Höhe eventuell noch ausstehender Zahlungen eingeholt hat.

(5) Der Notar hat darauf hingewiesen, dass er keinen Einblick ins Baulastenverzeichnis genommen hat. Der Käufer kann sich über Einsicht in das Baulastenverzeichnis selbst Einblick verschaffen. Der Verkäufer übernimmt insoweit keine Haftung.

(6) Eine Einbauküche im Erdgeschoss wird zum Preis von 4.500,00 Euro mit veräußert. Ferner ein Wandschrank im Obergeschoss zum Preis von 1.500,00 Euro.

Erläuterung

Absatz 1: In § 3 Absatz 1 wird ein konkretes Datum benannt, zu dem die Übergabe des Objekts erfolgt. Dieses Übergabedatum ist zugleich auch das Datum, an dem Nutzen und Lasten des Hauses auf den Käufer übergehen sowie weitere Risiken und Pflichten. Das heißt also, ab diesem Datum trägt der Käufer Nutzen, aber auch Lasten, wie z. B. anfallende Reparaturen, wenn die Heizung plötzlich ausfällt. Auch wenn das Haus ab diesem Zeitpunkt abbrennt, ist das das Risiko des Käufers. Ebenso, wenn jemand vor dem Haus stürzt und sich verletzt, weil Schnee nicht vom Gehweg geräumt wurde. Diese Lasten sollten immer nur zu dem Datum auf den Käufer übergehen, zu dem er auch Besitz vom Haus nimmt, es also auch bezieht. Das Übergabedatum ist eine solche Möglichkeit. Sonst kann es passieren, dass Sie noch im Nachbarort wohnen, aber jeden Morgen sehr früh zu Ihrem neuen Haus fahren, um Schnee zu räumen, obwohl der Vorbesitzer noch im Haus wohnt.

Absatz 2: Nachdem der Verkäufer durch den Notar viele Sicherheiten zugestanden bekam, ist der Notar in § 3 Absatz 2 recht sparsam mit Rechten für den Käufer. Denn es wird im Kaufvertrag nur benannt, dass das Haus bis zu einem festgelegten Datum geräumt sein muss. Auf Sicherung der pünktlichen Räumung wird verzichtet. Sicherung der Räumung heißt, dass sich auch der Verkäufer einer Zwangsvollstreckung unterwirft und der Käufer eine sofort vollstreckbare Urkunde aus dem Kaufvertrag erhalten kann. Das Problem ist hier, dass das Datum der Kaufpreiszahlung deutlich vor dem Datum der Immobilienübergabe liegen kann. Dann kann die Situation eintreten, dass der Käufer zwar den Kaufpreis gezahlt hat, der Verkäufer aber die Immobilie nicht räumt. Das muss gar keine bewusst gegen den Käufer gerichtete Handlung als Hintergrund haben. Es kann schlicht sein, dass der Verkäufer z. B. in seine Folgeimmobilie nicht einziehen kann, weil sie noch nicht fertig gebaut oder renoviert ist, ihrerseits noch nicht geräumt ist oder ein geplanter Kauf- oder Mietvertrag noch platzte. Dann hat der Käufer das Problem, dass er den Verkäufer nicht ohne Weiteres aus der Immobilie bekommt, sondern sich das sehr lange hinziehen kann, während er selbst, als Käufer, unter einer Doppelbelastung steht: Zum einen muss er Miete zahlen, zum anderen den Kredit bedienen. Hinzu kommt, dass meist natürlich auch die eigene Mietwohnung längst gekündigt wurde. Solche Regelungen sind für Käufer daher mit erheblichen Risiken verbunden und man sollte sich gut überlegen, ob man sie wirklich im Kaufvertrag haben will. Wenn im Kaufvertrag eine Sicherung der Räumungsverpflichtung aufgenommen wird, muss man diese ja nicht umsetzen, hat aber die Möglichkeit, es zu tun, falls sich keine gütliche Lösung abzeichnet.

Absatz 3: Die Grundsteuer wird gemäß § 28 Grundsteuergesetz (GrStG) vierteljährlich fällig. Mit der in § 3 Absatz 3 getroffenen vertraglichen Regelung wird ihre anteilige Aufteilung auch innerhalb eines vierteljährlichen Zeitraums zwischen Verkäufer und Käufer detailliert geklärt.

Absatz 4: Dieser Absatz regelt, dass der Käufer bereits vor Übergabe der Immobilie, nämlich ab Zeitpunkt des Kaufvertragsabschlusses, also ab dem Notartermin, alle öffentlichen Lasten trägt. Dazu gehören z. B. Erschließungsbeiträge. Erschließungsbeiträge werden von

Kommunen z. B. für Kanal-, Straßen- oder Gehwegbau oder auch Straßenbeleuchtungsinstallation erhoben. Diese Erschließungsgebühren müssen nicht nur in Neubaugebieten anfallen. Sie können genau so gut in Bestandsgebieten anfallen, z. B. weil nachträglich ein Gehweg gebaut oder eine Straßenbeleuchtung installiert wurde. Erschließungsbeiträge können sehr hoch sein, problemlos auch fünfstellige Summen erreichen. Die hier vom Notar gewählte Formulierung scheint zu weich und für den Käufer nachteilig. Daher ist es sehr wichtig, dass entweder der Notar Informationen hierzu einholt oder aber der Verkäufer zumindest versichert, dass ihm solche noch ausstehenden Erschließungsgebühren nicht bekannt sind.

Absatz 5: Auch hier wieder wird eine Regelung getroffen, die für den Käufer nachteilig ist. Aus einer Bringschuld des Verkäufers wird eine Holschuld des Käufers. Dem wird schließlich noch ein Haftungsausschluss obenauf gesetzt. Solche Regelungen sollten Sie nicht akzeptieren, sondern es sollte in einem solchen Fall geregelt werden, dass ein aktueller Auszug aus dem Baulastenverzeichnis vorgelegt wird oder der Verkäufer im Notarvertrag schriftlich und unter Inkaufnahme der Haftungsfolgen erklärt, dass im Baulastenverzeichnis keine Einträge vorhanden sind.

Absatz 6: Unter Absatz 6 wird geregelt, dass eine Einbauküche und ein Wandschrank mit veräußert werden. Der Wert beider Objekte wird mit angegeben. Der Preis von Einbauküche und Wandschrank kann vom Hauskaufpreis abgezogen werden, da der Weiterverkauf von Küche und Einbauschränken nicht der Grunderwerbsteuer unterliegt.

§ 4 Rechts- und Sachmängelhaftung

Der Käufer hat das Vertragsobjekt eingehend besichtigt. Das Vertragsobjekt wird verkauft wie gesehen. Der Verkäufer haftet nicht für Sachmängel. Das gilt insbesondere für Flächenmaße, Bodenbeschaffenheit, Altlasten, verborgene Sachmängel wie Holzpilze etc.

Das Recht zur Minderung des Kaufpreises oder zum Rücktritt vom Kaufvertrag wird ebenso ausdrücklich ausgeschlossen wie das Recht auf Schadenersatz, es sei denn, der Verkäufer hätte den Mangel vorsätzlich verschwiegen.

Der Verkäufer haftet auch nicht für Äußerungen in Prospekten oder Exposés von Maklern zu Zustand, Beschaffenheit und Eigenschaften des Kaufobjektes.

Ferner haftet der Verkäufer nicht für mögliche steuerliche Ziele, die der Käufer mit dem Kauf des Objektes erreichen will.

Der Notar hat darauf hingewiesen, dass in Abweichung von der gesetzlichen Regelung wegen des Sachmängelhaftungsausschlusses dem Käufer vor allem die Rechte der Nacherfüllung, Kaufpreisminderung und Schadenersatz (§ 439) nicht zustehen.

Erläuterung

In diesem Paragrafen wird der Umgang mit Rechts- und Sachmängeln geregelt. Hier wird sogar schriftlich vorausgesetzt, dass der Käufer das Vertragsobjekt eingehend besichtigt hat. Der Verkäufer haftet nicht für Flächenmaße, Bodenbeschaffenheit, Altlasten, verborgene Sachmängel etc. Auch hier wird wieder deutlich, wie wichtig eine sorgsame Immobilienbesichtigung ist. Am Ende des Paragrafen weist der Notar den Käufer nochmals ausdrücklich auf seinen Rechteverlust hin, vor allem auf den Verlust der Rechte der Nacherfüllung, Kaufpreisminderung und des Schadenersatzes. Da viele Verkäufer auf solchen Regelungen bestehen, bleibt nur die sehr sorgsame Besichtigung der Immobilie.

Was allerdings nicht mehr verständlich ist: Der Verkäufer will sich nicht nur bezüglich des Zustands der Immobilie absichern, sondern auch noch bezüglich der Angaben zum Zustand der Immobilie, die sein eigener Makler abgibt. Und da wird es problematisch. Während Sie im ersten Vertragsbeispiel lesen konnten, dass der Makler sich von allen Haftungen aus Angaben des Verkäufers freistellen ließ, lässt sich hier der Verkäufer von allen Haftungen aus Angaben des Maklers freistellen. Solche Regelungen führen am Ende dazu, dass niemand mehr für irgendeine Angabe haftet. Diese Regelungen sind für Käufer problematisch und nicht akzeptabel, weil Käufer sonst am Ende überhaupt keine verlässlichen und verbindlichen Angaben zu einem Gebäude mehr in der Hand halten, weder vom Makler noch vom Verkäufer. Zumindest der Verkäufer sollte von seinen Angaben gegenüber dem Makler nicht aus der Haftung genommen werden.

§ 5 Kosten, Steuern

Die Kosten der Beurkundung trägt der Käufer.

Die Grunderwerbsteuer trägt der Käufer.

Kosten für Nachgenehmigungen oder Vollmachtbestätigungen trägt die Partei, die sie durch Säumnis bei der notariellen Beurkundung verursacht hat.

Im Übrigen verbleibt es bei der Regelung des § 448 Abs. 2 BGB.

Erläuterung
§ 5 regelt die Kostenverteilung. Es ist üblich, dass der Käufer die Kosten der Beurkundung trägt. Es ist auch üblich, dass er die Grunderwerbsteuer trägt.

Die hier nicht benannten Kosten für eventuelle Löschungen von bestehenden Grundpfandlasten im Grundbuch sollte allerdings der Verkäufer tragen.

Der hier angesprochene Absatz 2 des § 448 BGB besagt wörtlich:
„Der Käufer eines Grundstücks trägt die Kosten der Beurkundung des Kaufvertrags und der Auflassung, der Eintragung ins Grundbuch und der zur Eintragung erforderlichen Erklärungen."

§ 6 Auflassungserklärung und Eigentumswechsel

(1) Jeder Käufer, insoweit handelnd zunächst jeweils in eigenem Namen sowie ferner handelnd nicht in eigenem Namen, sondern als Vertreter ohne Vertretungsmacht für jeden Verkäufer mit dem Versprechen, Genehmigungserklärung in öffentlich beglaubigter Form nachzureichen, erklärt nunmehr

Auflassung

Die Parteien sind sich darüber einig, dass das Eigentum an dem oben genannten Kaufgegenstand auf den Käufer zu dem in § 2 genannten Anteilsverhältnis übergeht. Grundbuchvollzug wird bewilligt.

(2) In gesonderter Urkunde vom heutigen Tag genehmigt der Verkäufer unter Verzicht auf Widerruf das vollmachtlose Handeln eines jeden Käufers. Der Notar, der mit dem

Vollzug dieser Genehmigungsurkunde beauftragt wird, darf über diese Genehmigungsurkunde, die er zu verwahren hat, jedoch erst verfügen, wenn der Kaufpreis bezahlt ist und der Eigentumsübergang frei von Lasten sichergestellt ist.

Erläuterung

Absatz 1: Mit der Erklärung der Auflassung wird rechtlich die Einigung zwischen Käufer und Verkäufer über die Rechtsänderung und Eintragung der Rechtsänderung im Grundbuch dokumentiert. Grundlage ist § 873 des Bürgerlichen Gesetzbuchs (BGB).

Absatz 2: Hier wird der Notar beauftragt, den Eigentumswechsel im Grundbuch umzusetzen, wenn der Kaufpreis bezahlt und das Grundbuch frei von Grundpfandlasten des Verkäufers ist.

§ 7 Grundbucherklärungen

(1) Jeder Verkäufer bewilligt, jeder Käufer beantragt die Eintragung einer Auflassungsvormerkung zugunsten des Käufers zu dem in § 2 genannten Anteilsverhältnis an dem oben genannten Vertragsgegenstand.

Jeder Käufer bewilligt bereits jetzt die Löschung dieser Vormerkung Zug um Zug mit Vollzug des Eigentumswechsels, sofern zu diesem Zeitpunkt keine ohne Mitwirkung des Käufers getroffenen Zwischenverfügungen im Grundbuch eingetragen sind oder dem Grundbuchamt zur Eintragung vorliegen.

Der Notar hat darauf hingewiesen, dass die Vormerkung bei Scheitern des Vertrages nur mit einer Bewilligung des Käufers gelöscht werden kann.

Erläuterung

Nachdem die Auflassung durch den Käufer in § 6 erklärt wurde, beantragt nun der Käufer auch eine Auflassungsvormerkung im Grundbuch. Die Auflassungsvormerkung kann zeitnah im Grundbuch eingetragen werden und dient dem Schutz des Käufers. Durch diese Eintragung ist für jeden ersichtlich, dass ein Eigentumswechsel im Vollzug ist und dass der bislang noch eingetragene Eigentümer nicht mehr ohne Weiteres frei über Grundstück und Gebäude verfügen kann.

Des Weiteren wird geregelt, dass die Auflassungsvormerkung dann gelöscht werden soll, wenn der Eigentumswechsel vollzogen ist und die Eintragung im Grundbuch erfolgt.

§ 8 Belehrungen

Der Notar hat darüber belehrt, dass

- er den Vollzug der Urkunde nur überwacht, soweit er in der vorliegenden Urkunde dazu ausdrücklich beauftragt wurde.
- alle Vertragsabreden in dieser Urkunde vollständig und richtig, insbesondere zur Kaufpreishöhe, wiedergegeben sein müssen, da ansonsten der gesamte Vertrag nichtig und unwirksam sein könnte.
- der Vollzug des Eigentumswechsels erst nach Bezahlung aller Steuern, insbesondere der Grunderwerbsteuer, erfolgt.
- Veräußerungsgewinne der Spekulationssteuer unterliegen können.
- die Kapitalbeschaffung, insbesondere die Darlehensaufnahme und die Schaffung der für Darlehen erforderlichen rechtlichen Voraussetzungen, grundsätzlich Sache des Käufers ist.

Erläuterung

Unter § 8 werden übliche Belehrungen durch den Notar aufgeführt.

§ 9 Vollmacht

Die Beteiligten erteilen für sich und ihre Rechtsnachfolger den Notariatsangestellten ... (Namen), und zwar jedem für sich allein, unter Befreiung von den Beschränkungen des § 181 BGB sowie mit dem Recht der Erteilung von Untervollmachten, die Vollmacht, sie beim Vollzug des vorliegenden Rechtsgeschäftes sowie bei Ergänzungen in jeder Hinsicht zu vertreten.

Die Bevollmächtigten sind insbesondere befugt, Eintragungs- und Löschungsbewilligungen abzugeben oder zu ergänzen, Anträge an das Grundbuchamt zu stellen und zurückzunehmen, Genehmigungen zu beantragen, entgegenzunehmen und mitzuteilen sowie die Erklärungen in dieser Urkunde gegenüber Beanstandungen vor Gerichten und Behörden abzuändern, zurückzunehmen oder zu ergänzen, und überhaupt alles zu tun, was nach ihrem Ermessen zur vollständigen Erledigung der Angelegenheit und des Zwecks dieser Urkunde noch erforderlich ist, insbesondere auch Auflassungen zu erklären.

Von dieser Vollmacht darf nur vor dem beurkundenden Notar, seinem Vertreter oder Nachfolger im Amt Gebrauch gemacht werden. Ein Widerruf dieser Vollmacht ist nur gegenüber dem Notar ... (Name) möglich und wird erst mit Eingang des Widerrufs beim Notar wirksam.

Erläuterung

Damit der Notar den Vollzug und die Überwachung des Eigentumsübergangs auch umsetzen kann, benötigt er seinerseits Handlungsvollmachten. Diese sind in der Regel relativ weitreichend, was seine Ursache darin hat, dass man nicht für jede weitere Einzelvollmacht zum Notar gehen will, um auch diese beurkunden zu lassen. Der Notar schafft sich hier eine gewisse Handlungsfreiheit, um den Vorgang umsetzen zu können.

§ 10 Beantragungen

Beantragt werden:

- Veräußerungsanzeige gegenüber dem zuständigen Finanzamt, Unbedenklichkeitsbescheinigung wird beantragt.
- Negativattest der zuständigen Stadt oder Gemeinde zum gesetzlichen Vorkaufsrecht.
- Eine Kopie an den Gutachterausschuss.
- Eine Ausfertigung an das zuständige Grundbuchamt zum Vollzug gegen Vollzugsanzeige.
- Je eine Abschrift für die Vertragsbeteiligten.
- Einholung aller sonst noch erforderlichen Genehmigungen, jeweils mit Entwurfsübersendung durch den Notar.

Erläuterung

Unter § 10 wird abschließend aufgezählt, was beantragt wird und an wen Vertragsausfertigungen oder Vertragskopien versandt werden sollen.

Kaufvertragsanlagen

Neben dem Kaufvertrag kann es Anlagen zum Kaufvertrag geben, die Bestandteil des Kaufvertrags werden müssen und als solche im Kaufvertrag zu benennen sind. Bei Neubauten mit dem Bauträger wird z. B. eine sogenannte

Baubeschreibung immer mit beurkundet. Sie ist dann fester Bestandteil des Vertrags und definiert, nach welchen technischen und materiellen Definitionen und Vorgaben das Haus gebaut werden muss. Häufig sind auch Pläne Bestandteil. Bei gebrauchten Immobilien ist dies leider fast nie der Fall. Das ist problematisch, weil dadurch wichtige Unterlagen unter Umständen nicht von einem Eigentümer zum nächsten übergehen.

Es gibt zwei Möglichkeiten, solche Anlagen zu erhalten. Entweder werden sie im Kaufvertrag als Anlage zum Kaufvertrag benannt und beigelegt oder ihre Übergabe wird direkt zwischen Verkäufer und Käufer vereinbart. Eine solche Vereinbarung sollte schriftlich erfolgen.

Manche Notare lehnen umfangreiche Vertragsanlagenregelungen allerdings ab, mit den unterschiedlichsten Begründungen. Ein häufiges Argument ist z. B., dass in diesem Fall alle Vertragsanlagen beim Beurkundungstermin mit vorgelesen werden müssten. Denn im Beurkundungstermin muss nach dem Beurkundungsgesetz der gesamte Vertragstext vorgelesen werden. Dieses Argument verfängt aber nicht, denn auch Baubeschreibungen werden bei Beurkundungen von Neubauobjekten häufig nicht mit vorgelesen, weil beide Parteien von der eingeschränkten Vorlesungspflicht des Notars nach § 13a und § 14 des Beurkundungsgesetzes Gebrauch machen können.

Sie können allerdings Notare nicht zwingen, bestimmte Regelungen aufzunehmen oder nicht. Weigert sich der Notar strikt, gibt es zwei Möglichkeiten: Entweder Sie wechseln den Notar oder Sie treffen eine Vereinbarung außerhalb des Kaufvertrags, die dann aber nicht Vertragsbestandteil des Kaufvertrags ist.

Mit beurkundet wird in jedem Fall eine Teilungserklärung nach dem Wohnungseigentumsgesetz, wenn eine solche vorliegt (---> Checkliste Wohnungseigentumsrecht, Seite 111).

In solchen Fällen ist es sehr wichtig, dass Sie die Teilungserklärung aufmerksam durchlesen. In der Teilungserklärung, die eigentlich aus einem Textteil und einem zeichnerischen Teil bestehen sollte, häufig aber nur aus einem Textteil besteht, finden Sie wichtige Regelungen zu den Rechten und Pflichten aller Eigentümer. Kaufen Sie ein Haus, das nach dem Wohnungseigentumsgesetz errichtet wurde und verwaltet wird, und kennen Sie die Teilungserklärung nicht, kann es schnell zu großen Überraschungen kommen. So können Sie beispielsweise nicht einfach ein Gartenhäuschen im vermeintlich eigenen Garten aufstellen. Denn dieser ist gemeinschaftliches Eigentum, an dem Sie nur ein Sondernutzungsrecht erhalten. Ferner sind Sie auch in vielen anderen Rechten eingeschränkt und müssen häufig Instandhaltungsrücklagen und Verwaltungsgebühren zahlen, was Sie sich so alles vielleicht gar nicht bewusst gemacht haben (---> Checkliste Wohnungseigentumsrecht, Seite 111).

Steht ein Haus auf einem Erbbaugrundstück, unterliegen die Verkaufsbedingungen dem Erbbaurechtsgesetz (ErbbauRG). Auch ein solcher Verkaufsvorgang muss vor dem Notar beurkundet werden. Hierbei spielt auch der Erbbaurechtsvertrag zwischen Grundstücks- und Hauseigentümer eine Rolle. Dessen Inhalte müssen Sie in jedem Fall gut kennen.

Dokumente hingegen, die häufig nicht mit beurkundet werden, sind folgende:

- Baubeschreibung (falls vorhanden – häufig noch vorhanden bei Bauträger-Reihenhäusern und Fertighäusern)
- Gebäudepläne, die Baueingabeplanung (Maßstab 1:100), die Werkpläne (Maßstab 1:50) und die Statikpläne
- Wohnflächenberechnung
- Schall- und Wärmeschutznachweis
- Bodengutachten
- Bauverträge
- Wartungsverträge
- Gewährleistungsunterlagen, Garantiescheine
- Gebäudeenergieausweis
- Schornsteinfegerprotokolle
- Versicherungsvertrag und Versicherungsschein

Auch wenn sie nicht mit beurkundet werden, so kann doch zumindest beurkundet werden, dass sie bei Kaufpreiszahlung im Original übergeben werden. Dann haben Sie abgesichert, dass Sie diese Unterlagen auch tatsächlich im Original ausgehändigt bekommen.

Zu den Unterlagen im Einzelnen:

Baubeschreibung

Für viele Häuser wird vor dem Bau eine sogenannte Baubeschreibung angefertigt. So wie die Baupläne das Haus zeichnerisch darstellen und festlegen, so stellt die Baubeschreibung das Haus textlich dar und legt seine Ausführung fest. Das betrifft vor allem Konstruktionsweisen und verwendete Materialien. Vor allem für Käufer, die ein Haus zu einem Zeitpunkt kaufen, wo es noch gar nicht errichtet ist, ist eine solche Baubeschreibung sehr wichtig. Sie wird dann auch grundsätzlich notariell beurkundet. Zwar ist ihre Qualität häufig schlecht, aber sie enthält wenigstens ansatzweise Informationen über verwendete Konstruktionsweisen oder Baumaterialien. Kaufen Sie nun ein gebrauchtes Haus, existiert häufig auch noch diese Baubeschreibung, das gilt vor allem für Reihenhausprojekte von Bauträgern spätestens ab den 1980er Jahren. Die Baubeschreibung kann hilfreich sein, wenn man z.B. technische Informationen benötigt, entweder zur Klärung für den Hauskauf oder für spätere Modernisierungen, wo es von großem Vorteil ist, den Wandaufbau zu kennen.

Gebäude- und Statikpläne

Genauso wichtig wie die Baubeschreibung sind die Gebäudepläne. Hier sind vor allem vermaßte Pläne sehr wichtig. Leider werden beim Verkauf von Bauträger-Neubauten sehr häufig unvermaßte Pläne in beliebigem Maßstab mit beurkundet. Das sind nicht selten Prospektanimationen, mit denen niemand etwas anfangen kann. Besser ist es, wenn es noch vermaßte Baugesuchspläne (Maßstab 1:100) und möglichst auch vermaßte Ausführungspläne (Maßstab 1:50) gibt. Ist dies der Fall, sollten sie mit übergeben werden. Auch sie können bei späteren Modernisierungen oder Umbauten sehr hilfreich sein, ebenso die Statikpläne des Gebäudes. Soweit der Gebäudeeigentümer nicht mehr über diese Pläne verfügt, kann man auch beim zuständigen Bauamt nachfragen. Manchmal sind diese Pläne dort noch archiviert und man kann sie kopieren.

Wohnflächenberechnung

Soweit eine Wohnflächenberechnung existiert, ist auch deren Übergabe sehr hilfreich. Zum einen, um die Wohnflächenangaben zum Haus und den verlangten Preis besser einschätzen zu können, zum anderen, um beim Wiederverkauf des Hauses diese Grundlagen vorliegen zu haben.

Die Anforderungen an eine korrekte Wohnflächenberechnung und alle anderen wichtigen Hinweise können Sie der Checkliste Wohnflächen (⟶ Seite 132) entnehmen.

Schall- und Wärmeschutznachweis

Ein Wärmeschutznachweis ist seit dem Jahr 1977 für alle Wohngebäude Pflicht (Geltungsgebiet: damalige Bundesrepublik Deutschland). Ein Schallschutznachweis ist nur für Mehrfamilienhäuser sowie Doppel- und Reihenhäuser Pflicht.

Der Wärmeschutznachweis wurde über viele Jahre auf der Grundlage der DIN 4108 erbracht, der Schallschutznachweis auf der Grundlage der DIN 4109. Auch solche Unterlagen sollten mit übergeben werden, soweit sie noch vorhanden sind. Gerade der Wärmeschutznachweis kann im Modernisierungsfall hilfreich sein. Manchmal sind Daten zum Schall- und Wärmeschutz auch in die Baubeschreibung mit aufgenommen. Besser ist aber ein separater Schall- und Wärmeschutznachweis. Gerade der Schallschutz älterer Doppel- und Reihenhäuser ist nicht allzu optimal. Häufig basiert er nur auf dem einfachen Schallschutz nach DIN 4109. Nur selten wird erhöhter Schallschutz nach dem Beiblatt 2 zur DIN 4109 zugesichert. Auch dieser ist sicher nicht optimal, aber hier geht es nicht vorrangig um den Schallschutz an sich (alles dazu erfahren Sie in der Checkliste Schallschutz, ⟶ Seite 117), sondern darum, dass Sie nach Möglichkeit alle Dokumente zum Haus überreicht bekommen.

Bodengutachten

Erstaunlicherweise werden nach wie vor sehr viele Häuser errichtet, ohne dass ein Bodengutachten vorliegt. Auch früher war dies eher die Ausnahme als die Regel. Daher findet man Bodengutachten nur ganz selten in den Kaufunterlagen. Ist es vorhanden, sollten Sie es unbedingt mit übernehmen. Vor allem für die Kaufentscheidung kann ein Bodengutachten sehr hilfreich sein, z. B. bei einem Gebäude in exponierter Hanglage. Sie können dann z. B. auch einen Geologen beauftragen, einen kurzen Blick darauf zu werfen, mit der Bitte um Stellungnahme (⟶ Checkliste Haussetzungen, Seite 97).

Bauverträge/Kaufverträge/Handwerkerrechnungen

Manchmal sind auch die Bauverträge zu einem Haus noch vorhanden. Das kann auch der Kaufvertrag für ein Fertighaus oder ein Bauträgerhaus sein oder Verträge für einzelne Handwerksgewerke. Sind diese Unterlagen noch vorhanden, sollten Sie auch diese übernehmen und sich evtl. noch bestehende Gewährleistungen oder Garantien notariell übertragen lassen, sonst gehen sie verloren. Neben der Übertragung von Gewährleistungen oder Garantien ist die Kenntnis der Verträge grundsätzlich sinnvoll, denn dann wissen Sie, welches Unternehmen das Haus oder Teile davon errichtet hat. Außerdem helfen Ihnen die Vertragsunterlagen, zu prüfen, ob noch Ansprüche bestehen. Vor allem bei auftauchenden Problemen ist das hilfreich. Sollte es darüber zu einem Streit kommen, stehen Sie vor Gericht auf verlorenem Posten, wenn Sie den Vertrag nicht vorlegen können, da Sie insoweit beweispflichtig sind. Selbst die bloße Abtretung hilft dann wenig. Der Keller von Fertighäusern beispielsweise wird häufig nicht durch den Fertighaushersteller selbst errichtet. Das sind oft regionale Bauunternehmen mit separatem Bauvertrag. Gleiches gilt für spätere Handwerkerrechnungen. Weiß man z. B., welches Unternehmen eine Markise oder die Fenster montiert hat, kann man es bei einer notwendigen Wartung oder Reparatur einschalten.

Wartungsverträge

Möglicherweise hat der Verkäufer des Hauses Wartungsverträge abgeschlossen. Sie werden z. B. häufiger mit Heizungsbauunternehmen abgeschlossen. Auch einen solchen Wartungsvertrag sollten Sie sich zumindest in Kopie geben lassen. Entweder damit Sie mit dem Unternehmen einen eigenen Vertrag abschließen können, aber die Bedingungen des vorherigen Vertrags kennen, oder damit Sie das Unternehmen über den Eigentumswechsel informieren können. Bitten Sie in einem solchen Fall auch den Hausverkäufer, seinen Wartungsvertrag zu kündigen. Geschieht dies nicht und wird das Unternehmen nicht informiert, kann es Ihnen passieren, dass es zum nächsten Wartungstermin unangekündigt vor der Haustür steht und Ihnen eine Wartungsrechnung ins Haus flattert.

Gewährleistungsunterlagen und Garantiescheine

Bei noch gültigen Gewährleistungen, nach BGB üblicherweise bis 5 Jahre nach Abnahme des Neubaus, oder Garantien, mitunter deutlich länger, z. B. von einem Bauträger oder Fertighaushersteller, sollte man unbedingt darauf achten, dass diese vom Verkäufer auf den Käufer übertragen werden. Dies muss der Notar im Kaufvertrag explizit formulieren. Wird dies nicht getan, gehen die Rechte des Verkäufers aus diesen Gewährleistungen und Garantien, die er gegenüber dem Bauträger, dem Fertighausanbieter oder einzelnen Handwerkern hat, nicht auf den Käufer über. Kaufen Sie also ein relativ neues Haus, ist das sehr wichtig. Aber auch bei etwas älteren Häusern kann es durchaus noch Garantieerklärungen geben, die weit über die Gewährleistungszeit hinausgehen. So gibt es einige Fertighaushersteller, die bis zu 30 Jahre Garantie auf die tragende Holzkonstruktion geben.

Gebäudeenergieausweis

Gemäß der Energieeinsparverordnung (EnEV) müssen Verkäufer aller Gebäude, die seit dem 1. Januar 2009 verkauft wurden und werden, den Käufern einen Gebäudeenergieausweis vorlegen können (→ Energiegesetze und -verordnungen, Seite 91 f.). Wenn der Käufer diesen aber nicht verlangt, besteht auch keine Verpflichtung für den Verkäufer, ihn vorzulegen. Zwischenzeitlich tauchen bereits die ersten Verzichtserklärungen zur Vorlage eines Energieausweises in Notarverträgen auf, meist vorgeschlagen von der Verkäuferseite, teils auch von Maklern. Das ist bedenklich. Da Sie als Käufer einen gesetzlichen Anspruch auf diesen Ausweis haben, sollten sie ihn auch verlangen.

Der Gebäudeenergieausweis kann Laien helfen, sich ein besseres Bild vom energetischen Zustand einer Immobilie zu machen. Er wird im Zusammenhang mit dem Immobilienkauf allerdings überbewertet. Es sind nach wie vor ganz wesentlich die Lage, die Größe und die Aufteilung einer Immobilie, die über ihren Preis entscheiden, und die Tatsache, ob sie gepflegt ist oder nicht. Auch ein Altbau, der energetisch nicht optimal ist, kann in einem sehr gepflegten Zustand sein. Den Immobilienkauf auf den energetischen Zustand der Immobilie reduzieren zu wollen, wie dies immer häufiger getan wird, ist abwegig. Der Grund ist einfach: Den energetischen Zustand einer Immobilie kann man ändern, ihre Lage nicht.

Schornsteinfegerprotokolle

Soweit die Heizungsanlage bisher regelmäßig durch einen Schornsteinfeger überprüft wurde, sollten Sie sich die Protokolle der Überprüfungen geben lassen und gut aufbewahren. Es wird durch die laufende Energiegesetzgebung in Zukunft eher mehr als weniger Fragen bezüglich der Energieeffizienz der Anlagen und ihrer Abgase geben (--> Energiegesetze und -verordnungen, Seite 91 f.). Das gilt auch für Nebenanlagen wie die sogenannten „Schwedenöfen". Daher ist es wichtig, dass man zumindest die letzten Messprotokolle zu Heizquellen und ihren Abgaswerten hat.

Versicherungsvertrag und Versicherungsschein

Der Hausverkäufer hatte für sein Haus üblicherweise eine Gebäudeversicherung abgeschlossen. Diese Versicherung geht automatisch auf den Käufer über, wenn dieser sie nicht innerhalb einer Sonderkündigungsfrist von vier Wochen ab endgültiger Eigentumseintragung im Grundbuch (--> Sonderkündigungsrecht Gebäudeversicherungen, Seite 232) kündigt. Um sich einen Überblick zu verschaffen, welche Versicherung mit welchem Versicherungsumfang und zu welchen Konditionen der Hausverkäufer überhaupt abgeschlossen hat, benötigt

man möglichst früh eine Kopie des Versicherungsvertrags, um diesen in Ruhe durchsehen und ggf. Vergleichsangebote einholen zu können. Übernimmt man die Versicherung, sollte man sich den Versicherungsvertrag und den Versicherungsschein aushändigen lassen.

Vorberatungstermin Notar

Einige Hinweise vorab

Wenn Sie den Kaufvertrag und die Vertragsanlagen für das ins Auge gefasste Haus durchgesehen haben, ist der nächste Schritt, einen Vorberatungstermin beim Notar wahrzunehmen. Denn die Wahrscheinlichkeit, dass Sie noch Vertragsänderungen wünschen, ist in aller Regel sehr hoch. Diesen Änderungen müssen natürlich auch Verkäufer und Notar zustimmen. Um aber die damit verbundenen Diskussionen nicht erst bei der Beurkundung des Kaufvertrages, die den Kauf besiegelt, zu führen, ist der Vorberatungstermin mit dem Notar sinnvoll. Er muss Ihnen aufgrund seiner Beratungspflichten diese Gelegenheit gewähren, und zwar kostenlos, selbst wenn Sie sich danach gegen einen Kauf des Hauses entscheiden.

In einem solchen Termin sollten mindestens folgende Punkte geklärt werden:

Kaufvertragsinhalte

Sinnvoll ist es, sich alle Fragen, die Sie zum Kaufvertragsentwurf haben, schriftlich zusammenzustellen und diese Liste zum Beratungsgespräch mitzunehmen (→ Fragenkatalog zum Kaufvertragsentwurf, siehe unten).

Zu erbringender Leistungsumfang und Vergütung des Notars

Da Sie als Käufer in der Regel auch die Kosten der notariellen Beurkundung tragen, ist es sinnvoll, sich mit dem Notar vorab auch über seinen Leistungsumfang zu unterhalten. So gibt es Leistungen des Notars, die notwendig sind, und andere, die nicht in jedem Fall notwendig sind. Da alle Leistungen nach der sogenannten Kostenordnung abgerechnet werden, kostet jede Leistung natürlich auch Geld. Daher sollte auch die Höhe der anfallenden Vergütung im Vorberatungsgespräch besprochen werden (→ Notar und Beurkundungsgesetz, Seite 211 ff., und Notarkosten, Seite 114 ff.).

Erst wenn diese Dinge mit dem Notar geklärt sind, sollte der verbindliche Beurkundungstermin beim Notar angesetzt werden.

Und schließlich kann es sein, dass das Gespräch mit dem Notar nicht zufriedenstellend verläuft und ggf. noch ein Rechtsanwalt zurate gezogen werden muss (→ Rechtsanwalt, Seite 219).

Fragenkatalog zum Kaufvertragsentwurf

Wie Sie sehen konnten, können Kaufverträge, die Ihnen von Notaren vorgelegt werden, sehr unterschiedlich aussehen. Meist ist es so, dass ein notarieller Kaufvertragsentwurf entweder vom Makler des Verkäufers oder vom Verkäufer selbst beim Notar in Auftrag gegeben wird. Vor allem dann, wenn Kaufvertragsentwürfe von einem Makler beim Notar seines Vertrauens in Auftrag gegeben werden, sollten Sie genau prüfen, was Ihnen vorgelegt wird.

Wie Sie ebenfalls sehen konnten, gibt es durchaus Formen einer geräuschlosen Zusammenarbeit, ohne dass dabei auch nur eine Bestimmung des Beurkundungsgesetzes verletzt würde. Daraus können fragwürdige Vertragsregelungen entstehen, die wiederum zu zweifelhaften Bevorteilungen eines Maklers oder Verkäufers führen können. Da Sie es sind, der den Notar bezahlt, dürfen Sie selbstverständlich dem Kaufvertragsentwurf mit gesunder Kritik begegnen und darauf dringen, dass auch Ihre Rechte angemessen berücksichtigt werden. Maklerinteressen hingegen haben in Kaufverträgen zwischen den beiden Kaufvertragsparteien grundsätzlich nichts verloren.

Das Ziel der Durchsicht eines Kaufvertragsentwurfs ist es, alle Fragen so zusammenzufassen, dass man sie in einem Beratungsgespräch mit dem Notar systematisch durchsprechen kann. Ein solches Beratungsgespräch vor dem eigentlichen Beurkundungstermin wird viel zu selten wahrgenommen, obwohl es selbstverständlich in Anspruch genommen werden kann und zu den Aufgaben des Notars gehört. Ohne Vorberatungsgespräch kann man in einen Beurkundungstermin eigentlich nur gehen, wenn wirklich alle Fragen geklärt sind. Das dürfte nur sehr selten der Fall sein.

Um sich auf ein solches Vorgespräch mit dem Notar gut vorzubereiten, sollten Sie alles, was Sie im Vertragsentwurf nicht verstehen, schriftlich aufarbeiten. Am einfachsten ist es, wenn Sie dafür die Struktur des Kaufvertrags übernehmen. Sie listen z. B. die Paragrafennummerierung des Kaufvertrags auf und notieren sich dann zu jedem Paragrafen Fragen und Anmerkungen. Sie können diese nochmals untergliedern in Verständnisfragen und inhaltliche Fragen sowie alle Bedenken, die Sie zu den vorgeschlagenen Regelungen haben.

Nehmen Sie den von Ihnen zusammengestellten Fragenkatalog zum Kaufvertrag mit zum Vorgespräch beim Notar und machen Sie sich dort Notizen. Denn üblicherweise wird der Notar einige Tage später einen überarbeiteten Entwurf an die Vertragsparteien senden. So können Sie diesen mit Ihren Notizen abgleichen.

Schrecken Sie nicht davor zurück, zu allen Dingen, die Sie sprachlich oder inhaltlich nicht verstehen, Fragen zu stellen, auch simple Verständnis- und unbequeme Fragen. Soweit ein Makler meint, er müsse Ihnen den Kaufvertrag erklären, verweisen Sie ihn darauf, dass Sie eine Beratung durch einen Notar oder ggf. Ihren Rechtsanwalt wünschen. Ein Makler kann und wird Ihnen die Rechtskonsequenzen aus einem Immobilienkaufvertrag nicht erläutern. Außerdem hat er Ihnen gegenüber keine neutrale Position, sondern Eigeninteressen, die den Ihren im Normalfall gegenläufig sind.

Sehr häufig wollen Makler auch an diesen Terminen teilnehmen. Dazu gibt es keinen Grund, es sei denn, es liegt dafür eine schriftliche Vertretungsvollmacht durch den Verkäufer vor.

Bestehen Sie daher von vornherein auf einem Notargespräch ohne Makler. Es kann sehr störend sein, wenn Makler ein Notargespräch fortlaufend mit beschönigenden oder beschwichtigenden Kommentierungen begleiten, während man sich auf die ergebnisoffene Besprechung von Rechtsregelungen konzentrieren möchte. Wenn der Verkäufer beim Vorgespräch mit dem Notar dabei sein will, steht dem nichts entgegen, er ist ja Ihr Kaufvertragspartner.

Notar und Beurkundungsgesetz

Was ist eigentlich ein Notar, welche Pflichten im Rahmen einer Beurkundung hat er und was kosten seine Leistungen? Einen ersten, kurzen Einblick in die gesetzlichen Grundlagen hatten Sie bereits am Anfang des Kapitels. An dieser Stelle nun noch einmal ein vertiefter Blick in die Bundesnotarordnung, das Beurkundungsgesetz und das Gerichts- und Notarkostengesetz. Den gesamten Wortlaut der Regelungen finden Sie im Internet unter der Adresse **www.gesetze-im-internet.de**, der offiziellen Gesetzessammlung der Bundesregierung im Internet.

Bundesnotarordnung
Die Bundesnotarordnung regelt die Berufsordnung des Notars. Das reicht von den Aufgabenstellungen eines Notars bis zu Berufungen und Befähigungen. Wichtige Auszüge finden Sie im folgenden Informationskasten „Auszüge aus der Bundesnotarordnung".

> **„Auszüge aus der Bundesnotarordnung"**
>
> **§ 1 Wesen und Aufgaben des Notars**
>
> Als unabhängige Träger eines öffentlichen Amtes werden für die Beurkundung von Rechtsvorgängen und andere Aufgaben auf dem Gebiet der vorsorgenden Rechtspflege in den Ländern Notare bestellt.
>
> **§ 2 Beruf des Notars**
>
> Die Notare unterstehen, soweit nichts anderes bestimmt ist, ausschließlich den Vorschriften dieses Gesetzes. Sie führen ein Amtssiegel und tragen die Amtsbezeichnung Notarin oder Notar. Ihr Beruf ist kein Gewerbe.
>
> **§ 3 Hauptberufliche Notare, Anwaltsnotare**
>
> (1) Die Notare werden zur hauptberuflichen Amtsausübung auf Lebenszeit bestellt.
>
> (2) In den Gerichtsbezirken, in denen am 1. April 1961 das Amt des Notars nur im Nebenberuf ausgeübt worden ist, werden weiterhin ausschließlich Rechtsanwälte für die Dauer ihrer Mitgliedschaft bei der für den Gerichtsbezirk zuständigen Rechtsanwaltskammer als Notare zu gleichzeitiger Amtsausübung neben dem Beruf des Rechtsanwalts bestellt (Anwaltsnotare).
>
> **§ 4 Bedürfnis für die Bestellung eines Notars**
>
> Es werden so viele Notare bestellt, wie es den Erfordernissen einer geordneten Rechtspflege entspricht. Dabei ist insbesondere das Bedürfnis nach einer angemessenen Versorgung der Rechtsuchenden mit notariellen Leistungen und die Wahrung einer geordneten Altersstruktur des Notarberufs zu berücksichtigen.
>
> **§ 5 Befähigung zum Richteramt**
>
> Zum Notar darf nur ein deutscher Staatsangehöriger bestellt werden, der die Befähigung zum Richteramt nach dem Deutschen Richtergesetz erlangt hat.

Beurkundungsgesetz

Das Beurkundungsgesetz regelt die Durchführung von Beurkundungen, z. B., nach welchen Grundsätzen der Notar vor seiner Niederschrift vorzugehen hat oder wie er den Beurkundungstermin durchführen muss. Es empfiehlt sich, auch dies im Internet durchzulesen. Sie werden erstaunt sein, zu was ein Notar gemäß Gesetz verpflichtet ist, und können dann schauen, was davon Sie in Ihrem Fall als erfüllt oder nicht erfüllt ansehen. Vor allem § 17 Abs. 1, nach dem der Notar den Willen der Beteiligten „erforschen" muss, muss er in der Praxis auch Rechnung tragen, indem er Ihren Willen auch wirklich erforscht, d. h. zumindest mit Ihnen spricht, bevor er eine Niederschrift anlegt. Das ist in der Praxis nur selten der Fall. Daher ist es so wichtig, einen Vorberatungstermin in Anspruch zu nehmen. Wichtige Regelungen finden Sie im Informationskasten „Auszüge aus dem Beurkundungsgesetz".

„Auszüge aus dem Beurkundungsgesetz"

§ 13 Vorlesen, Genehmigen, Unterschreiben

(1) Die Niederschrift muss in Gegenwart des Notars den Beteiligten vorgelesen, von ihnen genehmigt und eigenhändig unterschrieben werden; soweit die Niederschrift auf Karten, Zeichnungen oder Abbildungen verweist, müssen diese den Beteiligten anstelle des Vorlesens zur Durchsicht vorgelegt werden. In der Niederschrift soll festgestellt werden, dass dies geschehen ist. Haben die Beteiligten die Niederschrift eigenhändig unterschrieben, so wird vermutet, dass sie in Gegenwart des Notars vorgelesen oder, soweit nach Satz 1 erforderlich, zur Durchsicht vorgelegt und von den Beteiligten genehmigt ist. Die Niederschrift soll den Beteiligten auf Verlangen vor der Genehmigung auch zur Durchsicht vorgelegt werden.

(2) Werden mehrere Niederschriften aufgenommen, die ganz oder teilweise übereinstimmen, so genügt es, wenn der übereinstimmende Inhalt den Beteiligten einmal nach Absatz 1 Satz 1 vorgelesen oder anstelle des Vorlesens zur Durchsicht vorgelegt wird. § 18 der Bundesnotarordnung bleibt unberührt.

(3) Die Niederschrift muss von dem Notar eigenhändig unterschrieben werden. Der Notar soll der Unterschrift seine Amtsbezeichnung beifügen.

§ 17 Grundsatz

(1) Der Notar soll den Willen der Beteiligten erforschen, den Sachverhalt klären, die Beteiligten über die rechtliche Tragweite des Geschäfts belehren und ihre Erklärungen klar und unzweideutig in der Niederschrift wiedergeben. Dabei soll er darauf achten, dass Irrtümer und Zweifel vermieden sowie unerfahrene und ungewandte Beteiligte nicht benachteiligt werden.

(2) Bestehen Zweifel, ob das Geschäft dem Gesetz oder dem wahren Willen der Beteiligten entspricht, so sollen die Bedenken mit den Beteiligten erörtert werden. Zweifelt der Notar an der Wirksamkeit des Geschäfts und bestehen die Beteiligten auf der Beurkundung, so soll er die Belehrung und die dazu abgegebenen Erklärungen der Beteiligten in der Niederschrift vermerken.

(2a) Der Notar soll das Beurkundungsverfahren so gestalten, dass die Einhaltung der Pflichten nach den Absätzen 1 und 2 gewährleistet ist. Bei Verbraucherverträgen soll der Notar darauf hinwirken, dass

1. die rechtsgeschäftlichen Erklärungen des Verbrauchers von diesem persönlich oder durch eine Vertrauensperson vor dem Notar abgegeben werden und

2. der Verbraucher ausreichend Gelegenheit erhält, sich vorab mit dem Gegenstand der Beurkundung auseinanderzusetzen; bei Verbraucherverträgen, die der Beurkundungspflicht nach § 311b Absatz 1 Satz 1 und Absatz 3 des Bürgerlichen Gesetzbuchs unterliegen, soll dem Verbraucher der beabsichtigte Text des Rechtsgeschäfts vom beurkundenden Notar oder einem Notar, mit dem sich der beurkundende Notar zur gemeinsamen Berufsausübung verbunden hat, zur Verfügung gestellt werden. Dies soll im Regelfall zwei Wochen vor der Beurkundung erfolgen. Wird diese Frist unterschritten, sollen die Gründe hierfür in der Niederschrift angegeben werden.

Weitere Amtspflichten des Notars bleiben unberührt.

(3) Kommt ausländisches Recht zur Anwendung oder bestehen darüber Zweifel, so soll der Notar die Beteiligten darauf hinweisen und dies in der Niederschrift vermerken. Zur Belehrung über den Inhalt ausländischer Rechtsordnungen ist er nicht verpflichtet.

Nach dem Beurkundungsgesetz sollen Verbraucher ausreichend Gelegenheit haben, sich mit dem Vertragsgegenstand auseinanderzusetzen: 2 Wochen sind dafür vorgesehen (§ 17 Abs. 2a). Verweisen Sie einen Makler darauf, wenn er auf einen übereilten Notartermin drängt.

Das Beurkundungsgesetz enthält zahlreiche weitere wichtige Regelungen. So ist z. B. in § 7 festgelegt, dass ein Notar keine Beurkundungen von Rechtsgeschäften naher Angehöriger vollziehen darf. Nach § 13a und 14 gibt es auch die Möglichkeit, die Vorlesungspflicht einzuschränken, was wichtig sein kann, wenn man viele Vertragsanlagen hat. So können auch diese mitbeurkundet werden, ohne vorgelesen werden zu müssen. Gemäß § 16 sind Übersetzungen der notariellen Verträge anzufertigen, wenn die Unterzeichner der deutschen Sprache nicht hinreichend kundig sind. § 21 regelt die Verpflichtung des Notars zur Grundbucheinsicht. Im Ausnahmefall mag dies unterbleiben, sollte aber nicht zur Regel werden, wie sich das immer weiter verbreitet. Sieht der Notar das Grundbuch nicht ein, soll er nur beurkunden, wenn Verkäufer, vor allem aber Käufer, dies trotz Belehrung über die Gefahren wünschen. Diese Belehrung muss dann im Termin allerdings auch wirklich erfolgen. § 22 regelt die Rechte von hör-, sprach- und sehbehinderten Menschen. In solchen Fällen sind ggf. auch ein Gebärdensprecher und ein Zeuge oder zweiter Notar hinzuzuziehen.

Ein Notartermin ist mehr als eine Vorlesestunde, in dem routinemäßig ein Text vorgetragen wird. Stoppen Sie den Notar, wenn es Ihnen zu schnell geht, wenn Sie etwas akustisch, sprachlich oder inhaltlich nicht verstehen. Notartermine haben keine zeitliche Begrenzung und sind erst beendet, wenn Ihre Fragen zu Ihrer Zufriedenheit beantwortet sind, und nicht, wenn Dritte das bestimmen.

Notarkosten

Seit August 2013 werden Notare nach dem Gerichts- und Notarkostengesetz (GNotKG) vergütet und nicht mehr nach der alten Kostenordnung. Dies hat zu einem erheblichen Gebührenanstieg geführt. Eine Idee des Gesetzgebers war dabei zwar auch, die Gebührenberechnung zu vereinfachen. Das ist allerdings nur wenig geglückt, denn auch die neue Kostenordnung ist unnötig kompliziert geraten.

Auch beim neuen Verfahren richten sich die Gebühren zunächst einmal nach dem sogenannten Geschäftswert des zu beurkundenden Geschäftes, bei einem Immobilienkauf also nach dem Wert der Immobilie samt Grundstück. Hierzu enthält das Gerichts- und Notarkostengesetz verschiedene Tabellen. Grundlage ist zunächst die Tabelle in Anlage 2 und deren Spalte B, die als „Tabelle B" bezeichnet wird. Diesen Sachverhalt wiederum regelt das Gesetz in einer anderen Tabelle, die die sogenannten Gebührentatbestände erfasst.

Die Geschäftswerte und deren Gebührensätze nach der Tabelle 2 des Gerichts- und Notarkostengesetzes finden Sie nachfolgend als Auszug für die Werte von 140.000 Euro bis 600.000 Euro.

Tabelle 2 des Gerichts- und Notarkostengesetzes

Geschäftswert bis ... Euro	Gebühr Tabelle B (Euro)
140.000	327
155.000	354
170.000	381
185.000	408
200.000	581
230.000	485
260.000	535
290.000	585
320.000	635
350.000	685
380.000	735
410.000	785
440.000	835
470.000	885
500.000	935
550.000	1.015
600.000	1.095

Was ist nun aber mit Zwischenwerten? Nehmen wir an, Ihr Wunschobjekt kostet 250.000 Euro. Um das zu klären, geht es zurück zu einer anderen Tabelle. Diese befindet sich in § 34 des Gesetzes. Dort wird zunächst festgelegt, dass die Gebühren bis zu einem Geschäftswert von 500 Euro und ebenfalls nach einer sogenannten Tabelle B 15 Euro betragen. Diese Gebühr erhöht sich dann in folgenden Schritten:

Geschäftswert bis ... Euro	für jeden angefangenen Betrag von weiteren ... Euro	in Tabelle B um ... Euro
2.000	500	4
10.000	1.000	6
25.000	3.000	8
50.000	5.000	10
200.000	15.000	27
500.000	30.000	50
über 500.000	50.000	

Beispiel

Sie möchten einen Immobilienkaufvertrag mit einem Immobilienwert von 250.000 Euro beurkunden lassen. Dann gehen Sie zunächst in die obere Tabelle aus Anhang 2 des Gesetzes. Dort gehen Sie in der ersten Spalte auf den nächstniedrigeren Wert, den Sie finden, also auf 230.000 Euro. Dann gehen Sie in die Tabelle aus § 34 des Gesetzes und gehen in den nächsthöheren Wert der ersten Spalte. Das ist der „Bis-Wert" und im Falle unseres Beispiels bei Immobilienkosten von 250.00 Euro wäre es der Wert 500.000. Bis zu diesem Geschäftswert müssen für jeden weiteren angefangenen Betrag von 30.000 Euro 50 Euro Gebühren entrichtet werden. In unserem Beispielfall werden ja zusätzlich zu den 230.000 Euro weitere 20.000 Euro entrichtet. 20.000 Euro sind nach der Philosophie des Gesetzgebers ein „angefangener Betrag" von weiteren 30.000 Euro. Und dafür sind gemäß der Tabelle aus § 34 zusätzliche 50 Euro als Gebühr an den Notar zu entrichten.

Aber damit sind Sie natürlich noch lange nicht am Ende der Gebührenberechnung. Es geht gerade erst los. Denn dem Gesetz ist ein sogenanntes Kostenverzeichnis angehängt. Im dortigen Teil 2, Hauptabschnitt 1 ist festgelegt, für welchen Vorgang welche Gebühr mit welchem Multiplikator vom Notar erhoben werden darf. Dort heißt es in der Vorbemerkung u. a., Zitat:

„Die Gebühr für das Beurkundungsverfahren entsteht für die Vorbereitung und Durchführung der Beurkundung in Form einer Niederschrift einschließlich der Beschaffung der Information."

Für dieses Verfahren darf der Notar die zweifache Gebühr aus der Tabelle aus Anhang 2 des Gesetzes in Kombination mit der Tabelle aus

§ 34 des Gesetzes erheben. Nehmen wir als Beispiel also die Immobilie, die 250.000 Euro kostet. Nach Tabelle aus Anhang 2 in Kombination mit der Tabelle aus § 34 ist der einfache Gebührensatz 485 Euro plus 50 Euro, also 535 Euro. Da der Notar die zweifache Gebühr nehmen darf, ergeben sich 1.070 Euro.

Das war es aber immer noch nicht, denn der Gesetzgeber unterscheidet feinsinnig zwischen Verfahren und Vollzug. Da ein Notar fast immer auch mit dem Vollzug eines Geschäftes beauftragt ist, kommen weitere Gebühren hinzu. In den Vorbemerkungen zu Hauptabschnitt 2, Abschnitt 1 des Teils 2 des Kostenverzeichnisses heißt es dann auch:

„Die Vorschriften dieses Unterabschnitts sind anzuwenden, wenn der Notar eine Gebühr für das Beurkundungsverfahren oder für die Fertigung eines Entwurfs erhält, die das zugrunde liegende Geschäft betrifft."

Heißt also, wenn der Notar den Vertrag entwirft und beurkundet, dann hat er auch Anspruch auf Gebührenabrechnung für den Vollzug, soweit er damit beauftragt ist.

Die Vollzugsgebühr betrifft 0,5 Gebührensätze, das ergäbe in unserem Beispiel folgende Rechnung: 0,5 x 535 Euro = 267,50 Euro.

Wenn Sie denken, jetzt endlich stehe Ihre Gebühr fest, haben Sie nicht mit dem Gesetzgeber gerechnet. Denn er hat sich eine weitere, feinsinnige Gebühr ausgedacht. Die sogenannte Betreuungsgebühr. Denn Verfahren heißt für den Gesetzgeber noch lange nicht Vollzug und Vollzug noch lange nicht Betreuung. Die Betreuung ist geregelt im 2. Abschnitt

des 2. Hauptabschnitts des Kostenverzeichnisses. Die Betreuungsgebühr wird z. B. fällig, wenn der Notar das Vorliegen der Fälligkeitsvoraussetzungen von Kaufpreiszahlungen prüft und mitteilt. Da auch das fast immer in Notarverträgen aufgenommen wird und ja auch Ihrer Sicherheit dienen kann, kommt auch diese Gebühr meist noch hinzu. Auch sie wird angesetzt mit dem halben Gebührensatz. Für unser Beispiel würde sich also erneut folgende Rechnung ergeben: 0,5 x 535 Euro = 267,50 Euro.

Jetzt endlich sind wir mit allen üblichen Gebühren durch und für die Gesamtrechnung unseres Beispiels ergibt sich folgendes Bild:

- Immobilie im Wert von 250.000 Euro
- 1 x Grundgebühr für Geschäftswert von 230.000 Euro gemäß Tabelle aus Anhang 2 GNotKG = 485 Euro
- Gebührenerhöhung aufgrund Immobilienwert von 250.000 Euro gemäß Tabelle § 34 GNotKG = 50 Euro
- Anzusetzende Anzahl der Gebührensätze gemäß Kostenverzeichnis des GNotKG: 2 x Gebühr für Beurkundung, 0,5 x Gebühr für Vollzug, 0,5 x Gebühr für Betreuung.

Daraus resultiert folgende Rechnung:

485 € + 50 € = 535 € x 2	= 1.070,00 €
485 € + 50 € = 535 € x 0,5	= 267,50 €
485 € + 50 € = 535 € x 0,5	= 267,50 €
	= 1.605,00 €
plus gesetzliche Mehrwertsteuer (19 %)	= 1.909,95 €

Übrigens: Vor der Gesetzesreform hätten Sie für denselben Vorgang nur etwa 1.270 Euro gezahlt. Also über 600 Euro weniger (!). Wie schade, dass Sie für solch massive Aufschläge der Notargebühren nicht wenigstens ein kurzes, einfaches und übersichtliches Gesetz erhalten haben. Aber es kommt noch dicker. Denn Verbraucher sind jetzt auch mit einer widersprüchlichen Regelung konfrontiert. Und das liegt vor allem an den Regelungen zum Abbruch eines Beurkundungsverfahrens. Denn wenn Sie im Laufe des Verfahrens dasselbe abbrechen, ist nicht wirklich klar, wer diese Kosten trägt. Konnte früher bis zur Beurkundung ein Verfahren jederzeit auch kostenfrei abgebrochen werden, sieht das jetzt ganz anders aus. Damit manövriert der Gesetzgeber Verbraucher in eine ganz schwierige Situation. Denn einerseits räumt er ihnen nach § 17 Absatz 2a Satz 2 des Beurkundungsgesetzes ein, dass sie grundsätzlich eine zweiwöchige Bedenkzeit haben, bevor sie einen notariellen Kaufvertrag unterzeichnen. Andererseits sieht er nun Kostenberechnung bei Abbruch von Beurkundungsverfahren vor. Im neuen Gesetz ist unter § 29 zwar die Kostentragung geregelt. Demnach gilt:

„Die Notarkosten schuldet, wer
1. den Auftrag erteilt oder den Antrag gestellt hat,
2. die Kostenschuld gegenüber dem Notar übernommen hat oder
3. für die Kostenschuld eines anderen kraft Gesetzes haftet."

Dem steht aber eine Regelung im BGB gegenüber. Gemäß § 448 Absatz 2 BGB trägt der Käufer die Kosten von Beurkundungen. Zitat:

„Der Käufer eines Grundstücks trägt die Kosten der Beurkundung des Kaufvertrags und der Auflassung, der Eintragung ins Grundbuch und der zu der Eintragung erforderlichen Erklärungen."

Lehnt nun der potenzielle Käufer während der Bedenkzeit eine Beurkundung des vorgelegten Kaufvertrages ab und ist der Verkäufer auch nicht zu Nachbesserungen bereit, wäre damit unklar, wer die Kosten des Abbruchs trägt. Nur eins ist klar: Der Notar trägt sie nicht.

Die Frage ist ferner, erfüllt ein abgebrochenes Beurkundungsverfahren bereits den Tatbestand der Beurkundung nach BGB? Ist also der Käufer verpflichtet, für die eingetretenen Kosten aufzukommen oder der Verkäufer? Denn der Gesetzgeber spricht im BGB von der *Beurkundung des Kaufvertrages*, während er im Notarkostengesetz vom *„Beurkundungsverfahren"* spricht. Die Gebühr dafür entsteht gemäß Gesetzgeber für die, Zitat:

„Vorbereitung und Durchführung der Beurkundung in Form einer Niederschrift einschließlich der Beschaffung der Information."

Während der Gesetzgeber im Gerichts- und Notarkostengesetz also überall feinsinnig differenziert zwischen Verfahren, Vollzug und Betreuung, differenziert er nicht zwischen Vorbereitung der Beurkundung und der Beurkundung selbst. Bislang waren das gemäß BGB zwei Paar Schuhe. Denn nur wenn es auch wirklich zur Beurkundung kam, wurde auch gezahlt und oblag die Zahlung dem Käufer.

Wahrscheinlich werden in Zukunft die Gerichte die Widersprüche klären müssen, die der Gesetzgeber hier schuf. Solange kann Verbrauchern nur dringend empfohlen werden, vor Beauftragung eines Notars mit der Verkäuferseite schriftlich zu vereinbaren, dass die Gebühren für das Beurkundungsverfahren vom Käufer nur übernommen werden, wenn es auch zu einer erfolgreichen Beurkundung des Kaufvertrags kommt. Kommt es dazu nicht, sollte eine Regelung vorliegen, dass dann auch keine Kosten übernommen werden. Denn diese Kosten sind empfindlich. In Abschnitt 2 des 1. Hauptabschnittes des Kostenverzeichnisses zum Gerichts- und Notarkostengesetz ist die vorzeitige Beendigung des Beurkundungsverfahrens detailliert geregelt. Auch hier mit feinsinnigen Spitzfindigkeiten des Gesetzgebers. So wird exakt der Zeitpunkt des Abbruchs definiert und er entscheidet in hohem Maße, welche Kosten anfallen.

Wenn der Notar die vorzeitige Beendigung des Beurkundungsverfahrens zu den folgenden drei Zeitpunkten vornimmt, fällt nur eine Gebühr von 20 Euro an, Zitat:

„1. vor Ablauf des Tages, an dem ein vom Notar gefertigter Entwurf an einen Beteiligten durch Aufgabe zur Post versandt worden ist
2. vor der Übermittlung eines vom Notar gefertigten Entwurfs per Telefax, vor elektronischer Übermittlung als Datei oder vor Aushändigung oder
3. bevor der Notar mit allen Beteiligten in einem zum Zweck der Beurkundung vereinbarten Termin auf der Grundlage eines von ihm gefertigten Entwurfs verhandelt hat."

Hat der Notar zu den oben genannten Punkten auch schriftlich oder mündlich beraten, kann er eine Beratungsgebühr erheben „in Höhe der jeweiligen Beratungsgebühr". Was heißt das? Das heißt, der Notar muss in Zukunft vor einem Beurkundungsverfahren grundsätzlich aufgefordert werden, seine Beratungsgebühr dem Ratsuchenden detailliert vorzulegen.

Wenn das Beurkundungsverfahren abgebrochen wird, nach den drei oben benannten Zeitpunkten, kann es richtig teuer werden. Denn dann kann der Notar einen halben bis zu einem zweifachen Gebührensatz verlangen. In unserem Beispiel wären das von 267,50 Euro bis 1.070 Euro plus Mehrwertsteuer alle möglichen Beträge. Nehmen wir also an, Sie interessieren sich für ein Haus. Der Makler lässt Ihnen unaufgefordert eine notariellen Kaufvertragsentwurf zukommen. Nach einer zweiten Hausbesichtigung und einer Durchsicht des Kaufvertragsentwurfes lehnen Sie den Kauf ab. Kurz darauf flattert Ihnen eine Rechnung des Notars in Höhe von 1.070 Euro plus 19 % Mehrwertsteuer, insgesamt also 1.273,30 Euro, ins Haus. Soweit Sie dann nicht zahlen, kann es sein, dass Sie sich rechtlich gegen den Notar zur Wehr setzen müssten. Ob der Notar den halben oder gar doppelten Gebührensatz nimmt, hat der Gesetzgeber unverständlicherweise auch noch gleich dem Notar überlassen. Der kann dann frei entscheiden. Mindestens verlangen kann er übrigens in jedem Fall pauschal 120 Euro.

Die gesetzliche Regelung ist auch insofern absurd, weil sie den Notar im Falle eines Verfahrensabbruchs nicht nach Arbeitsaufwand, sondern nach dem Zeitpunkt der Versendung der Beurkundungsunterlagen bezahlt. Hat der Notar einen Kaufvertrag fertig entworfen, kam aber noch nicht dazu, ihn in die Post zu geben oder per E-Mail zu versenden, bevor das Verfahren abgebrochen wird, erhält er 20 Euro. Hat er den absolut gleichen Arbeitsaufwand gehabt und kam gerade noch dazu, den Vertrag in die Post zu geben oder eine E-Mail loszusenden, kann er in unserem Beispiel das über Fünfzigfache kassieren. Hier entscheidet also im Zweifel ein Mausklick, ob ein Kunde des Notars mit 20 Euro oder mit dem Fünfzigfachen zur Kasse gebeten wird.

Falls Ihnen im Falle eines abgebrochenen Beurkundungsverfahrens eine Rechnung eines Notars ins Haus flattert, hilft gegebenenfalls nur der Gang zur Verbraucherzentrale. Denn neben dem § 29 des Gerichts- und Notarkostengesetzes, der zunächst einmal den Auftraggeber des Notars in die Pflicht nimmt, ist der Notar selbstverständlich auch gehalten, Ihre Rechte aus dem Beurkundungsgesetz zu berücksichtigen. So muss ein Notar gemäß § 17 Absatz 1 des Beurkundungsgesetzes im Rahmen einer ordnungsgemäßen Beurkundung Ihren Willen „erforschen". Das ist sicher nicht damit getan, dass er Ihnen einfach nur ein Vertragsmuster sendet, ohne dass er Sie ein einziges Mal gesehen oder ein einziges Mal mit Ihnen gesprochen hat. Da wird auch der Notar sich bei Vorlage einer Gebührenrechnung die Frage stellen lassen müssen, ob er überhaupt seinen grundlegenden Pflichten aus dem Beurkundungsgesetz nachgekommen ist, die ja erst eine Gebührenerhebung rechtfertigen würden.

Die Verbraucherzentrale Nordrhein-Westfalen hat das Gesetz kurz vor Inkrafttreten als „Sieg der Lobby" bezeichnet. Dem ist nichts hinzuzufügen, außer dass es bedauerlicherweise auch noch ein für Verbraucher widersprüchliches Gesetz geworden ist.

Rechtsanwalt

Im Zuge der Überprüfung eines Immobilienkaufvertrags und der Anlagen kann es sinnvoll sein, einen Anwalt mit Tätigkeitsschwerpunkt im Immobilienrecht hinzuzuziehen. Fachanwälte für Immobilienrecht gibt es noch nicht, sondern nur Fachanwälte für Bau- und Architektenrecht. Beim Kauf einer gebrauchten Immobilie wird man eher auf einen Anwalt mit Tätigkeitsschwerpunkt im Immobilienrecht zurückgreifen. Das kann aber gleichzeitig durchaus auch ein Fachanwalt für Bau- und Architektenrecht sein. Verbraucher machen bei der Einschaltung von Anwälten allerdings sehr unterschiedliche Erfahrungen. So gibt es engagierte Anwälte, die einen Vertrag und mögliche andere und bessere Lösungsmöglichkeiten sehr sorgsam prüfen, und es gibt Anwälte, die wenig Interesse an einer allzu zeitintensiven Vertragsprüfung und Beratung haben. Vor allem größere Immobilienrechtskanzleien haben möglicherweise kein allzu großes Interesse an einem sehr kleinen Mandat, wohingegen ein Einzelanwalt mit entsprechendem Interessenschwerpunkt hier vielleicht durchaus engagiert einsteigt.

Weil das Problem aber nicht ohne Weiteres zu lösen ist und jede Beratung sofort ein Honorar auslöst (Erstberatungen gemäß § 34 Rechtsanwaltsvergütungsgesetz bis zu 190 Euro netto), ist eine Möglichkeit eines sinnvollen Vorgehens, zunächst einmal einen Vorberatungstermin beim Notar wahrzunehmen, der Teil der ohnehin notwendigen Notarleistung ist und durch den Notar erbracht werden muss. Sie können in einem solchen Termin dann prüfen, inwieweit der Notar auf Ihre Vorschläge und Wünsche eingeht, ob er berechtigte Interessen abblockt oder ob er zuhört und Vertragsänderungen überdenkt. Selbstverständlich müssen Vertragsregelungen zwischen Verkäufer und Käufer ausgewogen sein und der Notar wird dann jeweils auch Rücksprache mit dem Verkäufer halten.

Erst wenn es ernsthafte Probleme mit dem Notar geben sollte, können Sie überlegen, entweder den Notar zu wechseln oder einen Anwalt hinzuzuziehen, um Rechtsprobleme präventiv und sinnvoll zu lösen.

Erzählt Ihnen ein Anwalt bei Durchsicht Ihres Kaufvertrags, dies und jenes mache man eben immer so in Kaufverträgen, und ist er sichtlich nicht daran interessiert, kreativ an Verbesserungsüberlegungen zu gehen, sollten Sie die Zusammenarbeit so schnell wie möglich beenden. Eine weitere Zusammenarbeit hat in diesem Fall wenig Sinn und führt für Sie nur zu unnötigen Kosten. Besser ist es dann, einen anderen Anwalt aufzusuchen, der sich Ihrer Probleme tatsächlich annimmt.

Die Arbeitsgemeinschaft Bau- und Immobilienrecht im Deutschen Anwaltverein führt im Internet eine Liste mit Kanzleien aus Deutschland mit Interessen- oder Tätigkeitsschwerpunkt im Immobilienrecht: **www.arge-baurecht.de**.

Kauffinanzierungssicherung

Die Baufinanzierung wird landläufig auch dann als Baufinanzierung bezeichnet, wenn man nicht baut, sondern eine gebrauchte Immobilie kauft und finanziert, sie also eigentlich eine Kauffinanzierung ist.

Die Bau- bzw. Kauffinanzierung ist ein eigenes Thema, in das man sich sorgsam einarbeiten sollte, weil man mit dem Abschluss einer ungünstigen Baufinanzierung sehr viel Geld verlieren kann. Die Verbraucherzentrale hat einen Ratgeber zu diesem Thema herausgebracht. „Die Baufinanzierung" erläutert umfassend den klassischen Aufbau von Baufinanzierungen und die Möglichkeiten und Risiken (⟶ **www.vz-ratgeber.de**).

Hier interessiert nur der folgende Aspekt: Die schriftliche Zusicherung der Bank über das ausgehandelte Darlehen mit allen Bedingungen wie Laufzeit, Zinshöhe, Sondertilgungsmöglichkeiten etc. Liegt Ihnen eine solche schriftliche Zusicherung vor dem notariellen Hauskauf nicht vor, können Sie in die Situation geraten, dass Sie ein Haus gekauft haben, für das relativ zeitnah eine sechsstellige Summe überwiesen werden muss, deren Finanzierungskonditionen Sie aber nicht schriftlich zugesichert bekamen. Es ist dann egal, was Ihnen Ihre Bank mündlich alles versprochen hat, entscheidend ist, welchen Darlehensvertrag Sie tatsächlich erhalten.

Haben Sie ein Haus gekauft und kommt dann die Finanzierung doch nicht so zustande, wie das eigentlich gewünscht und überlegt war, hat das schlagartig Einfluss auf Ihre Verhandlungsposition gegenüber Banken. Sie haben nun nämlich gewaltigen Zeitdruck, um eine Finanzierung unter Dach und Fach zu bringen, weil die Kaufpreiszahlung drängt. Diese Situation sollten Sie unbedingt vermeiden.

Es ist aber trotz dessen sinnvoll, den Darlehensvertrag erst nach der notariellen Kaufvertragsunterzeichnung zu unterschreiben. Sonst kann Ihnen umgekehrt passieren, dass ein Hauskauf im letzten Moment scheitert, Sie aber zuvor einen Darlehensvertrag unterzeichnet haben, aus dem Sie ohne Weiteres nicht herauskommen. Daher ist es sinnvoll, vor dem Notartermin zunächst nur die schriftliche Finanzierungszusage der Bank einzuholen, dann den Notartermin wahrzunehmen und danach den Darlehensvertrag mit der finanzierenden Bank zu unterzeichnen.

rechte erfolgen soll, sowie deren Rangstellung im Grundbuch. Häufig ist im Kaufvertrag festgelegt, dass auch Sie selber Auszahlungsansprüche des Darlehens an den Verkäufer abtreten etc. Diese Dinge können vor der notariellen Kaufvertragsunterzeichnung mit der Bank durchgesprochen werden, wenn sie den Kaufvertragsentwurf frühzeitig von Ihnen erhält.

Kaufvertragsbesprechung mit der Bank

Bevor ein notarieller Kaufvertrag für eine Immobilie vor einem Notar unterzeichnet wird, sollte die finanzierende Bank diesen Kaufvertrag im Entwurf zu sehen bekommen. Erstens verlangen viele Banken das ohnehin, zweitens ist es sinnvoll, dass Sie sich über den Kaufvertrag mit Ihrer den Kauf finanzierenden Bank abstimmen. So kann es z. B. sein, dass die Bank bestimmte Regelungen wünscht, die den Zahlungsweg sicherer machen oder weniger bürokratisch. Ein solches Vorgehen hat auch den Vorteil, dass Ihre Bank dann den Kaufvertrag frühzeitig gesehen hat und auf alle die Bank betreffenden vertraglichen Regelungen, die Abwicklungsprobleme verursachen könnten, hinweisen kann. Sie kann dann zumindest nicht nachträglich mit irgendwelchen Bedenken kommen.

Eine für die Banken wesentliche Regelungsbestimmung ist, auf welche Weise die Zahlungswege laufen sollen und wie die Löschung der alten und Eintragung der neuen Grundpfand-

Kreditvertragssicherung

Der Kreditvertrag, der mit der finanzierenden Bank unterzeichnet wird, sollte Mindeststandards enthalten.

Grundsätzlich sollte ein Darlehen immer möglichst schnell getilgt werden können, und zwar flexibel und in beliebiger Höhe. Was wie eine Selbstverständlichkeit klingt, weil es ja auch für die Bank interessant sein müsste, möglichst zügig ihr geliehenes Geld zurückzubekommen, ist es nicht. Denn Banken haben an zwei Dingen kein Interesse: dass ein Darlehen entweder zu schnell oder gar nicht mehr getilgt werden kann. Am interessantesten sind für Banken Darlehen, die kaum getilgt werden und lange laufen, sodass über einen langen Zeitraum möglichst hohe Zinszahlungen anfallen. Daran verdienen Banken natürlich am meisten. Gleichzeitig sind dies für Verbraucher aber fast immer die teuersten Darlehen.

Zur Ausgestaltung der finanziellen Regelungen in einem Kreditvertrag ist daher der Ratgeber „Die Baufinanzierung" der Verbraucherzentrale unbedingt zu empfehlen, der auf alle diese Dinge im Detail eingeht (→ Seite **www.vz-ratgeber.de**).

Neben den finanziellen Regelungen im Darlehensvertrag gibt es auch wichtige rechtliche Regelungen zum Umgang mit dem Vertrag. Eine der wichtigsten betrifft die Möglichkeit des Weiterverkaufs des Darlehensvertrags von Ihrer Bank an einen Dritten. Lange war umstritten, ob dies überhaupt möglich ist, wenn das Darlehen ordnungsgemäß bedient wird. Der Bundesgerichtshof (BGH) hat den Weiterkauf von Darlehensverträgen auch ohne Einwilligung des Darlehensnehmers zwischenzeitlich letztinstanzlich für rechtlich zulässig erklärt. Daher sollten sich Verbraucher von vornherein gut schützen. So kann man beispielsweise mit der finanzierenden Bank den ausdrücklichen Ausschluss einer solchen Regelung vereinbaren. Das Problem: Einige Banken strecken dann sofort die Hand aus und wollen für diese Leistung höhere Zinsen. Das ist wenig nachvollziehbar und sollte abgelehnt werden. Das Risiko der Bank steigt durch diese Regelung nicht. Denn sollte der Kredit notleidend werden, kann sie ihn ja auch weiterhin verkaufen. Aber sie sollte nicht ohne Ihre Zustimmung verkaufen, wenn das Darlehen vertragsgemäß bedient wird.

Besteht die Bank darauf, dass sie auch im Fall einer vertragsgemäßen Bedienung des Darlehens den Darlehensvertrag verkaufen darf, müssen Sie sich fragen, ob Sie mit der betreffenden Bank wirklich finanzieren wollen.

Sicherungszweckerklärung

Heute werden zur Absicherung eines Bankdarlehens meist Grundschulden ins Grundbuch eingetragen. Mit dem Kreditvertrag wird dann fast immer auch eine sogenannte Sicherungszweckerklärung vereinbart, in der festgehalten wird, welche Forderungen durch welche Sicherheiten abgedeckt sind. Sinkt durch die fortlaufende Tilgung des Darlehens auch die Bankschuld des Darlehensnehmers, also von Ihnen, dann sollte ebenfalls die noch zu fordernde Sicherheit der Bank sinken. Denn sonst hätte die Bank während des Darlehenslaufs über die Jahre hinweg eine vollstreckbare Urkunde über die gesamte Grundschuld in der Hand, obwohl erhebliche Summen durch Sie bereits getilgt wurden.

Durch das Risikobegrenzungsgesetz und die Einfügung dieser Regelungen ins BGB hat der Gesetzgeber erhebliche gesetzliche Lücken im Zusammenhang mit der Sicherungszweckerklärung geschlossen. Die Erfahrungen der Vergangenheit sind aber nicht nur in diesem Punkt eine Lehre bezüglich des Verbraucherrisikos beim Handel mit ihren Kreditverträgen. Da dieser Handel gemäß BGH auch gegen Ihren ausdrücklichen Willen weiter möglich ist, bleibt Ihnen nur von vornherein der vertragliche Ausschluss des Weiterverkaufs Ihres Kredits – und zwar ohne dass dafür von der Bank ein Zinsaufschlag erhoben wird. Das sollten Sie klar verhandeln.

Risikolebensversicherung

Warum die Sicherungszweckerklärung ins Gerede kam ...

Das Problem bei einem Weiterverkauf eines Kredits war lange Jahre, dass die Sicherungszweckerklärung nicht automatisch von einem Gläubiger zum nächsten mit überging. Genau diese Regelungslücke haben sich u. a. US-Finanzinvestoren in der Bundesrepublik skrupellos zunutze gemacht und Bankforderungen aufgekauft, um anschließend die gesamte Grundschuldforderung gegenüber dem Darlehensnehmer fällig zu stellen. Hier wurden also Kreditforderungen von Banken an Investoren verkauft, ohne dass die Sicherungszweckerklärung von der Bank an den Investor mit überging. Das führte dazu, dass Hausbesitzer, die jahrelang ihre Kredite ordnungsgemäß zurückgezahlt hatten, plötzlich vor dem Ruin standen, weil die gesamte im Grundbuch eingetragene Grundschuld fällig gestellt wurde. Das wiederum führte in der Folge dann häufig zu Zwangsversteigerungen der betroffenen Immobilien.

Für die beteiligten Banken war es ein exzellentes Geschäft. Die verkaufende Bank konnte ein mit nur noch wenig Sicherheit durch die Sicherungszweckerklärung abgesichertes Darlehen zu interessanten Konditionen am Finanzmarkt absetzen. Der kaufende Investor konnte durch die Zwangsversteigerungen interessante Gewinne erzielen. Für die betroffenen Verbraucher allerdings war es eine Katastrophe.

Wenn die Verhandlungen mit Ihrer Bank zum Thema Weiterverkauf des Kredits stocken, können Sie Ihre Bank auf diese schwerwiegenden Erfahrungen von Verbrauchern hinweisen.

Bevor Sie den Notartermin wahrnehmen und den Kaufvertrag unterzeichnen, sollten Sie eine Risikolebensversicherung abschließen, wenn das Darlehen des Immobilienkaufs vor allem durch eine Person mit einem Haupteinkommen bestritten wird. Fällt diese Person aus, kann das sehr schnell dazu führen, dass das Darlehen nicht mehr bedient werden kann und der Immobilie die Zwangsversteigerung droht. Es ist deshalb sehr wichtig, eine Risikolebensversicherung abzuschließen. Risikolebensversicherungen sind – je nach Alter und Laufzeit – bereits für geringe monatliche Beiträge zu haben.

Risikolebensversicherungen sind nicht zu verwechseln mit Lebensversicherungen. Lebensversicherungen laufen häufig über sehr lange Zeiträume und sind mit Ansparplänen verbunden, die bei vorzeitigen Vertragsauflösungen zu Verlusten führen können. Ganz anders Risikolebensversicherungen. Sie versichern das Risiko Hinterbliebener im Todesfall der versicherten Person und sind zu viel günstigeren Konditionen zu haben.

Sie sollten überlegen, welches finanzielle Risiko Sie absichern möchten, z. B. nur die Höhe des Bankdarlehens. Mit fortlaufender Tilgung sinkt auch die Höhe der Bankschulden, sodass dann parallel zur Tilgung auch die versicherte Summe sinken kann. Eine entsprechend der Tilgung sinkende Versicherungssumme kann man vereinbaren. Die fortlaufende Absenkung der Versicherungssumme reduziert natürlich auch die zu zahlenden Versicherungsbeiträge.

Doch neben dem Kauf der Immobilie verursacht die fortlaufende Instandhaltung ebenfalls Kosten. Außerdem sind vielleicht Kinder zu versorgen, und so wäre eine Berufstätigkeit eines verbleibenden Partners gar nicht möglich, er könnte also weder für seinen eigenen Lebensunterhalt noch für den der Kinder sorgen. Sie könnten also auch eine höhere Summe als die des Bankdarlehens absichern, die mit der Tilgung des Darlehens fortlaufend sinkt bis auf ein Maß, das für Instandhaltung und Grundsicherung der Hinterbliebenen notwendig ist. Das muss jeweils im Einzelfall beurteilt werden. Vielleicht haben Sie auch bereits einen Lebensversicherungsschutz, sodass andere Gestaltungen sinnvoller sind.

Auch die Laufzeit der Versicherung sollte überdacht werden. So kann es sinnvoll sein, sie auf die Zeit zu begrenzen, bis das Darlehen im Wesentlichen abbezahlt ist, weil Risikolebensversicherungen für junge Menschen deutlich günstiger sind als für ältere. Wählt man eine Risikolebensversicherung mit Anfang 40, bekommt man sie noch zu einem anderen Preis als mit Anfang 50.

Wichtig ist, die Vertragsbedingungen für das Eintreten des Versicherungsfalls genau durchzusehen. Hierbei kann Ihnen der Ratgeber „Richtig versichert" der Verbraucherzentrale helfen.

Berufsunfähigkeitsversicherung

Eigentlich sollten Sie vor dem notariellen Kauf einer Immobilie auch eine Berufsunfähigkeitsversicherung abschließen. Denn neben einem tödlichen Zwischenfall für den Hauptverdiener kann es auch zu einem Zwischenfall kommen, nach dem er seinen Beruf nicht mehr ausüben kann. Auch das ist für die Darlehenstilgung ein Problem.

Berufsunfähigkeitsversicherungen sind naturgemäß deutlich teurer als Risikolebensversicherungen und die Ausschlussregelungen für den Versicherungsfall vielfältiger. Ob sich eine Berufsunfähigkeitsversicherung lohnt oder nicht, kann nur im Einzelfall und nach genauer Durchsicht des jeweils angebotenen Versicherungsvertrags abgewogen werden. Sind die Ausschlusskriterien zu zahlreich und die Wahrscheinlichkeit, dass im Fall des Falles keine Auszahlung erfolgt, zu hoch, müssen Sie überlegen, ob sich dieser Schritt wirklich lohnt. Prüfen Sie die angebotenen Verträge jeweils sehr sorgsam.

Die Stiftung Warentest testet von Zeit zu Zeit Versicherungsangebote. Unter www.test.de/themen/versicherungsvorsorge/test können Sie sich hierzu informieren.

Jetzt haben Sie alles zusammen und sind sorgfältig vorbereitet, um den nächsten Schritt zu gehen und den Notartermin zur Unterzeichnung des Hauskaufvertrages wahrzunehmen. Dieser Termin wird in den Räumen des Notars stattfinden und nimmt Zeit in Anspruch, da der Notar – wie Sie noch lesen werden – unter anderem den gesamten Kaufvertrag noch einmal vorliest. Nehmen Sie sich daher für diesen Termin Zeit, packen Sie ihn nicht zu knapp zwischen andere Termine, sondern wählen Sie einen Termin, der Ihnen zeitlich nach hinten flexible Möglichkeiten lässt. Denn selbst noch in diesem Termin kann es zu Überraschungen kommen, wie Sie im folgenden Kapitel lesen werden.

Notartermin und Hausübergabe

Mit dem Beurkundungstermin und der späteren Hausübergabe ist der Immobilienkauf abgeschlossen. Aber auch bei diesen letzten Schritten gibt es einiges zu beachten, um den Hauskauf und die Hausübernahme möglichst reibungslos über die Bühne zu bringen.

Beurkundungstermin

Der Notartermin ist der zentrale Meilenstein bei einem Hauskauf. Ist der notarielle Kaufvertrag über einen Hauskauf abgeschlossen, gibt es in der Regel kein Zurück mehr. Daher muss vor einem Notarvertrag die Finanzierung sicher stehen und von der Bank schriftlich zugesichert sein. Nach Möglichkeit sollte auch der Kreditvertrag selbst inhaltlich fertig ausgehandelt sein (---> Kauffinanzierungssicherung, Seite 220, und Kreditvertragssicherung, Seite 221 f.). Ferner sollte eine Risikolebensversicherung abgeschlossen sein (---> Risikolebensversicherung, Seite 223).

Und natürlich muss auch der Kaufvertrag fürs Haus fertig ausgehandelt sein, der zum Notartermin unterzeichnet werden soll.

Während des Notartermins selbst sollte es nach Möglichkeit nicht mehr zu tiefergehenden Vertragsdiskussionen zwischen Verkäufer und Käufer kommen. Im Idealfall sollte der Notar den Vertrag nur noch einmal in Ruhe allen Beteiligten vorlesen und diese ihn dann anschließend unterzeichnen. Der Notar ist nach dem Beurkundungsgesetz dazu verpflichtet, den Vertrag allen Beteiligten vollständig vorzulesen. Es kann gemäß § 13a und § 14 Beurkundungsgesetz eine eingeschränkte Vorlesung vereinbart werden. Menschen mit Behinderung, wie z. B. Schwerhörige, haben ein Anrecht darauf, dass ihnen der Inhalt des Vertrags besonders verständlich gemacht wird. Gleiches gilt für Menschen, deren Muttersprache nicht Deutsch ist und die Deutsch nicht ausreichend verstehen.

Die grundlegende Regelung, nach der ein Notartermin zur Beurkundung abzulaufen hat, ergibt sich aus § 13 des Beurkundungsgesetzes (---> Notar und Beurkundungsgesetz, Seite 211 ff., sowie Notarkosten, Seite 214 ff.).

Im Idealfall und bei guter Vorbereitung durch den Vorberatungstermin beim Notar ist der eigentliche Notartermin nur noch ein Vollzugstermin ohne Überraschungen.

Erleben Sie Überraschungen, also z. B. neue, so nicht abgestimmte Formulierungen im Kaufvertrag, möglicherweise zu Ihrem Nachteil, können Sie aber immer noch handeln. Wichtig ist, dass Sie den letzten Stand des Kaufvertragsentwurfs mit zum Notartermin nehmen, um die vom Notar vorzulesende Version mit der Ihren abgleichen zu können.

Der notarielle Kaufvertragsabschluss ist erst dann vollzogen, wenn Sie die Unterschrift unter das Dokument gesetzt haben, nicht früher und nicht später. Läuft irgendetwas schief, können Sie auch noch während des Notartermins selbst bis zur letzten Minute die Notbremse ziehen und nicht unterzeichnen. Sie können dann, je nachdem, was vorliegt, entweder ganz aus dem Kaufverfahren aussteigen oder den Notartermin verschieben. Aus diesen Gründen ist es wichtig, dass auch ein eventueller Makler frühestens nach dem Notartermin zur Kaufvertragsunterzeichnung bezahlt wird. Denn dann kommen Sie im Zweifel bis zum Schluss ohne Kosten aus einem Kaufverfahren.

> **Wichtiger Hinweis**
>
> Nehmen Sie Ihren Personalausweis mit zum Notartermin.

Hausübergabe

Irgendwann steht der Tag der Hausübergabe an. An diesem Tag muss das Haus üblicherweise zwar geräumt sein, meist aber nicht renoviert oder geputzt, wenn dies nicht ausdrücklich vereinbart ist. Manchmal wird im notariellen Kaufvertrag vereinbart, dass das Haus „besenrein" übergeben wird. Damit ist landläufig gemeint, dass das Haus durchgekehrt übergeben wird, aber nicht geputzt.

Die meisten notariellen Kaufverträge für gebrauchte Häuser enthalten Sachmängelausschlüsse. Das heißt, das Haus wird gekauft wie besichtigt und der Verkäufer haftet nicht für vorhandene Schäden und Mängel, es sei denn, er hat sie arglistig verschwiegen.

Insofern werden die meisten Hausübergaben ohne Protokoll oder begleitende Sachverständige durchgeführt. Sehr häufig ist auch der Makler nicht mehr dabei.

Hausübergaben unterscheiden sich meist ganz wesentlich in einem Punkt. Es gibt Hausübergaben, die zeitnah nach der Besichtigung und dem Notartermin durchgeführt werden, und es gibt Hausübergaben, die erst einige Monate danach erfolgen. Häufig muss nämlich der Immobilienverkäufer zunächst selbst neuen Wohnraum finden und anmieten oder kaufen. Oder er hat diesen zwar gefunden, aber die Übergabe dieses Wohnraums liegt zeitlich deutlich hinter dem Verkauf seines bisherigen Wohneigentums. Diese Reihenfolge ist auch logisch, denn der Verkäufer muss ja seinerseits sein neues Wohneigentum finanzieren. Selbst wenn der Verkäufer in ein Mietverhältnis zurückgeht – was z. B. bei Immobilienverkäufen aufgrund von Scheidungen häufig der Fall ist –, kann es sein, dass die Immobilie erst deutlich nach dem Notartermin übergeben werden kann.

In solchen Fällen gibt es das Problem, dass eine erhebliche Zeitspanne zwischen der Besichtigung und der Übergabe der Immobilie liegt. Was ist, wenn dann bei der Übergabe der Immobilie plötzlich Beschädigungen vorliegen, die zum Zeitpunkt der Besichtigung nicht vorhanden waren? Je nachdem, um welche Schäden es sich handelt, ist Ärger fast vorprogrammiert. Ein typisches Problem sind z. B. Schäden durch den Auszug des Verkäufers. Hierbei können sehr schnell ganze Parkettböden erheblich in Mitleidenschaft gezogen werden, auch Türrahmen, Türen, Treppen etc.

Man kann dem Problem auf unterschiedliche Art begegnen. Eine Möglichkeit ist, am Tag der Besichtigung ein gemeinsames Besichtigungsprotokoll anzufertigen. Das ist aber sehr aufwendig und lässt meist auch zu viel Interpretationsspielraum, wenn etwa aufgeführt wird: „Im Parkett im Wohnzimmer einige Kratzer".

Sinnvoller ist es, den Zustand des Hauses bei Besichtigung zu filmen. Der Hausverkäufer wird in den seltensten Fällen etwas dagegen haben, wenn geklärt ist, dass das Haus durch Sie gekauft wird. Das Problem von digital verarbeiteten Bildern ist allerdings, dass man sie mit modernen Bildprogrammen relativ einfach manipulieren kann. Dieser Vorwurf könnte Sie treffen, wenn Sie neue Schäden reklamieren, die auf dem Film aus Ihrer Sicht noch nicht vorhanden waren und nicht zu sehen sind. Diesem Problem sollte dadurch vorgebeugt werden, dass Sie den Film nach dem Drehen dreimal auf einen Datenträger speichern, z. B. eine CD. Einen Datenträger behalten Sie, einen Datenträger erhält der Verkäufer und den dritten Datenträger hinterlegen Sie beim Notar. Dann ist gewährleistet, dass eine Bildmanipulation nicht mehr erfolgen kann. Es gibt einige Notare, die das nicht wollen, dann muss man nach dem Grund fragen und ggf. eine andere Lösung finden oder den Notar wechseln. Viele Notare machen dies aber problemlos, denn

es hilft allen Beteiligten, später Unklarheiten rasch und sachlich klären zu können.

Tauchen bei der späteren Übergabe Schäden oder Mängel auf, von denen Sie glauben, dass sie zum Zeitpunkt des Hauskaufs noch nicht vorhanden waren, können Sie den Film ansehen. Natürlich sind zum Zeitpunkt der Besichtigung und des Filmens die meisten Häuser möbliert und es können auch Teppiche über Parkett- oder Fliesenböden liegen. Diesen Kompromiss werden Sie eingehen müssen, denn alles andere hieße, dass Sie den Verkäufer bei der Hausbesichtigung um Räumung von Möbeln und Teppichen bitten müssten. Das ist unrealistisch.

Auch wenn bei einer Hausübergabe fast nie ein Protokoll angefertigt wird, ist es sinnvoll, zumindest ein Übergabeblatt zu erstellen, in das alle notwendigen Eintragungen vorgenommen werden. Wichtig ist z. B., dass Sie die Gas- oder Stromzählerstände notieren, denn die Verbrauchskosten zahlt üblicherweise bis zum Auszug der Verkäufer. Möglicherweise soll auch vermieden werden, dass der Strom überhaupt abgestellt wird, dann ist eine Zwischenablesung auf alle Fälle notwendig, evtl. sogar durch den Energiedienstleister selbst. Dies sollten Sie vor dem Übergabetermin klären.

Ein zentrales Übergabethema bei Häusern mit Ölzentralheizung ist immer wieder das noch vorhandene Öl im Tankraum. Schon 1.000 bis 2.000 Liter Öl haben natürlich einen erheblichen Preis. Kein Verkäufer wird sie abpumpen und mitnehmen wollen, sondern üblicherweise an den Käufer weitergeben. Manchmal werden sie ganz einfach vergessen, manchmal erhält der Käufer sie geschenkt und manchmal kauft der Käufer sie dem Verkäufer ab. Praktisch nie werden hierzu Regelungen bereits im Kaufvertrag getroffen, etwa in der Form, dass das zum Zeitpunkt der Hausübergabe noch im Tank befindliche Öl zum Preis von xy Cent pro Liter übernommen wird. Dann müssen Sie selbst Lösungen finden. Das Problem dabei ist nur, dass der einmal für das Öl bezahlte Preis deutlich teurer sein kann als der aktuelle, er kann auch deutlich darunter liegen. In solchen Fällen kann nach einer Kompromisslösung gesucht werden, mit der beide Seite leben können, z. B. ein Mittelpreis.

welche Dokumente fehlen und ob es Möglichkeiten gibt, diese Dokumente an anderer Stelle einzuholen. Der Ordner dient Ihnen langfristig auch als Hausakte, in der alle notwendigen Dokumente zum Haus gebündelt abgelegt sind (→ Seite 239).

Nachfolgend finden Sie eine kleine Auswahl von Punkten, an die Sie bei der Hausübergabe denken sollten. Tatsächlich sind es aber über 60 Dokumente, die die Verbraucherzentrale im Hausübergabe-Ordner strukturiert abfragt, damit Sie alle wichtigen Dokumente sicher erhalten beziehungsweise sofort erkennen, welche Ihnen nicht ausgehändigt wurden.

Der Hausübergabe-Ordner

Es würde den Umfang dieses Buches sprengen, sämtliche bei einer Übergabe zu beachtenden Punkte darlegen zu wollen. Um Ihnen aber dennoch die Möglichkeit zu geben, alle diese Punkte sicher im Griff zu haben, hat die Verbraucherzentrale einen speziellen Hausübergabe-Ordner entwickelt. Er enthält für jedes zu übergebende Dokument eine eigenes Trennblatt und ist dafür gedacht, dass Sie ihn nach dem Notartermin, also nach dem tatsächlich erfolgten Kauf eines Hauses, einfach dem bisherigen Eigentümer aushändigen, mit der Bitte, sämtliche, im Ordner abgefragten Dokumente zum Haus einzusortieren und zur Hausübergabe mitzubringen. Dieses Vorgehen erleichtert es sowohl dem bisherigen Eigentümer als auch Ihnen, bei der Hausübergabe nichts zu vergessen. Sind einzelne Dokumente dann nicht abgelegt, können Sie sofort erkennen,

Checkliste Hausübergabe

Zählerstände:
Zählerstand Strom:
Zählerstand Gas:
Tankuhrstand Öl:
Zählerstand Wasseruhr:

Übergebene Schlüssel: **Anzahl:**
☐ Haustür
☐ Briefkasten
☐ Fenster-, Balkon- und Terrassentüren
☐ Kelleraußentür
☐ Innentüren
☐ ggf. Sicherungskasten
☐ Öltankschloss
☐ Garagentür
☐ Garagenseiteneingang

Checkliste Hausübergabe

- [ ] Gartentür
- [ ] Hofeinfahrt
- [ ] Mülltonnenbox
- [ ] Schuppen/Nebengebäude

Übergebene Dokumente und Unterlagen:
(Spätestens jetzt müssen auch alle Kaufvertragsanlagen übergeben werden)

- [ ] Teilungserklärung
- [ ] WEG-Verwaltervertrag
- [ ] WEG-Protokolle
- [ ] ggf. WEG-Schriftwechsel
- [ ] Baubeschreibung (falls vorhanden, häufig noch vorhanden bei Bauträger-Reihenhäusern und Fertighäusern)
- [ ] Gebäudepläne, möglichst die Baueingabeplanung (Maßstab 1:100) und die Werkpläne (Maßstab 1:50) sowie die Statikpläne
- [ ] Wohnflächenberechnung
- [ ] Schall- und Wärmeschutznachweis
- [ ] Bodengutachten
- [ ] Bauverträge
- [ ] Wartungsverträge
- [ ] Gewährleistungsunterlagen, Garantiescheine, ggf. mit Adressverzeichnis der gewährenden oder garantierenden Handwerker, Handwerkerverträge und Handwerkerrechnungen
- [ ] Gebäudeenergieausweis
- [ ] Schornsteinfegerprotokolle
- [ ] Versicherungsvertrag und Versicherungsschein
- [ ] Bedienungsanleitungen, z. B. für die Heizung
- [ ] Kopie eines Briefwechsels mit dem Nachbarn, falls dieser wichtige Informationen enthält

Erfolgte Bedienhinweise:
- [ ] Handhabung Heizung
- [ ] Dachtreppen/Funktionsweise bei ausziehbaren Dachtreppen

- [ ] Dachausstieg Schornsteinfeger
- [ ] Außenwasserhähne, Pumpen
- [ ] Tore, Mechanismen (z. B. Garagentore)
- [ ] Wasserventile
- [ ] Heizungsventile
- [ ] Thermostate
- [ ] Elektroboiler
- [ ] Gasboiler
- [ ] Schwedenöfen
- [ ] Sicherungskasten
- [ ] Zeitschaltuhren (z. B. für automatische Rollläden)

Übergebene Gegenstände:
- [ ] Mülltonnen:
  - [ ] Verpackungsmüll
  - [ ] Kompost
  - [ ] Restmüll
- [ ] Dachtreppenstange
- [ ] Markisenstange
- [ ] Reinigungsgerät für Einzelöfen
- [ ] Ersatzdachziegel:
  - [ ] Dachflächenziegel
  - [ ] Ortgangziegel
  - [ ] Firstziegel
- [ ] Ersatzfliesen:
  - [ ] Wandfliesen
  - [ ] Bodenfliesen

Sonderkündigungsrecht Gebäudeversicherungen

Ab dem Zeitpunkt der endgültigen Eigentumsumtragung im Grundbuch haben Sie nach dem Versicherungsvertragsgesetz (VVG) ein vierwöchiges Sonderkündigungsrecht und damit Zeit, um die bisherigen Versicherungen, die auf das Haus laufen, zu kündigen. Sonst gehen diese auf Sie über und laufen weiter. Sie können dann erst wieder mit der gesetzlichen Kündigungsfrist kündigen.

Daher ist es sinnvoll, dass Sie die bisherigen Versicherungsverträge und die Versicherungsscheine vom Vorbesitzer erhalten, um sie zum Leistungsumfang, zur Deckungssumme und zu den zu zahlenden Prämien durchsehen zu können.

Üblicherweise wird es sich um eine klassische Gebäudeversicherung handeln. Sie sollten sich bei Durchsicht der Unterlagen nicht von irgendwelchen Versicherungsnamen blenden lassen, wie z. B. „Komfort" oder Ähnliches, sondern sich ausschließlich darauf konzentrieren, nachzusehen, welcher Versicherungsumfang gewährleistet ist und mit welcher Deckungssumme. Wichtig ist, dass Risiken aus Feuer, Leitungswasser, Sturm und Hagel enthalten sind. Ferner sollten Sie nachsehen, ob und, wenn ja, in welchem Umfang z. B. Elementarschäden versichert sind, also etwa Hangrutschungen, Haussetzungen, je nach Gefährdungsgebiet auch Erdbeben (gilt z. B. für den Oberrheingraben und die Schwäbische Alb).

In potenziell gefährdeten Hochwassergebieten sollten Sie prüfen, ob ein Schaden aus Hochwasser versichert ist.

Nicht überall in Deutschland erhält man eine Elementarschadenversicherung, da die Versicherungsanbieter nach Gefährdungsregionen unterscheiden. In Regionen mit hoher Gefährdung ist es schwierig. Liegt keine Elementarschadenversicherung vor, sollten Sie den Hausverkäufer direkt fragen, woran dies liegt, ob er dies nicht wollte oder die Versicherung nicht zustimmte.

Hat das Haus eine Ölheizung, sollten Sie prüfen, ob eine Gewässerschadenversicherung vorliegt. Das Problem ist sonst, dass bei einer Gewässerverunreinigung durch austretendes Öl der Schaden durch Sie zu tragen wäre. Solche Schäden können extrem teuer sein und sollten auf alle Fälle versichert werden.

Sie können die Konditionen mit anderen Angeboten vergleichen. Von Zeit zu Zeit testet die Stiftung Warentest auch Wohngebäudeversicherungsangebote. Weitergehende Informationen hierzu finden Sie unter **www.test.de/themen/versicherung-vorsorge/test**.

Auch der Bund der Versicherten bietet teilweise interessante Paketlösungen für Mitglieder. Weitergehende Informationen hierzu erhalten Sie unter **www.bundderversicherten.de**.

Wir hoffen das Buch konnte Ihnen bei der zielorientierten Suche, Besichtigung und dem Kauf eines gebrauchten Hauses helfen. Das ist meist ein längerer Weg als man zunächst vermutet. Und oft ist er mit dem Kauf eines Hauses auch noch nicht zu Ende. Dann zum Beispiel nicht, wenn nach dem Kauf auch noch eine umfassende energetische Modernisierung erfolgen soll oder das Haus ausgebaut, umgebaut oder angebaut wird. Es würde den Rahmen dieses Buches sprengen, wenn man all' diese Aspekte auch noch mit aufnehmen wollte. Es gibt daher zu diesen Themen ergänzende Ratgeber der Verbraucherzentrale **(www.vz-ratgeber.de)**.

Anhang

Wichtige Adressen

Bauberatung und -information

Bauherren-Schutzbund e. V.
Kleine Alexanderstraße 9–10, 10178 Berlin
Telefon 0 30/400 339 500, Fax 0 30/400 339 512
www.bsb-ev.de

Institut Bauen und Wohnen
Wippertstraße 2, 79100 Freiburg
Telefon 07 61/1 56 24 00, Fax 07 61/15 62 47 90
www.institut-bauen-und-wohnen.de

Verband privater Bauherren e. V.
Chausseestraße 8, 10115 Berlin
Telefon 0 30/2 78 90 10, Fax 0 30/27 89 01 11
www.vpb.de

Bundesamt für Wirtschaft und Ausfuhrkontrolle (BAFA)
Frankfurter Straße 29–35, 65760 Eschborn
Telefon 0 61 96/9 08-0, Fax 0 61 96/9 08-18 00
www.bafa.de

Wohnen im Eigentum.
Die Wohneigentümer e. V.
Thomas-Mann-Straße 5, 53111 Bonn
Telefon 02 28/30 41 26 70, Fax 02 28/7 21 58 73
www.wohnen-im-eigentum.de
Der Verein bietet die Prüfung von Baubeschreibungen, baubegleitende Qualitätskontrollen und Vor-Ort-Bauberatungen an.

ARGE Baurecht
Arbeitsgemeinschaft für Bau und Immobilienrecht im Deutschen Anwaltsverein (DAV) e. V.
Littenstraße 11, 10179 Berlin
Telefon 0 30/72 61 52-0, Fax 0 30/72 61 52-1 90
www.arge-baurecht.com

Energieberatung/Energieberater/-innen

Adressen zur bundesweiten Energieberatung der Verbraucherzentralen finden Sie im Internet unter
www.verbraucherzentrale-energieberatung.de

Adressen der Verbraucherzentralen

Verbraucherzentrale Baden-Württemberg e. V.
Telefon: 07 11/ 66 91-10
Fax: 07 11/66 91-50
www.vz-bawue.de

Verbraucherzentrale Bayern e. V.
Telefon: 0 89/5 39 87-0
Fax: 0 89/53 75 53
www.vz-bayern.de

Verbraucherzentrale Berlin e. V.
Telefon: 0 30/2 14 85-0
Fax: 0 30/2 11 72 01
www.vz-berlin.de

Verbraucherzentrale Brandenburg e. V.
Telefon: 03 31/2 98 71-0
Fax: 03 31/2 98 71-77
www.vzb.de

Verbraucherzentrale Bremen e. V.
Telefon: 04 21/1 60 77-7
Fax: 04 21/1 60 77 80
www.verbraucherzentrale-bremen.de

Verbraucherzentrale Hamburg e. V.
Telefon: 0 40/2 48 32-0
Fax: 0 40/2 48 32-290
www.vzhh.de

Verbraucherzentrale Hessen e. V.
Telefon: 0 69/97 20 10-900
Fax: 0 69/97 20 10-40
www.verbraucher.de

Verbraucherzentrale Mecklenburg-Vorpommern e. V.
Telefon: 03 81/2 08 70-50
Fax: 03 81/2 08 70-30
www.nvzmv.de

Verbraucherzentrale Niedersachsen e. V.
Telefon: 05 11/9 11 96-0
Fax: 05 11/9 11 96-10
www.vz-niedersachsen.de

Verbraucherzentrale Nordrhein-Westfalen e. V.
Telefon: 02 11/38 09-0
Fax: 02 11/38 09-216
www.verbraucherzentrale.nrw

Verbraucherzentrale Rheinland-Pfalz e. V.
Telefon: 0 61 31/28 48-0
Fax: 0 61 31/28 48-66
www.vz-rlp.de

Verbraucherzentrale des Saarlandes e. V.
Telefon: 06 81/5 00 89-0
Fax: 06 81/5 00 89-22
www.vz-saar.de

Verbraucherzentrale Sachsen e. V.
Telefon: 03 41/69 62 90
Fax: 03 41/6 89 28 26
www.vzs.de

Verbraucherzentrale Sachsen-Anhalt e. V.
Telefon: 03 45/2 98 03-29
Fax: 03 45/2 98 03-26
www.vzsa.de

Verbraucherzentrale Schleswig-Holstein e. V.
Telefon: 04 31/5 90 99-0
Fax: 04 31/5 90 99-77
www.vzsh.de

Verbraucherzentrale Thüringen e. V.
Telefon: 03 61/5 55 14-0
Fax: 03 61/5 55 14-40
www.vzth.de

Verbraucherzentrale Bundesverband e. V.
Telefon: 0 30/2 58 00-0
Fax: 0 30/2 58 00-518
www.vzbv.de

Stichwortverzeichnis

1. Bundes-Immisionsschutz-Verordnung (1.BImSchV) 29 ff.

A

Abwasser 70, 89, 122 ff.
Anzeigen 9, 49 f.
Ausdehnungsgefäß 55, 143
Außenbesichtigung 136 ff.

B

Baubeschreibung 206 f.
Bauchemie 19 f.
Baufinanzierung 11 ff., 220
Baufinanzierungsberechnung 12
Baujahr 15, 19 ff., 71, 80, 100
Baulasten 109 f.
Baulastenverzeichnis 184
Bauphysik 19
Bauqualität 159
Bausubstanz 167 ff.
Bedarfsanalyse 16
Bedarfsermittlung 11
Belastungsgrenze 12
Beleihungswert 174
Berufsunfähigkeitsversicherung 224
Beschränkungen 183
Besichtigung 47 ff.
Besichtigungsformular 60
Besichtigungstermin 51 f.
Beurkundungsgesetz 181 f., 212 ff.
Beurkundungstermin 227 f.
Bodengutachten 72, 207
Bodenkontamination 76, 106 f.
Bodenplatte 76, 77 f.
Brenner 35, 85, 126 f.
Brenneranlage 55
Bundesnotarordnung 211 f.

C

Chiffreanzeigen 9
Courtage 8 f., 48 ff.

D

Dach 83, 100, 114 ff.
Dachdämmung 115 f.
Dacheindeckung, Lebensdauer 163
Dachfenster 58
Dachfolien 59
Dachgeschoss 83
Dachhaut 58
Dachpappe 59
Dachrinnen, Lebensdauer 163
Dachstuhl 67, 83, 114 ff.
Dämmung 78, 79 ff., 83 f., 93, 120 ff.
Darlehen 12 f.
Darlehensvertrag 220 ff.
Dichtheitsprüfung 89, 124 ff.
DIN 277 132, 171
DIN 283 132, 171

E

Eigenkapital 11 ff., 113, 174
Eigentum 71, 111 ff., 182 ff.
Einrohrsystem 87
Elektro, Lebensdauer 162
Elektroinstallation 70, 89 f., 130 ff., 166
Elektrospeicherheizung 84
Elementarschadenversicherung 232
Emission 29 ff.
Energiebedarfsausweis 37 ff., 63, 72 f., 208
Energiebedarf 29 ff., 72, 91
Energieberater 36 ff., 122, 235
Energieeinsparverordnung (EnEV) 33 ff., 84 ff., 91, 208
Energiegesetze 91 f.,
Energieverbrauch 29, 37, 72
Erbpacht 71
Erbpachtgrundbuch 183
Erdgeschoss 79 ff., 99
Erschließungskosten 178
Erstbesichtigung 61 ff.
Estrich 77 ff., 82 f.
Estrichunterbau 82 f.

F

Fassade, Lebensdauer 163
Fassadenrisse 98
Fassadenverkleidung 20, 33
Fäulnis tragender Holzbauteile 105 f.
Fenster 84, 137 ff., 163
Fenster, Lebensdauer 163
Fernwärmeanschluss 165
Feuchtigkeitsschutz 167
FI-Schalter 90
Flachdach 84, 156
Flurstücknummer 183
Folgebesichtigung 96

G

Garantiescheine 208, 231
Gasanschluss 86
Gaszentralheizungsanlage 88
Gebäudeenergieausweis 72, 208
Gebäudepläne 206, 230
Gebäudeversicherung 209, 232
Geologe 72, 95, 207
Gerichts- und Notarkostengesetz (GNotKG) 211, 214, 217
Geschossdecken 82, 97
Gewährleistungsunterlagen 208
Grundbuch 182 ff.
Grundbuchamt 178
Grundbuchblatt 63, 111, 182 f.
Grunddienstbarkeiten 183
Grunderwerbsteuer 177, 194 f.
Grundlasten 109 f.
Grundpfandrecht 109, 182 f., 188 f., 221
Grundschulden 109, 183, 222
Grundschuldzinsen 183
Grundstück 74 ff.
Grundwasser 75, 78, 102 f.
Gutachterausschuss 113 f., 172 ff.

H

Handwerkerrechnung 207 f.
Hanglage 74

Hausanschlussraum 56, 140
Hausbesichtigung 47ff., 51ff., 53ff.
Haussetzung 97
Haussuche 7ff.
Haustechnik 164f.
Hausübergabe 227f.
Hebeanlage 89
Hebungen 75f., 97
Heizung 68f., 84ff., 126f., 147f., 162, 165
Heizung, Lebensdauer 162
Heizungstechnik 165
Heizzentrale 87, 126
Hypothek 109, 183

I

Immobilienfinanzierung 11f.
Immobilienmakler 8ff.
Immobilienportale im Internet 10
Innenbesichtigung 140ff.
Innenwände 81
IT 70, 89f., 130ff.

K

Kauffinanzierung 220f.
Kaufpreis 171ff., 187ff.
Kaufvertragsanlagen 204ff.
Kaufvertragsentwurf 185ff., 210ff., 221
Keller 65f., 76ff., 99
Kellerabdichtung 102f.
Kellerabdichtung, Lebensdauer 163
Kellerdämmung 78f.
Kellerfeuchte 79
Kellermaterial 78
KfW-Förderbank 11
Kleinfeuerungsverordnung 29
Kontaktaufnahme zum Makler 50
Kommune 79ff., 99
Kreditrahmen 11ff.

L

Lage 64f., 73, 107ff.
Lasten 109ff.
Lebensdauer wichtiger Bauteile 162f.

M

Makler 177f.
Maklercourtage 8f., 48ff.
Maklerprovision 177, 192f.
Miteigentum 71, 111f.
Modernisierung 72, 159ff.
Modernisierungsbedarf 159ff.

N

Nominalzinsatz 12f.
Notargebühren 178, 210
Notartermin 227ff.

O

Oberflächengewässer 75
Obergeschoss 79ff., 99
Objektlage 107f.
Öltank 86

P

Provision 8, 192

R

Rechtsanwalt 219
Reservierungsvereinbarung 60f.
Risikobegrenzungsgesetz 222
Risikolebensversicherung 223f.
Rückstausicherung 89

S

Sachverständige 93ff.
Sanierungsbedarf 159ff.
Sanitär, Lebensdauer 163
Sanitärtechnik 165
Schadstoffe 99ff.
Schall- und Wärmeschutznachweis 207
Schalldämmung 167, 169
Schallschutz 117ff., 169, 207
Schimmel 79, 99f.
Schornsteinfegerprotokoll 209
Setzungen 75f.
Sicherungszweckerklärung 222f.
Standort 13
Statik 104f.
Statiker 95, 105
Statikpläne 206
Stauwasser 103f.
Stromkreise 89f.

T

Tankraum 86
Teileigentumsgrundbuch 112, 183
Telefon 89f., 130ff.
Thermostat 85f.
Tilgung 12f., 222ff.
Tilgungssatz 12f.
Trinkwasser 88f., 122ff.
Trittschalldämmung 82, 167, 169
Türen, Lebensdauer 163
TV 89f., 130ff.

U

Umbauten 72, 206
Umweltingenieur 80, 95, 100f.
Unterspannbahnen 58

V

Vermögensschäden 94
Versicherungsschein 206, 209
Versicherungsvertrag 206, 209
Versicherungsvertragsgesetz (VVG) 232

W

Wandkonstruktion 79f.
Wärmedämmung 120ff., 167f.
Warmwasserspeicher 87f.
Wartungsvertrag 208
Wassererwärmung 87, 122
Wasserleitung 87ff.
Wertermittlung 173ff., 178
Wohnfläche 77, 132ff., 171, 172, 176
Wohnflächenberechnung 171ff., 207
Wohnflächenverordnung (WoFlV) 132ff., 171f.
Wohnungseigentumsrecht 111

Z

Zinssatz 13
Zweirohrsystem 87
Zweite Berechnungsverordnung (II. BV.) 132f., 171

Der Ordner für die sichere Hausübergabe

Damit bei der Hausübergabe alle wichtigen Dokumente und Unterlagen vom bisherigen Eigentümer an Sie weitergegeben werden, sorgt dieser Ordner für Vollständigkeit und Sicherheit: Grundstücks-, Planungs-, Bau- und Instandhaltungsdokumente ebenso wie Verwaltungsunterlagen und Schriftverkehr. In 12 Themengebiete gegliedert – für über 60 essentielle Dokumente.

Der Ordner hat außerdem Fächer zur Archivierung des notariellen Kaufvertrags und Ihrer Finanzierungsunterlagen. Ein unentbehrliches Werkzeug für die sichere Hausübergabe.

24,90 €

Abbildung ähnlich

Der Hausübergabe-Ordner
Ordner für DIN-A4-Dokumente
12 Registerkarten und 64 Dokumenten-Seiten
ISBN 978-3-86336-072-6

So bauen Sie ein gebrauchtes Haus nach Ihren Wünschen um

Mit guter Planung lässt sich aus fast jedem Haus das individuelle Traumhaus machen. Dieser Ratgeber zeigt, wie es geht:

- Fachleute finden, mit denen man alle Herausforderungen eines Umbaus meistert
- Realistisch planen, unangenehme Überraschungen vermeiden
- Kosten sicher kalkulieren, Fördermittel beantragen
- Die einzelnen Leistungen korrekt ausschreiben

Mit zwei kommentierten Architektenverträgen für größere Umbauten, zahlreichen Checklisten und praktischen Problemlösungen für alle Bauteile.

19,90 €

Vom gebrauchten Haus zum Traumhaus.
Ausbauen, umbauen, anbauen
190 Seiten | 17,1 x 23,1 cm | Smartcover | vierfarbig
ISBN 978-3-86336-062-7

Impressum

Herausgeber

Verbraucherzentrale Nordrhein-Westfalen e. V.
Mintropstraße 27, 40215 Düsseldorf
Telefon 02 11/38 09555, Fax 02 11/38 092
ratgeber@verbraucherzentrale.nrw
www.verbraucherzentrale.nrw

Mitherausgeber

Verbraucherzentrale Hamburg e. V.
Kirchenallee 22, 20099 Hamburg
Telefon 0 40/2 48 32-0, Fax 0 40/2 48 32-290
www.vzhh.de

Autor
Dipl.-Ing. Peter Burk
Institut Bauen und Wohnen, Freiburg
www.institut-bauen-und-wohnen.de

Fachliche Betreuung
RA Claus Mundorf, Düsseldorf
Beate Uhr, Düsseldorf

Lektorat
Wibke Westerfeld, Frank Wolsiffer

Umschlaggestaltung
Ute Lübbeke, www.LNT-design.de

Gestaltungskonzept
Kommunikationsdesign Petra Soeltzer, Düsseldorf

Layout und Produktion
eScriptum GmbH & Co KG, Berlin

Titelfoto
Jürgen Becker, Garden Pictures, Hilden

Fotos (Innenteil)
Institut Bauen und Wohnen, Freiburg

Druck
Stürtz GmbH, Würzburg
Gedruckt auf 100 % Recyclingpapier

Redaktionsschluss: März 2016